공장중개 입문을 위한 기본이론과 실전

박 수 환

도서
출판 창의공장

머리말

이 책은 20여 년간 공장부동산 거래와 컨설팅을 수행해 오면서 오랜 실무경험을 바탕으로 공장부동산 중개실무에 관하여 기본적인 이론을 체계화하고, 공장 중개에 관심을 가지는 개업공인중개사에게 꼭 알아야 할 실전 내용을 전달하고자 노력하였다.

그동안 저자는 공장부동산 중개실무 강의를 해 오면서 많은 수강생들이 공장부동산 중개실무의 이론과 실전에 대한 어려움을 토로하고, 이에 쉽게 접근할 수 있는 기초과정을 개설해 달라는 제언을 받아들여 공장 중개실무의 기본이론과 실전에 필요한 기초강의 교재로 활용하고자 이 책을 출간하게 되었다.

그리고 2023년 5월 출간한 "공장 중개실무와 컨설팅"의 전문 서적은 앞으로 변화하는 산업용 부동산의 중개 시장과 개정 법령의 내용을 충실히 반영하여 개정 보증판으로 계속 출간될 예정이다.

앞으로 산업용부동산의 중개는 어떻게 전개되어야 하는가에 대하여 고민하고 노력하여야 할 분야임에는 틀림없다고 생각하며, 독자 여러분의 애독과 수강으로 지식 함양에 도움이 되길 기대해 본다.

2024. 6.

저자 박 수 환

일러두기

이 책에서 사용되는 법령에 대한 약칭은 다음과 같다(가나다순).

1인 창조기업 육성에 관한 법률 (**1인창조기업법**)
감정평가 및 감정평가사에 관한 법률 (**감정평가법**)
개발이익 환수에 관한 법률 (**개발이익환수법**)
공유수면 관리 및 매립에 관한 법률 (**공유수면법**)
공장 및 광업재단 저당법 (**공장저당법**)
국토의 계획 및 이용에 관한 법률 (**국토계획법**)
금강수계 물관리 및 주민지원 등에 관한 법률 (**금강수계법**)
낙동강수계 물관리 및 주민지원 등에 관한 법률 (**낙동강수계법**)
법인의 등기사항에 관한 특례법 (**법인등기법**)
벤처기업육성에 관한 특별조치법 (**벤처기업법**)
부동산 가격공시에 관한 법률 (**부동산공시법**)
부동산 거래신고 등에 관한 법률 (**부동산거래신고법**)
산업단지 인·허가 절차 간소화를 위한 특례법 (**산단절차간소화법**)
산업입지 및 개발에 관한 법률 (**산업입지법**)
산업집적활성화 및 공장설립에 관한 법률 (**산업집적법**)
상가건물 임대차보호법 (**상가임대차법**)
소상공인 보호 및 지원에 관한 법률 (**소상공인법**)

신에너지 및 재생에너지 개발·이용·보급 촉진법 (신재생에너지법)
영산강·섬진강수계 물관리 및 주민지원 등에 관한 법률 (영산강섬진강수계법)
온라인투자연계금융업 및 이용자 보호에 관한 법률 (온라인투자연계금융업법)
자본시장과 금융투자업에 관한 법률 (자본시장법)
자산유동화에 관한 법률 (자산유동화법)
자유무역지역의 지정 및 운영에 관한 법률 (자유무역지역법)
전자문서 및 전자거래 기본법 (전자문서법)
주식회사 등의 외부감사에 관한 법률 (외부감사법)
중견기업 성장촉진 및 경쟁력 강화에 관한 특별법 (중견기업법)
중소기업 창업지원법 (중소기업창업법)
중소기업진흥에 관한 법률 (중소기업진흥법)
채무자 회생 및 파산에 관한 법률 (채무자회생법)
토지이용 인·허가 절차 간소화를 위한 특별법 (토지인허가간소화법)
토지이용규제 기본법 (토지이용규제법)
한강수계 상수원수질개선 및 주민지원 등에 관한 법률 (한강수계법)

차 례

머리글 · 3
일러두기 · 4

제1편 공장중개의 기초

제1장 공장중개의 개념 ·················26
제1절 공장중개의 의의와 특성 ············ 26
I. 공장중개의 의의와 법적근거 ············ 26
II. 공장중개의 특성 ······················ 26
1. 종류와 규모의 다양성 ················ 26
2. 경제적 탄력성 ······················ 27
3. 경제적 필요성 ······················ 27
4. 위치의 한정성 ······················ 27
III. 산업용과 타 용도 부동산의 중개 비교 ········ 28
1. 주거용 부동산 ······················ 28
2. 상업용 부동산 ······················ 28
3. 산업용 부동산 ······················ 29

제2절 공장중개의 분류 30

I. 거래방법 기준에 의한 분류 30
   1. 공장매매 중개 30
   2. 공장임대 중개 30
   3. 산업단지입주 중개 31
   4. 인수합병(흡수·신설) 중개 31
   5. 영업양도 중개 32
   6. 공장분할 중개 32

II. 중개대상 기준에 의한 분류 33
   1. 기존공장의 중개 33
   2. 신축공장의 중개 33
   3. 공장용지의 중개 33

제2장 공장 및 제조업의 개념과 분류 35

제1절 공장의 개념과 분류 35

I. 공장의 의의와 범위 35
   1. 공장의 의의 35
   2. 사업장과의 구별 36
   3. 공장의 범위 38

II. 공장의 분류 41
   1. 입지 기준 41
   2. 공장용지 용적률기준 41
   3. 점유·사용권 기준 44

제2절 제조업의 분류 45
   1. 제조업의 의의 45

2. 제조업 분류의 목적 ·· 45
3. 산업표준화법상의 대분류의 체계 ···················· 46
4. 제조업산업분류의 코드번호 ······························ 47
5. 한국표준산업의 코드번호 검색 ························ 48
6. 한국표준산업분류 코드와 국세청 업종분류코드의 차이점 ········ 49

제3장 공장중개 관련 법령체계 ·· 50

제1절 공장입지 및 부지조성 관련 법령 ·································· 50

Ⅰ. 업종별 개별공장 입지기준 확인 법령 ·································· 50

Ⅱ. 용도지역별 공장입지 허용 법령 ·· 51

Ⅲ. 개별공장 부지조성 법령 ·· 51

Ⅳ. 환경관련 법령 ·· 51

제2절 공장 설립 및 제조설비 설치 관련 법령 ······················ 53

Ⅰ. 공장설립(창업사업계획) 승인과 인·허가 의제 법령 ············ 53

Ⅱ. 제조시설 설치승인과 확인·점검 법령 ·································· 53

Ⅲ. 공장 집단화와 산업단지 조성 법령 ······································ 53

제3절 회사기업 설립과 기업관리 법령 ···································· 55

Ⅰ. 회사기업 설립 법령 ·· 55

Ⅱ. 공장기업 관리 법령 ·· 55

1. 공장관리시스템의 디지털화 관련 법령 ······························ 55
2. 건물·시설관리(PM) 법령 ·· 55
3. 회계·재무관리 법령 ·· 56

제4절 기업의 자금조달 관련 법령 · 57
I. 창업기업의 자금조달 · 57
1. 자기자금 조달 · 57
2. 타인자금 조달 · 57
3. 정책자금 조달 · 57
II. 기존 기업의 자금조달 · 58
1. 자기자금 조달 · 58
2. 타인자금 조달 · 58

제4장 회사의 설립과 상업등기의 이해 · 60
제1절 회사의 설립 · 60
I. 회사의 개념 · 60
1. 영리성 · 60
2. 법인성 · 60
II. 법인의 종류 · 61
1. 사단법인 · 61
2. 재단법인 · 62
III. 법인세 · 63
1. 납세의무자 · 63
2. 법인세 과세소득의 범위 · 63
3. 법인세율 · 64
IV. 1인 회사 · 64
1. 1인회사의 의의 · 64
2. 1인회사의 법률관계 · 65

V. 상법상 회사의 종류 ··· 66
  1. 합명회사 ··· 67
  2. 합자회사 ··· 67
  3. 주식회사 ··· 67
  4. 유한회사 ··· 68
  5. 유한책임회사 ··· 68

VI. 주식회사의 이해 ·· 69
  1. 주식회사의 개념 ·· 69
  2. 주식회사의 경제적 기능 ··· 72
  3. 주식회사의 운영조직 ·· 72
  4. 주식회사의 법적규제 ·· 73
  5. 주식회사의 설립 ·· 75
  6. 주식회사의 의사결정기관 ··· 76
  7. 주식회사의 감사 ·· 79

제2절 상업등기 ·· 82

I. 상업등기의 개념 ··· 82
  1. 상업등기의 의의 ·· 82
  2. 상업등기의 효력발생 ·· 82

II. 상업등기부의 종류와 인감증명 ·· 83
  1. 상업등기부의 종류 ·· 83
  2. 인감증명 ··· 83

III. 상업등기부 ··· 83
  1. 상업등기부의 등기 ·· 83
  2. 본점과 지점에서의 등기 ··· 83
  3. 상업등기의 효력 ·· 84
  4. 상업등기부의 기재사항 ··· 84

제2편 공장중개의 기본이론

제1장 공장거래의 특성과 주체 ·················· 88

제1절 공장거래의 특성 ·················· 88

Ⅰ. 거래대상의 복합성 ·················· 88

Ⅱ. 거래금액 적정성 평가의 난해성 ·················· 88

Ⅲ. 경영조직 변경의 곤란성 ·················· 88

제2절 공장거래의 주체 ·················· 89

Ⅰ. 매도인과 매수인 ·················· 89

Ⅱ. 임대인과 임차인(임대인과 전차인) ·················· 90

Ⅲ. 분양자와 피분양자 ·················· 90

Ⅳ. 주체 변경에 의한 거래와 공시 ·················· 90

Ⅴ. 거래 주체의 형태 ·················· 91

제3절 기업의 개념과 구분 ·················· 93

Ⅰ. 기업의 개념 ·················· 93

Ⅱ. 기업의 구분 ·················· 93

1. 소상공인 ·················· 93
2. 소기업 ·················· 94
3. 중기업 ·················· 96
4. 중소기업의 범위 ·················· 96
5. 중견기업 ·················· 98
6. 대기업 ·················· 98

제2장 공장재단의 저당 및 시설의 종류 ·············· 100

제1절 공장재단의 저당 ·············· 100

I. 공장재단의 개념 ·············· 100
1. 공장재단의 의의 ·············· 100
2. 공장재단의 기재사항과 등기양식 ·············· 100
3. 공장재단의 평가 ·············· 102

II. 공장저당 ·············· 105
1. 공장재단의 저당 ·············· 105
2. 협의의 공장저당 ·············· 106

제2절 공장재단 시설의 종류 ·············· 108

I. 공장의 전기시설 ·············· 108
1. 수변전설비 시설 ·············· 108
2. 전기배분전반 시설 ·············· 109

II. 이동·운반용 기계기구 ·············· 110
1. 크레인 ·············· 110
2. 기타 이동·운반 시설 ·············· 112

III. 생산과 환경시설 ·············· 112
1. 생산시설 ·············· 112
2. 환경시설 ·············· 113

제3장 공장입지의 유형과 지역지구 ·············· 115

제1절 공장입지의 유형 ·············· 115

I. 개별입지의 유형 ·············· 115

1. 공장설립 승인에 의한 입지 ································ 115
2. 창업사업계획 승인에 의한 입지 ···························· 116
3. 준산업단지 ·· 116

II. 계획입지의 유형 ·· 117
1. 국가산업단지 ·· 117
2. 일반산업단지 ·· 118
3. 도시첨단산업단지 ·· 118
4. 농공단지 ·· 120
5. 스마트그린산업단지 ··· 121
6. 자유무역지역 ·· 121

제2절 공장입지의 지역지구 ·· 123

I. 유치지역 ··· 123

II. 공장입지유도지구 ··· 123
1. 공장입지유도지구의 지정 ······································ 123
2. 공장입지 유도지구의 특례 ···································· 124

III. 공장설립 제한지역 ··· 124
1. 상수원보호구역이 지정·공고된 지역 ························ 125
2. 상수원보호구역이 지정·공고되지 않은 지역 ············· 125
3. 기타 지역 ·· 125

IV. 공장설립 승인지역 ··· 125
1. 유하거리 초과지역 ··· 126
2. 유하거리 이내지역 ··· 126

V. 재생사업지구 ··· 126
1. 재생산업지구의 지정 ·· 126
2. 행정구역 경계 지점의 재생산업지구 시행 ················ 127

VI. 성장관리계획구역 ·· 127

1. 성장관리계획구역의 의의 ··· 127
2. 성장관리계획구역의 지정 ··· 128
3. 성장관리계획구역의 지정 기준 ··· 128
4. 성장관리계획구역의 지정절차 ·· 129
5. 성장관리계획구역의 건폐율과 용적률의 완화 ····················· 130
6. 성장관리방안 수립지역 계획관리지역의 공장입지 ·············· 130

제4장 공장설립과 등록 및 제조시설의 설치 ·····················133
제1절 공장설립의 의의와 유형 ·· 133
I. 공장설립의 의의 ·· 133
II. 공장설립의 유형 ·· 134
1. 개별입지 ··· 134
2. 계획입지 ··· 134
III. 개별입지와 계획입지의 비교 ··· 134
1. 개별입지 ··· 134
2. 계획입지 ··· 135
IV. 공장의 설립 방법 ··· 136
1. 계획입지의 공장설립 방법 ·· 136
2. 개별입지의 공장설립 방법 ·· 137
제2절 공장설립 절차와 간소화 제도 ···································· 139
I. 공장설립과 승인 절차 ··· 139
1. 공장설립 절차 ·· 139
2. 공장설립의 승인절차 ··· 140
II. 공장설립 절차 간소화제도 ·· 141

1. 인허가 관련 상담·자문신청 ·· 141
　　2. 토지소유권·사용권 확보 전 사전심의신청 ······················ 141
　　3. 인·허가 관련 기관·부서 일괄협의 ···································· 142
　　4. 인·허가 협의기간 ·· 142
　　5. 통합 인·허가지원시스템 구축·운영 ·································· 142

제3절 공장설립 지원제도 및 지원기관 ·· 143

　Ⅰ. 공장설립 지원제도 ·· 143
　　1. 공장설립온라인지원시스템 설치운영 ······························ 143
　　2. 공장설립지원센터 설치 ·· 145
　　3. 기업입지지원단과 산업입지연구센터 설치 ···················· 145
　　4. 공장설립 옴부즈만사무소 설치 ·· 145

　Ⅱ. 공장설립 지원기관 ·· 146
　　1. 산업통상자원부 ·· 146
　　2. 중소벤처기업부와 기업청 ·· 146
　　3. 도·시·군·구청 ·· 146

제4절 공장설립의 승인과 등록 ·· 148

　Ⅰ. 공장설립의 승인 ·· 148
　　1. 공장설립 승인의 법적근거 ·· 148
　　2. 공장설립등의 승인 의제 ·· 148
　　3. 공장설립등의 승인(변경승인) 신청 ·································· 149
　　4. 공장설립등의 승인절차 ·· 151
　　5. 공장설립 승인사항 변경신고 ·· 152
　　6. 공장설립등의 승인취소 ·· 152

　Ⅱ. 공장의 등록 ·· 154
　　1. 공장의 등록 구분 ·· 154
　　2. 소기업 공장등록의 특례 ·· 155
　　3. 공장등록의 필요성 ·· 155

4. 공장등록의 신청 ·· 155
　　5. 공장 등록의 절차 ·· 157

제5절 제조시설의 설치 승인 ··· 159

　Ⅰ. 제조시설의 정의 ··· 159

　Ⅱ. 제조시설의 설치승인 신청 ··· 159
　　1. 필요적 제조시설 설치승인 ······································ 159
　　2. 제조시설 설치 승인의제 ··· 160
　　3. 첨부 서류 ··· 160

　Ⅲ. 제조시설의 설치사항 변경신고 ·································· 160

　Ⅳ. 제조시설의 설치 승인절차 ··· 161

　Ⅴ. 제조시설의 설치완료 신고 ··· 161

　Ⅵ. 제조시설의 설치승인 취소 ··· 161

제5장 공장중개 관련 환경법의 기본적 이해 ···············163

제1절 물 환경의 법령 이해 ··· 163

　Ⅰ. 물환경 용어와 수질오염 물질의 총량관리 ··············· 163
　　1. 물환경 용어의 정의 ·· 163
　　2. 수질오염 물질의 총량관리 ····································· 166

　Ⅱ. 확정배출량 산정과 사업장규모별 구분 ···················· 167
　　1. 확정배출량 산정 ·· 167
　　2. 폐수배출량 규모별 사업장 구분 ··························· 168

　Ⅲ. 폐수배출시설 설치제한을 위한 대상지역 및 시설지정 ··· 169

1. 낙동강 상·중류유역 폐수시설 설치제한 지역 ············ 170
2. 낙동강 하류유역 폐수시설 설치제한 지역 ················ 171

Ⅳ. 폐수배출시설(임가공시설) 설치의 제한 ·············· 172
1. 수용성절삭유 사용 임가공시설의 설치 제한 ············ 172
2. 수용성절삭유 사용시설의 준수사항 ······················ 173

제2절 대기 환경의 법령 이해 ····························· 175

Ⅰ. 대기 환경 용어와 총량 규제 ························· 175
1. 대기 환경 용어의 정의 ································· 175
2. 총량 규제 ··· 177

Ⅱ. 사업장의 분류와 권리의무의 승계 ··················· 178
1. 오염물질 발생에 따른 사업장의 분류 ················· 178
2. 사업장 권리의무의 승계 ······························· 179

제3절 소음·진동 환경의 법령 이해 ······················ 180

Ⅰ. 소음·진동 환경 용어의 정의와 배출시설 ··········· 180
1. 소음·진동 환경 용어의 정의 ························· 180
2. 소음·진동의 배출 ····································· 181

Ⅱ. 공장 소음·진동의 배출 허용기준과 방지시설 ······ 183
1. 공장 소음·진동의 배출 허용기준 ···················· 183
2. 공장 소음·진동의 방지시설 ·························· 187

Ⅲ. 소음·진동의 배출허용기준 준수의무와 조업정지 명령 ···· 188
1. 공장 소음·진동 배출 허용기준의 준수의무 ·········· 188
2. 조업정지 명령 ·· 188
3. 소음방지시설 설치면제 ································ 188

제3편 공장중개의 실전

제1장 공장중개 물건의 확보와 조사확인 ·············· 192

제1절 공장 물건의 확보 ·············· 192

I. 오프라인 물건확보 ·············· 192
1. 의뢰인으로부터 물건 접수 ·············· 192
2. 공동중개 물건 접수 ·············· 192
3. 경영자단체·관리단체로부터 접수 ·············· 193

II. 온라인 물건확보 ·············· 193
1. 부실채권 전문회사를 통한 물건확보 ·············· 193
2. 경·공매사이트를 통한 물건확보 ·············· 193

제2절 공장중개 물건의 조사확인 ·············· 194

I. 조사 확인의 목적 ·············· 194

II. 공장 물건의 조사확인 ·············· 195
1. 공적장부를 통한 조사확인 ·············· 195
2. 임장활동을 통한 조사확인 ·············· 200

제2장 공장중개 물건의 관리와 마케팅 ·············· 203

제1절 공장 물건의 관리 ·············· 203

I. 지역별 물건관리 ·············· 203

II. 규모별 물건관리 ·············· 203

III. 업종별 물건관리 ·············· 203

제2절 공장 물건의 마케팅 ····· 204

I. S·W·O·T 분석에 의한 마케팅 ····· 204
1. 강점(Strengths) ····· 204
2. 약점(Weaknesse) ····· 206
3. 기회(Opportunities) ····· 207
4. 위험(Threats) ····· 208

II. 오프라인 방법에 의한 마케팅 ····· 208

III. 온라인에 의한 마케팅 ····· 209

제3장 공장 거래계약의 기본사항 ····· 210

제1절 공장 거래계약의 개념과 특성 ····· 210

I. 공장 거래계약의 개념 ····· 210

II. 공장 거래계약의 특성 ····· 210

제2절 공장 거래계약 시 확인사항과 절차 ····· 212

I. 공장계약 체결 전 확인사항 ····· 212
1. 계약대상물 조사 확인 ····· 212
2. 법률·행정적 내용 조사 확인 ····· 212

II. 공장거래계약 체결 후 절차 ····· 213
1. 금융기관 차입절차 진행 ····· 213
2. 매매대금의 종류별(토지·건물·기계기구) 비례 안분계산 ····· 214
3. 부동산 거래신고 ····· 220
4. 산업용지 및 공장건축물의 처분신고와 임대신고 ····· 221

5. 공장신설·증설·이전·제조시설설치 승인신청 ·················· 224
　　6. 잔금계획 및 잔금서류 확인 ·································· 224
　　7. 세무관련 서류 발급 ·· 224
　　8. 공과금의 정산 ··· 226

제3절 온라인프로그램에 의한 계약과 SNS문자 계약의 효력 227

　Ⅰ. 한방프로그램에 의한 거래계약서 작성 ························· 227
　　1. 한방프로그램을 이용한 공장거래계약서 작성 ·············· 227
　　2. 한방프로그램의 공장거래계약서 작성 방법 ················ 228
　　3. 한방프로그램 활용 거래계약 작성 시 특약사항 사례 ········ 229

　Ⅱ. 공장부동산의 전자계약시스템에 의한 계약 ····················· 232
　　1. 부동산거래 전자계약시스템의 개요 ······················· 232
　　2. 공장부동산 전자계약서 작성방안 ························· 234

　Ⅲ. SNS문자 계약의 효력 ······································ 234

제4절 문서의 공증력 인정과 개인정보보호 ························ 236

　Ⅰ. 계약관련 문서의 확정일자인 ································· 236
　　1. 계약관련 확정일자인이 필요한 문서 종류 ················· 236
　　2. 확정일자인의 법적근거 ·································· 236

　Ⅱ. 개인정보수집과 이용동의 ···································· 237
　　1. SNS이용 계약서 작성과 개인정보수집 이용 동의 ··········· 237
　　2. 오프라인 프로그램 계약서작성과 개인정보수집 이용 동의 ··· 238

　Ⅲ. 녹음(통신)에 의한 계약 ······································ 239
　　1. 통신의 정의 ··· 239
　　2. 통신 및 대화 비밀의 보호 ································ 239
　　3. 법률 준수 및 입증자료 활용 ······························ 240

제4장 공장부동산 거래계약의 체결 ·· 242

제1절 공장부동산 거래계약서의 작성 ································· 242

I. 공장부동산 계약서 작성의 공통사항 ······························ 242
1. 계약서 작성요령과 확인사항 ·· 242
2. 공장매매(임대)계약서의 구성 ······································ 243
3. 공장부동산과 기계기구의 표시 ···································· 244
4. 계약 당사자의 특정 ·· 247
5. 법인인감증명서(사용인감계)의 첨부 ·························· 249

II. 공장거래계약서의 작성 ·· 252
1. 공장매매계약서 ·· 252
2. 공장포괄(부동산·기계기구)매매계약서 ······················ 257
3. 공장종류별 구분계약서 ·· 266
4. 공장임대차계약서 ·· 267
5. 공장전대차계약서 ·· 273
6. 신탁공장 매매(임대)계약서 ·· 278

III. 공장중개대상물 확인·설명서 작성 ·································· 279
1. 기본확인·설명 자료 ·· 279
2. 중개대상물의 기본사항 ·· 279
3. 물건의 세부 확인사항 ·· 280

제2절 공장의 중개사고 예방 ·· 282

I. 공장 중개사고의 유형 ··· 282
1. 법률·행정 관련 유형 ·· 282
2. 금융·세무 관련 유형 ·· 282
3. 거래계약서작성 관련 유형 ·· 283
4. 중개대상물 확인·설명 관련 유형 ······························ 284

II. 공장 중개사고의 예방 ····· 284
1. 법률·행정 관련 중개사고 예방 ····· 284
2. 금융·세무 관련 중개사고 예방 ····· 287
3. 계약서작성 관련 중개사고 예방 ····· 289
4. 중개대상물 확인·설명 관련 중개사고 예방 ····· 293

부 록

제조업 산업분류 코드번호[통계청 고시 제2024-2호] ····· 300

찾아보기 · 309

<표 차례>

<표 1> 부동산 용도별 중개 내용 비교 ································29
<표 2> 도시형공장 해당 업종(제34조제2호 관련) ··················43
<표 3> 한국표준산업분류의 대분류표 ································47
<표 4> 한국표준산업분류의 중분류표 ································48
<표 5> 법인세율 ··64
<표 6> 주된 업종별 평균매출액등의 소기업 규모 기준 ···········95
<표 7> 주된 업종별 평균매출액등의 중소기업 규모 기준 ·······97
<표 8> 개별입지와 계획입지 비교 ····································135
<표 9> 폐수량 배출 규모별 사업장 구분 ··························169
<표 10> 오염물질발생에 따른 사업장의 분류 ·····················178
<표 11> 소음배출시설 ···182
<표 12> 진동배출시설 ···183
<표 13> 공장 소음배출 허용기준 ····································184
<표 14> 공장 진동배출 허용기준 ····································186
<표 15> 건물기준시가 산정 기본계산식 ····························216
<표 16> 공장부동산의 표시 사례 ····································245
<표 17> 공장기계기구의 표시 사례 ··································246
<표 18> 법인사용인감계 작성 사례 ··································250
<표 19> 부동산(공장)매매계약서 작성사례 ························254
<표 20> 부동산등(공장·기계기구)매매계약서 작성사례 ·········259
<표 21> 부동산등(공장·기계기구)매매 변경계약서 작성사례 ····262
<표 22> 동산(기계기구)매매계약서 작성사례 ·····················265
<표 23> 부동산(공장)임대차매매계약서 작성사례 ···············270
<표 24> 부동산(공장)전대차매매계약서 작성사례 ···············274
<표 25> 전대차계약 임대인동의서 작성사례 ······················277

[그림 차례]

[그림 1] 법인의 종류 ···63
[그림 2] 공장재단등기기록 ··101
[그림 3] 성장관리계획구역의 지정절차 ····················129
[그림 4] 공장설립의 승인절차 ··································141
[그림 5] 공장설립등의 승인절차 ·······························151
[그림 6] 공장설립등의 행정기관 처리과정 ··············152
[그림 7] 공장등록 절차 ··158
[그림 8] 공장등록의 행정기관 처리과정 ··················158
[그림 9] 제조시설설치 승인절차 ·······························161
[그림 10] 공장 현황(배치)도를 사용한 현황조사 사례 ···············197
[그림 11] 높은 층고의 강점을 활용한 증축 사례 ···················205
[그림 12] 진입도로 법면의 약점을 활용한 도로확장 사례 ·········206
[그림 13] 낮은공장 건물 주기둥에 H빔을 이용 층고를 높인 사례 ·207
[그림 14] 국세청 건물기준시가 자동 계산 사례 ······················217
[그림 15] 처분신고서 ··222
[그림 16] 임대신고서 ··223

제1편 공장중개의 기초

제1장 공장중개의 개념

제2장 공장 및 제조업의 개념과 분류

제3장 공장중개 관련 법령체계

제4장 회사의 설립과 상업등기의 이해

제1편 공장중개의 기초

제1장 공장중개의 개념

제1절 공장중개의 의의와 특성

I. 공장중개의 의의와 법적근거

개업공인중개사가 공장중개를 할 수 있는 법적 근거로「공인중개사법」제3조에서 규정하는 중개대상물인 토지·건축물과 그 밖의 토지의 정착물 중 공장에 속하는 부동산을 중개할 수 있다.

그리고「공인중개사법 시행령」제2조제2호는「공장저당법」에 따른 공장재단을 중개대상물로 한다고 정하고 있다. 즉 개업공인중개사는 이러한 제조시설을 포함한 공장 부동산과 공장재단에 속하는 구성물에 대하여 거래당사자 간의 매매·교환·임대차 그 밖의 권리의 득실변경에 관한 행위를 알선하는 것을 말한다.

II. 공장중개의 특성

부동산 토지의 특성인 부동성, 부증성, 영속성, 개별성, 연결과 연속성 그리고 인문적 특성으로 용도의 다양성, 합병과 분할 가능성, 사회적·행정적 위치의 가변성 등이 있다.

그러나 공장 부동산 중개의 경우 법률적, 행정적, 사회적 특성을 종합하여 살펴볼 때 다음과 같은 특성이 있는 것으로 볼 수 있다.

1. 종류와 규모의 다양성

주거용 부동산의 경우 아파트, 주택 등 규모나 종류는 한정되어 있고, 상가 부동산 또한 일반상가, 단독상가, 집합건물상가, 빌딩상가 등 그 종류가 다양하다고 볼 수 없으며 규모의 다양성에 한정되어 있다. 그러나 공장 토지·건물의 경우 가내 수공업의 작은 공간이 필요한 제조시설 또는 공장에서부터 넓은 대형의 레이아웃과 공간이 필요한 공장까지 수많은 업종과 시설에 따라 종류와 규모는 다양하다고 볼 수 있다.

2. 경제적 탄력성

경제의 변화와 생산 활동의 증가와 감소에 따라 효율적인 생산을 위하여 공장의 규모를 증설하거나 축소하는 경우가 있다. 이럴 때 기업은 공장을 증축하거나 더 넓은 공장으로 이전하게 되고, 반대로 축소를 할 때 공장 일부를 임대하여 수익을 창출하거나 공장을 매도하고 작은 규모의 공장으로 이전하는 등 경제적인 영향에 의하여 기업이 탄력적으로 운영하는 경우가 대부분이다.

3. 경제적 필요성

기업은 국가 경제의 필요적 존재로 공장은 생산의 필요적 기본 요소이다. 그러므로 사업의 성과, 취업 등의 국가 경제의 성장과 번영에 꼭 필요한 제조업, 마케팅업, 서비스업 등의 여러 분야 중에서 제조업은 국가 경제에 중요한 역할을 한다고 볼 수 있다. 공장은 기업의 생산 활동에 꼭 필요할 수밖에 없는 존재이므로 공장중개는 매우 중요하다고 볼 수 있다.

4. 위치의 한정성

공장의 개별입지에 있어 도시지역, 비도시지역을 막론하고 공장의 입지 조건에 맞추어 위치를 정한다는 것은 한정되어 있고, 계획입지 또한 업종·환경 등에 필요한 지구단위계획에 의하여 입지 할 수 있어 위치 또한 한정될 수밖에 없으므로 공장중개 업무의 역할이 중요하다고 볼 수 있다.

III. 산업용과 타 용도 부동산의 중개 비교

1. 주거용 부동산

주거용 부동산은 주로 아파트가 주를 이루며 매매 또는 전세·월세 계약을 통하여 수익을 창출한다. 주거용 부동산은 여성 개업공인중개사의 활동이 많고, 고객이나 물건의 확보가 쉬운 편이나 집주인 또는 임차인이 점유하고 있을 때 거래 부동산의 현장임장을 위한 크로징 약속이 어려운 편이다. 그리고 LTV(담보인정비율)·DSR(총부채원리금상환비율) 등 정부의 금융 규제로 인하여 금융지원을 받기 어렵다.

또한 매도·매수 고객이 많은 편으로 거래가 다른 용도의 부동산보다는 많다고는 하나 쉬운 주거용 중개업무의 접근성으로 인하여 개업중개사 간 경쟁이 치열한 단점이 있다. 그리고 계약서작성은 한국공인중개사협회에서 제공하는 한방프로그램에 의하여 수월하게 작성할 수 있다.

2. 상업용 부동산

상업용 부동산은 장기 임대계약으로 인해 안정적인 수입원을 보장받을 수 있다는 장점이 있고, 위치, 시장 상황에 따라 부동산 가치가 상승할 수 있다. 이러한 이유로 고객과 물건의 확보가 유동적인 편이다. 그러나 현장 임장의 접근이 쉬워 크로징 활동이 쉽고 소상공인에 해당하는 업종이 많아 정부지원을 활용할 수 있다는 장점이 있다. 그리고 위치나 상가 형성에 따라 계약 성공률을 높이려면 많은 상권 분석이 따라야 한다. 그리고 계약서작성은 한국공인중개사협에서 제공하는 한방프로그램으로 작성할 수 있으나 중요한 특약사항을 놓치는 경우가 있어 주의를 하여야 한다.

3. 산업용 부동산

산업용 부동산은 규모가 다양하며 이전 비용이 많이 들고 부동산의 용도는 물론 지역별, 업종별, 규모별 세부 용도가 정해져 있어 고객에게 맞는 물건의 확보가 어려운 편이다.

그러나 광고나 마케팅 그리고 크로징 활동이 쉬운 편이고, 정부지원과 정책자금을 활용한 금융지원과 세금의 혜택이 다양하다. 그러므로 중개 활동에 다양한 지식을 쌓을 필요가 있다고 본다.

그리고 거래계약 성사 성공률은 다양한 업종 및 인·허가로 인하여 낮은 편이나 높은 중개 보수를 통하여 이를 보상 받을 수 있다는 장점이 있다.

그리고 공인중개사 시험과목과 현장에서 일어나는 법령의 무지로 인하여 중개 사고에 노출되어 있다는 것이 단점이다.

아래 <표 1>은 부동산 용도별 중개 내용을 비교 분석한 표이다.

<표 1> 부동산 용도별 중개 내용 비교

내용 \ 구분	주거용	상업용	산업용
고객 및 물건의 확보	○	△	×
광고 및 마케팅	○	○	○
크로징 활동	×	△	○
금융지원과 접근성	×	△	○
정부지원과 세금혜택	×	△	○
거래계약 성사 성공률	○	△	×
거래계약서 작성 방법	○	△	×

주) 쉬움 ○ 보통 △ 어려움 ×   출처 : 저자 작성

> ─ Learning Point ─
>
> ○ 공장중개의 의의(법적근거)
>   - 「공인중개사법」제3조 중개대상물인 토지·건축물, 토지의 정착물 중 공장에 속하는 부동산.
>   - 「공인중개사법 시행령」제2조제2호「공장저당법」의 공장재단의 구성물을 거래당사자 간의 매매·교환·임대차 그 밖 권리의 득실 변경에 관한 알선 행위.
> ○ 공장중개의 특성
>   - 공장의 규모·종류 다양성
>   - 경제적 탄력성
>   - 경제적 필요성
>   - 위치의 한정성

제2절 공장중개의 분류

I. 거래방법 기준에 의한 분류

1. 공장매매 중개

「산업집적법」,「통계법」,「건축법」,「공장저당법」의 정의에 의한 공장과 공장재단 그리고 제2종 근린생활시설 중 제조업소의 설립·이전이나 증설에 의한 거래가 일반적이다. 그러므로 공장매매 중개 시「공장저당법」에 의한 공장재단 중 구성물 일부의 기계기구와 시설 등을 포함하여 거래하는 경우가 많으므로 타 종류 부동산의 매매 중개와는 비교된다.

2. 공장임대 중개

공장임대 중개는 주거용 부동산 중개에 비하여 종류와 규모가 다양하다고 할 수 있다. 또한 상가 중개에 비하여 권리금의 요구나 다툼이 거의 없다는 것이 특징이다. 그리고 공장임대 중개의 경우 시설, 즉 기계기구 등의 시설 명세와 관리의무의 규정을 명확히 하여야 할 필요가 있다.

3. 산업단지입주 중개

산업단지는 지구단위계획에 의한 업종 제한으로 기업에 대한 컨설팅이 필요하고 산업단지입주 계약이나 변경 계약을 체결하였을 때 공장설립·신설·증설·업종변경의 승인을 받은 것으로 보고(산업집적법 제38조제1항, 제13조제2항), 있어 중개업무는 수월하다고 볼 수 있다.

그리고 관리기관은「공인중개사법」제9조에도 불구하고 해당 산업단지의 공장용지 및 공장건축물에 대한 부동산중개업을 할 수 있다(산업집적법 제30조제5항). 그러므로 관리기관과 공장 중개와 관련되어 다툼과 오해가 생길 수 있으므로 공장 중개 시 주의가 요구된다.

4. 인수합병(흡수·신설) 중개

기업인수합병은 약칭으로 M&A(mergers and acquisitions)라 한다. 주식 양도양수 계약으로 기업의 경쟁력 강화나 구조 조정과 관련 기업이 창업보다는 기존 기업의 인수가 비용이 절감되어 경영권을 확보하는 데 활용되고 있다. 즉 기업인수합병은 기업의 경영권 인수와 둘 이상의 기업을 하나의 기업으로 재탄생시킬 수 있다는 점에서 기업경영의 핵심 경영 전략이라고 볼 수 있다.

판례는 주식 양도양수계약의 목적물 중 적어도 부동산을 제외한 주식·동산·영업권·부채·가수금 등에 관한 권리의 득실 변경에 관한 행위는 공인중개사의 업무에 속하지 않는다[1]하여 기업인수합병

중개 시 권리분석 및 기업인수합병계약서 작성의 경우는 변호사 또는 법무사에게, 단순한 기업인수합병계약서 작성은 행정사[2])에게 업무 네트워크 구축에 의한 업무의뢰를 통하는 것이 타당하다고 본다.

5. 영업양도 중개

영업양수도계약은 일정한 영업 목적에 의하여 조직화한 유기적 일체로서의 기능적 재산의 이전을 목적으로 하는 채권계약이다.

또한 포괄양수도계약 중의 하나로 회사의 사업에 관한 일체의 권리와 의무를 양도양수하는데 목적이 있다. 일반적인 개인기업에서 법인기업으로 전환할 때 또는 상대방 업체를 인수할 경우 영업양수도계약을 맺는다. 사업용 자산을 비롯한 인적시설, 물적조직, 권리의무를 포괄적으로 승계하는 것으로 양도자는 부가가치세 납부 부담을 덜 수 있으며 일반적으로 상가 중개 시 같은 업종의 경우 포괄양수도 특약으로 중개하는 경우라고 보면 될 것이다.

6. 공장분할 중개

회사의 일부 사업 부문을 분리하여 독립된 회사를 설립하고 조직을 개편하는 기업인수합병의 반대 개념이다. 그러나 여기에서 말하는 공장분할 중개는 기업분할이 아니라 중개대상물인 기업의 공장 부동산(토지·건물)과 전기시설, 호이스트 크레인· 화물엘레베이트 등 각종 기계기구에 대하여 사업의 축소 내지 대형 부동산을 분할 매각하는 개념이다. 그러므로 건폐율·용적률 등의 건축법과 공장용지의 분할 제한을 규정한 「산업집적법」, 「건축법」 등 관련 법령에 의하여 공장을 분할하여 중개하여야 한다.

---

1) 대법원 2006. 9. 22. 선고 2005도6054 판결, 대법원 2008. 7. 10. 선고 2008도3673 판결, 대법원 2009. 1. 15. 선고 2008도9427 판결
2) 대전지방법원 2014. 5. 30. 선고 2014고단656 판결

II. 중개대상 기준에 의한 분류

1. 기존공장의 중개

기존 공장 부동산의 중개는 공장 중개의 대부분을 차지하는 부동산 중개로서 공장용지에 지상의 공장 건축물이 존재하는 기존 공장의 중개를 의미한다. 그러므로 공장 부동산의 중개 물건의 확보부터 마케팅, 정책자금 지원과 계약 및 잔금 지급 등의 절차에 대한 업무가 필요하다.

2. 신축공장의 중개

신축공장의 중개는 제조나 생산 활동을 위해 사용되는 건축물로 건축법에 따른 공장 또는 제2종 근린생활시설 중 제조나 생산 활동을 위해 사용되는 건축물을 신축하여 분양 등에 의한 방법으로 매각하는 부동산을 중개하는 것을 말하고 사례로 지식산업센터 등이 있다. 그리고 신축한 제2종 근린생활시설을 제조시설로 용도를 변경하여 중개 활동을 할 경우도 있다,

3. 공장용지의 중개

공장용지는 기업의 창업 또는 공장의 이전 설립으로 공장을 신축할 수 있는 공장용지를 중개하는 개념으로 개별입지의 경우 농지, 임야 등을 매수하여 공장 인·허가를 득하는 컨설팅을 겸하는 중개와 이미 공장용지로 인·허가를 득한 공장용지를 일반적으로 중개하는 경우가 있다.

또한 계획 입지의 경우 산업단지의 공장용지에 대하여 지구단위계획에 의한 업종에 해당하는 공장을 입주하게 하는 중개이다.

제1편 공장중개의 기초

Learning Point

○ 공장 중개의 분류
- **거래 방법 기준에 의한 분류**
  공장매매 중개, 공장임대 중개, 산업단지 입주 중개
  인수합병(흡수·신설) 중개, 영업양도 중개, 공장 분할 중개

- **중개 대상 기준에 의한 분류**
  기존 공장의 중개, 신축공장의 중개, 공장용지의 중개

제2장 공장 및 제조업의 개념과 분류

제1절 공장의 개념과 분류

I. 공장의 의의와 범위

1. 공장의 의의

1) 「산업집적법」에 의한 의의

「산업집적법」에서는 "공장"이란 건축물 또는 공작물, 물품 제조공정을 형성하는 기계·장치 등 제조시설과 그 부대시설(제조시설 등이라 함)을 갖추고 통계청장이 「통계법」에 의하여 국제표준분류를 기준으로 산업에 관한 표준분류를 작성·고시하는 표준산업분류에 의한 제조업을 하기 위한 사업장을 말한다(동 법률 제2조제1호).라고 정하고 있다. 즉 통계법에 따라 시행하고 있는 통계청 고시 제2024-2호(2024.1.1.) 한국표준산업분류업에 의한 업종의 제조업을 영위 하기 위해 공장의 범위에 속하는 공장부동산과 제조시설 그리고 부대시설 등을 말한다.

2) 「건축법」에 의한 의의

「건축법」에서 "공장"이란 물품의 제조·가공(염색·도장(塗裝)·표백·재봉·건조·인쇄 등을 포함) 또는 수리에 계속적으로 이용되는 건축물로서 제1종 근린생활시설, 제2종 근린생활시설, 위험물 저장 및 처리시설, 자동차 관련 시설, 자원순환 관련 시설 등으로 따로 분류되지 아니한 것(같은법 시행령 제3조의5 <별표 1> 용도별 건축물의 종류 17호).이라고 정하고 있다.

제1편 공장중개의 기초

또한 제2종 근린생활시설 중 제조업소인 수리점 등 물품의 제조·가공·수리 등을 위한 시설로서 같은 건축물에 해당 용도로 쓰는 바닥면적의 합계가 500㎡ 미만이고, 다음 요건 중 어느 하나에 해당하는 것(같은법 시행령 제3조의5 <별표 1> 용도별 건축물의 종류 4호 너호)을 말한다

　가)「대기환경보전법」,「물환경보전법」또는「소음·진동관리법」에 따른 배출시설의 설치 허가 또는 신고의 대상이 아닌 것

　나)「물환경보전법」에 따라 배출시설의 설치 허가를 받거나 신고를 해야하는 시설로서 발생되는 폐수를 전량 위탁처리하는 것.

그러므로 바닥면적의 합계가 500㎡ 미만 건축물이 대기, 물, 소음·진동의 환경 배출시설이 필요하지 않은 제조시설이라면 근린생활시설의 건축물에서 제조시설로 사용할 수 있다.

3)「공장저당법」에 의한 의의

「공장저당법」은 "공장"이란 영업하기 위하여 물품의 제조·가공, 인쇄, 촬영, 방송 또는 전기나 가스의 공급 목적에 사용하는 장소를 공장으로 정의하고 있다(같은법 제2조제1호).

그리고 "공장재단"이란 공장에 속하는 일정한 기업용 재산으로 구성되는 일단(一團)의 기업재산으로서 이 법에 따라 소유권과 저당권의 목적이 되는 것으로 정하여(같은법 제2조제2호), 공장 소유자의 자금을 확보할 수 있도록 그 정의를 정하고 있다.

2. 사업장과의 구별

「부가가치세법」에서는 사업자의 납세지는 각 사업장의 소재지로

하고 사업장은 사업자가 사업을 하기 위하여 거래의 전부 또는 일부를 하는 고정된 장소로 한다. 또한 사업장의 범위에 관하여 제조업의 경우 최종제품을 완성하는 장소로 따로 제품을 포장만을 하거나 용기에 충전만을 하는 장소 그리고 저유소는 제외한다.

사업자 단위과세사업자는 각 사업장을 대신하여 그 사업자의 본점 또는 주사무소의 소재지를 부가가치세 납세지로 한다.
또한 재화를 보관하고 관리할 수 있는 시설만 갖춘 장소로서 하치장(荷置場)으로 신고된 장소, 각종 경기대회나 박람회 등 행사가 개최되는 장소에 개설한 임시사업장으로 신고된 장소는 사업장으로 보지 아니한다고 정하고 있다(부가가치세법 제6조).

사업자는 사업장마다 사업 개시일부터 20일 이내에 사업장 관할 세무서장 또는 다른 세무서장에게 사업자등록을 신청하여야 하고 신규로 사업을 시작하려는 자는 사업 개시일 이전이라도 사업자등록을 신청할 수 있다.

그리고 사업장이 둘 이상인 사업자 또는 추가로 사업장을 개설하려는 사업자는 사업자 단위로 해당 사업자의 본점 또는 주사무소 관할 세무서장에게 등록을 신청할 수 있는데, 이 경우 등록한 사업자를 '단위과세사업자'라 한다(부가가치세법 제8조). 즉, 사업자단위과세제도는 여러 개 사업을 소유하고 있는 경우 주된 사업장에서 하나의 사업자등록을 하여 신고 및 납부를 할 수 있는 제도를 말하며 각 지점의 사업자번호는 말소되고 주사업장의 사업자번호로 모든 사업장의 세금계산서를 발행·수취하는 제도로 공장과 사업장의 개념은 구별되어야 할 것이다.

3. 공장의 범위

「산업집적법 시행령」 제2조제2항은 공장의 포함되는 범위를 정하고 있고, 같은법 시행규칙 제2조는 공장의 범위에 포함되는 부대시설의 범위를 정하고 있다. 공장의 범위를 정함에 있어 제조시설외 그에 부속되는 건물의 용도 중 어디까지를 정하여 공장으로 볼 수 있는지, 그 범위를 정하는 이유는 각종 중소기업의 정책자금, 보조금, 세제혜택 등 수많은 정부지원을 결정하는데 중요한 요소가 될 수 있으므로 그 범위는 알아야 할 것이다. 공장의 범위에 속하는 내용은 다음과 같다.

1) 제조시설

건축물 또는 공작물, 물품 제조공정을 형성하는 기계·장치 등 제조시설과 제조업을 하기 위하여 물품의 가공·조립·수리시설을 포함한 제조시설을 말한다.

2) 시험 생산시설

시험 생산시설은 제품의 성질이나 기능을 실지로 검사하고 평가하는 시설이고, 생산시설은 각종 물건을 만들어 내기 위한 시설로 종류와 규모가 다양하다. 이러한 시설은 전부 공장의 범위에 속한다.

3) 부대시설과 관리·지원 시설

부대시설은 사무실·창고·경비실·전망대·주차장·화장실 및 자전거보관시설, 수조·저유조·사일로 및 저장조 등 지하를 포함한 저장용 옥외구축물, 송유관, 옥외주유시설, 급·배수시설, 변전실, 기계실 및 펌프실, 원자재 및 완제품 등을 싣고 내리기 위한 호이스트 등을 말한다.

그리고 지원시설은 보육시설 및 기숙사, 식당·휴게실·목욕실·세탁장·의료실 및 옥외체육시설 등 종업원의 복지후생증진에 필요한 시설, 제품전시장(해당 공장의 생산제품 또는 해당 공장의 생산제품을 부품으로 하는 반제품 또는 완제품을 전시로 한정), 공장의 생산제품을 판매하는 시설을 말하며, 기타 산업통상자원부장관 등 관계 중앙행정기관의 장과 협의하여 인정하는 시설을 말한다.

4) 제조업 관계 법령상 설치의무 시설

「폐기물관리법」에 따른 폐기물처리시설, 「물환경보전법」에 따른 수질오염방지시설「대기환경보전법」에 따른 대기오염방지시설 등 「소음·진동 관리법」에 따른 소음·진동방지시설 등 둘 이상의 사업장에서 공동으로 설치·운영하는 것을 포함한 시설을 말한다.

5) 제조시설이 설치된 공장용지

공장의 범위에 속하는 건물, 기계장치 등을 설치한 공장용지를 말하고 부지의 면적은 제조업의 업종에 따른 기준공장면적률에 의한다.

따라서 제조업종별 공장용지면적에 대한 공장건축면적의 비율인 기준공장면적률은 공장의 입지 등의 이론에서 설명하기로 한다.

제1편 공장중개의 기초

Learning Point

○ 공장의 개념
- 「산업집적법」에 의한 의의
  「통계법」의 표준산업분류에 의한 제조업을 하기 위한 사업장
- 「건축법」에 의한 의의
  - 물품의 제조·가공 또는 수리에 계속적으로 이용되는 건축물
    (제1·2종 근생시설, 위험물저장·처리시설, 자동차관련 시설, 자원순환 관련 시설 등으로 따로 분류되지 아니한 것
  - 2종 근린생활시설 중 바닥면적 500㎡미만인 제조업소 대기, 물, 소음·진동 배출 허가·신고 대상 아닌 것과 물환경에 의한 폐수 전량 위탁 처리하는 것.
- 「공장저당법」에 의한 의의
  - 공장 : 물품의 제조·가공, 인쇄, 촬영, 방송·전기나 가스 공급 목적 사용장소
  - 공장재단 : 일단의 기업재산소유권과 저당권의 목적이 되는 것.
- 사업장과의 구별
  - 「부가가치세법」은 납세지는 각 사업장의 소재지로 함.
  - 하치장·박람회·임시사업장은 사업장으로 보지 아니함.
  - 사업자단위과세제도 : 사업장이 2이상인 사업자, 추가 사업장 개설 사업자

○ 공장의 범위
- 제조시설
- 시험 생산시설
- 부대시설과 관리·지원 시설
- 제조업 관계법령상 설치의무 시설
- 제조시설이 설치된 공장용지
- 수조 소유관, 환경방지시설, 식당, 전시·판매장

II. 공장의 분류

1. 입지 기준

1) 개별입지 공장

개별입지는 제조업을 영위하기 위하여 공장설립에 관련된 인·허가 사항을 계획입지 외의 지역에서 개별적으로 공장설립 승인을 득하여 개발한 공장용지에 공장 건축물을 건축, 공장을 설립하여 입지한 공장을 말한다.

2) 계획입지 공장

계획입지는 국가, 공공단체 또는 민간기업이 일정한 지역을 선정하여 계획에 따라 개발한 산업단지로「산업입지법」에 따라 지정·개발된 국가산업단지, 일반산업단지, 도시첨단산업단지 및 농공단지를 말하고, 최근 입주기업체와 산업집적기반시설·산업기반시설 및 공공시설 등의 디지털화, 에너지 자립 및 친환경화를 추진하는 산업단지로서 스마트그린산업단지로 지정된 곳 등을 말한다.

2. 공장용지 용적률기준

1) 일반 공장

「국토계획법」의 토지이용에 따른 광역도시계획, 도시·군계획에 의한 토지의 이용실태·특성, 장래의 토지이용 방향에 의하여 지정한 용도지역의 용적률에 의하여 설립한 공장과 산업단지의 지구단위계획에 의하여 설립한 공장을 말한다.

2) 도시형 공장

도시형 공장은 시장·군수·구청장·관리기관은 첨단산업의 공장, 공해발생정도가 낮은 공장 및 도시민생활과 밀접한 관계가 있는 공장 등을 도시형공장으로 지정할 수 있다(산업집적법 제28조).

도시형공장은「대기환경보전법」에 따른 특정대기유해물질을 배출하는 대기오염물질배출시설을 설치하는 공장,「대기환경보전법」에 따른 대기오염물질배출시설을 설치하는 공장으로서 1종사업장부터 3종사업장까지에 해당하는 공장,「물환경보전법」에 따른 특정수질유해물질을 배출하는 폐수배출시설을 설치하는 공장(배출시설의 기능 및 공정상 수질오염물질이 항상 배출허용기준 이하로 배출되는 경우 제외),「물환경보전법」에 따른 폐수배출시설을 설치하는 공장으로서 1종사업장부터 4종사업장까지에 해당하는 공장을 제외한 공장을 말한다.

그리고 환경영향평가대상 사업의 범위에 해당하는 다음 <표 2>에 해당하는 「대기환경보전법」에 따른 특정대기유해물질을 배출하는 대기오염물질배출시설을 설치하는 공장,「대기환경보전법」에 따른 대기오염물질배출시설을 설치하는 공장으로서 1종사업장부터 3종사업장까지에 해당하는 공장,「물환경보전법」에 따른 특정수질유해물질을 배출하는 폐수배출시설을 설치하는 공장(배출시설의 기능 및 공정상 수질오염물질이 항상 배출허용기준 이하로 배출되는 경우 제외),「물환경보전법」에 따른 폐수배출시설을 설치하는 공장으로서 1종사업장부터 4종사업장까지에 해당하는 공장을 제외한 공장을 말한다(산업집적법 시행령 제34조).

<표 2> 도시형공장 해당 업종(제34조제2호 관련)

분류번호	업 종 명
26111	메모리용 전자집적회로 제조업
26112	비메모리용 및 기타 전자집적회로 제조업
26121	발광 다이오드 제조업
26129	기타 반도체소자 제조업
26211	액정 표시장치 제조업
26293	전자카드 제조업
26295	전자감지장치 제조업
26299	그 외 기타 전자부품 제조업
26322	컴퓨터 모니터 제조업
26323	컴퓨터 프린터 제조업
26329	기타 주변기기 제조업
26410	유선통신장비 제조업
26421	방송장비 제조업
26422	이동전화기 제조업
26429	기타 무선 통신장비 제조업
26511	텔레비전 제조업
26519	비디오 및 기타 영상기기 제조업
26521	라디오, 녹음 및 재생기기 제조업
26529	기타 음향기기 제조업
27192	정형외과용 및 신체보정용 기기 제조업 중 보정용 인조눈을 제조하는 제조업
27309	기타 광학기기 제조업
31311	유인 항공기, 항공 우주선 및 보조장치 제조업
31312	무인 항공기 및 무인 비행장치 제조업

자료 : 「산업집적법 시행령」 [별표 4] <개정 2021. 6. 8.>

3. 점유·사용권 기준

1) 전용 공장

「산업집적법」에 따른 공장설립승인 대상이 되는 공장의 업종은 제조업에 한정되고 한국표준산업분류에 의한 산업분류에 의하여 생산 제품이 단일 또는 유사한 제품의 생산 활동을 하는 공장을 전용 공장이라고 할 수 있다.

2) 공동 공장(실험용, 시제품용, 공동생산용)

창업기업 또는 창업기업이 아닌 중소기업자는 산자부령으로 정하는 바에 따라 2인 이상이 공동으로 공장 설립계획을 작성하여 공장설립등의 승인 또는 공장 신설·증설·이전 또는 업종변경의 승인을 관계기관에 신청할 수 있다(중소기업창업법 제9조제4항).

공동공장은 시제품, 공동 실험용 시설, 공동생산 관련 네트워크 구축 등 여러 가지 장점이 있다고 볼 수 있다.

제2장 공장 및 제조업의 개념과 분류

Learning Point

○ 공장의 분류
- 입지 기준
  - 개별입지 공장 : 개별적 공장설립 승인 공장
  - 계획입지 공장 : 국가·공공단체·민간기업의 계획개발 산업단지 등
- 공장부지 용적률기준 :
  - 일반 공장 : 용도지역 용적률에 의해 설립 한 공장, 산업단지의 지구단위계획에 의하여 설립한 공장.
  - 도시형 공장 : 첨단산업의 공장, 공해발생정도가 낮은 공장, 도시민생활과 밀접한 관계가 있는 공장.
- 점유·사용권 기준
  - 전용공장 : 단일, 유사제품 생산 공장
  - 공동공장 : 2인이상 공동설립(실험용, 시제품용, 공동생산용)

제2절 제조업의 분류

1. 제조업의 의의

"제조업"이란 물질 또는 구성요소에 물리적·화학적 작용을 가하여 원재료의 성질과 다른 새로운 제품으로 전환시키는 산업 활동을 말한다. 그러나 선별·분할·정리·포장 등 상품의 본질을 변화시키지 않는 활동은 제조 활동으로 볼 수 없다.

2. 제조업 분류의 목적

제조업이 분류는 유엔에서 권고하고 있는 국제표준산업분류를 기초로 작성한 통계목적분류로 한국표준산업분류를 사용한다. 또한 통계목적 이외에도 일반 행정 및 산업정책관련 법령에서 적용대상 산업영역을 결정하는 기준으로 준용되고 있다.

제1편 공장중개의 기초

　　　　한국표준산업분류는 생산단위(사업체단위, 기업체단위 등)가 주로 수행하는 산업 활동을 그 유사성에 따라 체계적으로 유형화한 것으로 이러한 한국표준산업분류는 통계법에 따라 통계자료의 정확성 및 국가 간의 비교성을 확보하기 위함을 목적으로 한다.

　　산업활동에 의한 통계자료의 수집, 제표, 분석 등을 위해서 활동분류 및 범위를 제공하기 위한 것으로 통계법에서는 산업통계 자료의 정확성, 비교성을 위하여 모든 통계작성기관이 이를 의무적으로 사용하도록 규정하고 있다. 한국표준산업분류는 통계작성 목적 이외에도 일반 행정 및 산업정책 관련 법령에서 적용대상 산업영역을 한정하는 기준 등으로 활용되고 있다.[3]

3. 산업표준화법상의 대분류의 체계

　　산업분류는 대분류, 중분류, 소분류, 세분류, 세세분류의 5개 분류체계로 구성되어 있으며 대분류는 알파벳 대문자로 표기하여 구분한다. 산업분류코드는 5자리 아라비아 숫자로 표기되는데 앞자리 두 자리가 중분류 세 번째 자리가 소분류 네 번째 자리가 세분류 다섯 번째 자리가 세세분류를 의미한다.

　　한국표준산업분류는 2024. 01. 01. 「통계법」 제22조(표준분류)에 따라 전면 개정하여 통계청 고시 제2024-2호로 고시하였다.
　　이 고시 범위는 한국표준산업분류 제11차 개정의 총설, 분류항목표, 분류항목 명칭 및 내용 설명으로 준비과정을 거친 후 2024.07.01.부터 시행한다. 한국표준산업분류의 대분류는 아래 <표 3>과 같고, 제조업의 분류코드는 "C"에 해당한다.

---
[3] 한국표준산업분류 제11차개정해설서 P.13

<표 3> 한국표준산업분류의 대분류표

코드	산업분류	코드	산업분류
A	농업·임업 및 어업	K	금융 및 보험업
B	광업	L	부동산업
C	**제조업**	M	전문·과학 및 기술 서비스업
D	전기·가스·증기 및 공기조절 공급업	N	사업시설관리·사업지원 및 임대 서비스업
E	수도·하수 및 폐기물처리·원료재생	O	공공행정·국방 및 사회보장 행정
F	건설업	P	교육 서비스업
G	도매 및 소매업	Q	보건업 및 사회복지 서비스업
H	운수 및 창고업	R	예술·스포츠 및 여가관련 서비스업
I	숙박 및 음식점업	S	협회 및 단체·수리 및 기타 개인 서비스업
J	정보통신업	T	가구 내 고용활동, 자가소비 생산활동

자료 : 통계청 고시 제2024-2호

4. 제조업산업분류의 코드번호

한국표준산업분류의 중분류는 아래 표와 같이 분류하여 소분류 및 세부적으로 분류하고 있으며 공장 중개업무 중 제조업 분류 코드번호는 공장의 입지 및 공장설립 인·허가 등의 업무에 중요한 내용이므로 [부록]을 참고하여야 한다.

한국표준산업분류 코드번호의 5자리 단위중 C-제조업의 산업분류코드의 중분류10부터 34까지는 다음 <표 4>와 같다.

제1편 공장중개의 기초

<표 4> 한국표준산업분류의 중분류표

코드	산업분류	코드	산업분류
10	식료품제조업	23	비금속 광물제품 제조업
11	음료제조업	24	1차 금속 제조업
12	담배제조업	25	금속가공제품 제조업(기계및가구제외)
13	섬유제품 제조업(의복제외)	26	전자부품, 컴퓨터, 영상, 음향및통신장비제조업
14	의복, 의복 액세서리 및 모피제품 제조업	27	의료, 정밀, 광학기기 및 시계 제조업
15	가죽, 가방 및 신발 제조업	28	전기장비 제조업
16	목재 및 나무제품 제조업(가구제외)	29	기타기계 및 장비 제조업
17	펄프, 종이 및 종이제품 제조업	30	자동차 및 트레일러 제조업
18	인쇄 및 기록매체 복제업	31	기타 운송장비 제조업
19	코크스, 연탄 및 석유정제품 제조업	32	가구제조업
20	화학물질 및 화학제품 제조업(의약품 제외)	33	기타 제품제조업
21	의료용 물질 및 의약품 제조업	34	산업용 기계 및 장비 수리업
22	고무 및 플라스틱 제조업		

통계청 고시 제2024-2호

5. 한국표준산업의 코드번호 검색

한국표준산업의 분류코드는 통계청 통계분류 포털사이트에서 검색할 수 있으며 통계청(http://kostat.go.kr) 포털싸이트에서 상단 통계분류포털 "한국표준산업분류"를 클릭하여 검색할 수 있다.

그리고 통계청 통계분류포털(https://kssc.kostat.go.kr:8443)에서 바로 "KSIC한국표준산업분류"를 클릭하여 검색할 수 있다.

한국표준산업분류 검색은 해설서를 활용하여 분류설명과 색인어의 상세한 설명을 보고 확인해야 한다.

6. 한국표준산업분류 코드와 국세청 업종분류코드의 차이점

한국표준산업분류 코드와 국세청 업종분류코드와의 차이점은 한국표준산업분류의 5자리 산업분류 코드번호는 공장 설립등 산업분류, 통계 등의 목적에 의한 표준분류이며, 국세청 업종분류의 6자리 코드번호는 국세행정 목적의 업종분류이다.

따라서 사업자등록 시에 기재하는 업종분류코드는 한국표준산업분류가 아닌 국세청 업종분류코드를 기입해야 함으로 유의하여야 한다.

Learning Point

○ 제조업의 분류
- 제조업이란 : 물질·구성요소를 물리·화학적으로 원재료 성질과 다른 새로운 제품으로 전환하는 산업 활동
    제외 : 선별·분할·정리·포장 등 상품의 본질 변화 없는 것

- 제조업 분류의 목적
  - 행정 및 산업정책관련 법령 적용대상 산업영역 결정 기준 준용
  - 통계자료의 정확성 및 국가 간의 비교성 확보

- 산업표준화법상의 대분류의 체계
  대분류, 중분류, 소분류, 세분류, 세세분류의 5개 분류체계 구성

- 최근 한국표준산업분류
  통계청 고시 제2024-2호(2024.1.1.) 2024.7.1.시행

- 국세청 업종분류
  코드번호 6자리 : 국세행정 목적의 업종분류.

제1편 공장중개의 기초

제3장 공장중개 관련 법령체계

제1절 공장입지 및 부지조성 관련 법령

공장 관련 법령은 공장의 설립을 지원하며 산업입지 및 산업단지를 체계적으로 관리하고 산업 발전과 균형 있는 지역발전을 통하여 국민경제의 건전한 발전을 위한 법령에 해당하는 「산업집적법」을 비롯하여 공장의 부지조성 관련 법령부터 공장 설립지원, 창업기업지원, 기술지원 관련 법령까지 수많은 법령이 있다. 여기에서는 공장 중개 실무에 있어 반드시 알아야 할 법령을 알아보고자 한다.

I. 업종별 개별공장 입지기준 확인 법령

산업의 집적을 활성화하고 공장의 원활한 설립을 지원하며 산업입지 및 산업단지를 체계적으로 관리하기 위한 「산업집적법」이 있고, 산업입지의 원활한 공급과 산업의 합리적 배치를 위한 「산업입지법」이 있다. 즉 공장입지와 관련 산업입지 및 산업단지를 체계적으로 관리하는 법령이다.

「산업집적법」 제8조는 산업통상자원부장관은 관계 중앙행정기관의 장과 협의하여 용도지역별로 허용 또는 제한되는 공장의 업종·규모 및 범위 등에 관한 사항, 공장건축물등의 면적의 비율을 정하는 "기준공장면적률"과 그 적용 대상, 제조업 종별 환경오염 방지에 관한 사항, 환경오염을 일으킬 수 있는 공장의 입지 제한에 관한 사항에 관한 공장입지의 기준인 "입지기준"을 정하여 고시하여야 한다고 정하고 있으며, 「공장입지기준고시」 [산업통상자원부고시 제2018-162호, 2018. 9. 17.일부개정])는 입지기준에 적용받는 공장, 기준공장면적률과 그 적용방법 등을 정하고 있다. 다만, 특정 상황에서는 다른 법령상 이 고시를 적용할 수 없거나 공장운영에 지장을 초래할 경우 산업통상자원부장관의 승인을 받아 달리 적용할 수 있다.

II. 용도지역별 공장입지 허용 법령

용도지역별 공장의 허용여부는 국토의 이용·개발과 보전을 위한 계획의 수립 및 집행 등에 필요한 사항을 정하는 「국토계획법」과 토지를 이용하고 개발하는 경우 개별 법률에서 각각 규정하고 있는 복잡한 인·허가 절차를 통합·간소화하고 지원하는 「토지인허가간소화법」이 있다.

III. 개별공장 부지조성 법령

개별공장 부지조성에 대한 관련 법령으로 개발행위 허가, 지역지구지정 등을 규정하는 법령인 「국토계획법」과 농지의 전용을 규정한 「농지법」, 산지전용허가 등을 규정한 「산지관리법」, 사도의 개설·개축·증축·변경을 규정한 「사도법」, 지적측량에 관한 내용을 규정하는 「공간정보관리법」, 개발부담금 부과와 감면 특례 등을 규정한 「개발이익환수법」이 있다.

IV. 환경관련 법령

공장의 입지기준에 있어 환경은 매우 중요하다 이에 따른 법령으로 환경에 관한 위해를 예방하고 대기환경을 적정하고 지속가능하게 관리·보전하기 위한 「대기환경보전법」이 있다.

그리고 수질오염으로 인한 국민건강 및 환경상의 위해를 예방하고 하천·호소(湖沼) 등 공공수역의 물 환경을 적정하게 관리·보전하기 위한 「물환경보전법」이 있으며, 공장·건설공사장·도로·철도 등으로부터 발생하는 소음·진동으로 인한 피해를 방지하고 소음·

진동을 적정하게 관리하기 위한 「소음·진동관리법」이 있다.

그리고 폐기물의 발생을 최대한 억제하고 발생한 폐기물을 친환경적으로 처리하기 위한 「폐기물관리법」이 있다.

Learning Point

○ 공장입지 및 부지조성 관련 법령
- 업종별 개별공장 입지기준 확인 법령
  - 「산업집적법」: 산업집적 활성화, 공장설립지원, 산업단지 체계적 관리
  - 「산업입지법」: 산업입지 원활한 공급, 산업의 합리적 배치
  - 「공장입지 기준고시」: 입지기준 적용공장, 기준공장면적률

- 용도지역별 공장입지 허용 법령
  - 「국토계획법」: 국토의 이용·개발 보전, 계획의 수립·집행
  - 「토지인허가간소화법」: 복잡한 인·허가 절차 통합·간소화 지원

- 개별공장 부지조성 법령
  - 「국토계획법」: 국토의 이용·개발 보전
  - 「농지법」: 농지전용
  - 「산지관리법」: 산지전용
  - 「사도법」: 사도의 개설·개축·증축·변경
  - 「공간정보관리법」: 지적측량 규정
  - 「개발이익환수법」: 개발부담금 부과, 감면 특례

- 환경관련 법령
  - 「대기환경보전법」: 대기환경을 적정, 지속가능케 관리·보전
  - 「물환경보전법」: 하천·호소(湖沼) 공공수역 물 환경 관리·보전
  - 「소음·진동관리법」: 소음·진동 피해 방지 및 적정 관리
  - 「폐기물관리법」: 폐기물 발생 억제, 폐기물 친환경적 처리

제2절 공장 설립 및 제조설비 설치 관련 법령

I. 공장설립(창업사업계획) 승인과 인·허가 의제 법령

공장설립의 용도지역·용도지구·용도구역을 지정하는 「국토계획법」, 공장설립등의 승인을 규정한 「산업집적법」과 공장설립의 토지이용의 절차 간소화를 규정한 「토지인허가간소화법」이 있다.

그리고 공장 건물의 건축 인·허가 및 신고를 규정한 법령인 「건축법」, 소기업의 지원과 소기업의 공장설립에 관한 특례를 규정한 「중소기업진흥법」, 중소기업의 공장설립과 특례를 규정하는 「중소기업창업지원법」과 벤처기업의 육성 기반구축을 위한 「벤처기업법」이 있다. 또한 창업기업의 공장설립 처리 절차를 규정한 「창업기업 공장설립계획승인에 관한 통합업무처리지침」 [중소벤처기업부고시 제2022-48호, 2022. 6. 29. 전부개정]이 있다.

II. 제조시설 설치승인과 확인·점검 법령

제조시설의 설치 승인과 취소 등을 규정한 「산업집적법」 그리고 기계설비의 안전하고 효율적인 유지관리의 필요사항을 규정한 「기계설비법」과 의약품의 경우 의약품 등의 제조업의 시설기준에 관한 사항을 규정하는 「의약품 등의 제조업 및 수입자의 시설기준령」 등의 법령이 있다.

III. 공장 집단화와 산업단지 조성 법령

공장집단화를 위한 산업단지를 체계적으로 관리하고 산업단지의 구조고도화의 추진과 스마트그린산업단지 촉진사업의 추진을 규정하고 있는 「산업집적법」이 있다. 또한 산업입지개발 지침 등을 규정한 「산업입지법」과 토지이용 인·허가 절차 간소화를 위한 「토지인허

제1편 공장중개의 기초

가간소화법」그리고 산업단지 개발기간 단축을 위한 특례를 규정한 「산단절차간소화법」등이 있다.

Learning Point

○ 공장 설립 및 제조설비 설치 관련 법령
- 공장설립(창업사업계획) 승인과 인·허가 의제 법령
  - 「국토계획법」: 공장설립 용도지역·지구·구역 지정
  - 「산업집적법」: 공장설립등 승인
  - 「토지인허가간소화법」: 공장설립 토지이용 절차 간소화
  - 「건축법」: 공장건물 건축 인·허가, 신고
  - 「중소기업진흥법」: 소기업 지원, 공장설립 특례
  - 「중소기업창업지원법」: 창업중소기업 공장설립 특례
  - 「벤처기업법」: 벤처기업 육성, 기반구축
  - 「창업기업공장설립계획승인에 관한 통합업무처리지침」: 공장설립 계획 처리절차

- 제조시설 설치승인과 확인·점검 법령
  - 「산업집적법」: 제조시설 설치 승인·취소
  - 「기계설비법」: 기계설비 설치 안전 유지관리
  - 「의약품 등의 제조업 및 수입자의 시설기준령」: 의약품 제조업의 시설기준

- 공장 집단화와 산업단지 조성 법령
  - 「산업집적법」: 공장집단화, 산업단지구조고도화, 스마트그린산업단지 촉진
  - 「산업입지법」: 산업입지개발 지침
  - 「토지인허가간소화법」: 토지이용 인·허가 절차 간소화
  - 「산단절차간소화법」: 산업단지 개발기간 단축 특례

제3절 회사기업 설립과 기업관리 법령

I. 회사기업 설립 법령

회사기업의 설립은 개인기업과 법인기업으로 나눌 수 있다. 법인은 「상법」상 회사의 종류로 합명회사, 합자회사, 유한책임회사, 주식회사, 유한회사를 설립하여 경영할 수 있다.

그리고 창의성과 전문성을 갖춘 1명 또는 5명 미만의 공동사업자로서 상시근로자 없이 사업을 영위하는 1인창조기업 설립의 촉진과 육성을 위한 「1인창조기업법」에 의한 1인 창조기업이 있다.

II. 공장기업 관리 법령

1. 공장관리시스템의 디지털화 관련 법령

산업데이터 생성·활용의 활성화와 지능 정보기술의 산업 적용을 통하여 산업의 디지털 전환을 촉진하기 위한 「산업디지털전환법」이 있다.

2. 건물·시설관리(PM) 법령

에너지 관련 법령으로 에너지의 수급을 안정시키고 에너지의 합리적이고 효율적인 이용을 증진시키기 위한 「에너지이용 합리화법」, 신에너지 및 재생에너지의 기술개발 및 이용·보급 촉진을 위한 「신재생에너지법」, 지능형전력망의 구축 및 이용 촉진하기 위한 「지능형전력망법」이 있다.

소방·방재 관련 법령으로 화재를 예방·경계하거나 진압하고 화재, 재난·재해, 그 밖의 위급한 상황에서 구조·구급 활동 등을 규정한 「소방기본법」, 소방시설공사 및 소방기술의 관리에 필요한 사항을 규정한 「소방시설공사업법」, 특정소방대상물 등에 설치하여야 하는 소방시설 등의 설치·관리와 소방용품 성능관리에 필요한 사항을 규정한 「소방시설법」과 「소방용품품질관리규칙」 등이 있다.

3. 회계·재무관리 법령

주식회사의 회계처리와 재무 보고에 관한 기준을 규정하고 있는 「중소기업회계기준 고시」가 있으며 시설투자금(원천기술) 세액공제를 위한 「조세특례제한법」이 있다. 그리고 외부감사를 받는 회사의 회계처리와 외부감사인의 회계감사에 관하여 필요한 사항을 정한 「외부감사법」과 「외부감사 및 회계 등에 관한 규정」이 있다.

Learning Point

○ 회사기업 설립과 제조업 인·허가 관련 법령
- 회사기업 설립 법령
  - 회사기업 : 개인기업·법인기업
  - 법인 : 「상법」상 회사 – 합명, 합자, 유한책임, 주식, 유한
  - 「1인창조기업법」: 1명·5명 미만 공동사업자(상시근로자×)
- 공장기업 관리 법령
  - 「산업디지털전환법」: 산업 디지털 전환 촉진
  - 「에너지이용 합리화법」: 에너지수급안정, 에너지효율·이용·증진
  - 「신재생에너지법」: 신·재생에너지 기술개발·이용·보급 촉진
  - 「지능형전력망법」: 지능형전력망의 구축·이용 촉진
  - 「소방기본법」: 화재 예방·경계 진압하고 화재 재난·재해 구조·구급 활동
  - 「소방시설공사업법」: 소방시설공사, 소방기술 관리
  - 「소방시설법」: 소방시설 설치·관리,
  - 「소방용품품질관리규칙」: 소방용품 성능관리.
  - 「중소기업회계기준 고시」: 주식회사 회계처리 재무보고 기준
  - 「조세특례제한법」: 시설투자금(원천기술) 세액공제
  - 「외부감사법」·「외부감사 및 회계등에 관한 규정」:
    외부감사받는 회사 회계처리와 외부감사인의 회계감사

제4절 기업의 자금조달 관련 법령

I. 창업기업의 자금조달

1. 자기자금 조달

주식회사는 발기설립 시 주식을 발행하고 발기인은 「상법」 제293조에 의하여 주금을 납입하고 주식을 인수하고, 모집설립 시 회사는 「상법」 제301조에 의하여 주주를 모집하여 주식 인수 대금을 납입하게 하고 자금을 조달할 수 있다.

2. 타인자금 조달

주식담보에 의한 대여금을 수납할 수 있고 「기술보증기금법」에 의한 기술을 담보로 대여금을 수납할 수 있다. 그리고 「중소기업창업법」에 의하여 창업지원금을 수납할 수 있으며 엔젤투자금 유치, 크라우드 펀딩, 공장개발 리츠자금, 공장·제조설비자금, 「자본시장법」에 의한 펀드, 투자금융 활용이나 「온라인투자연계금융업법」에 의한 자금을 활용하여 조달하는 방안을 모색하여야 한다.

3. 정책자금 조달

중소벤처기업부의 시설 및 운전자금 대출, 신용보증 지원을 통한 보증기금의 수납, 기술개발자금 지원, 역량 강화 및 인프라 지원, 소상공인 정책자금, 사업전환 및 재창업 지원 등을 활용하여 자금조달 방안을 모색하여야 한다. 그리고 「산업기술단지법」, 「산업기술혁신사업 평가관리지침」 등 지원 사업의 각종 공모사업에 참여하는 것도 자금조달의 한 방법이 될 것이다.

II. 기존 기업의 자금조달

1. 자기자금 조달

주식회사의 경우「상법」제416조에 의한 이사회 내지 주주총회의 결정으로 신주발행에 의한 신주인수금으로 자기 자금을 조달할 수 있고,「자본시장법」의 신기술설비 투자펀드를 활용하는 방법도 가능하다.

2. 타인자금 조달

주식회사는 「상법」제469조에 의한 회사채, 같은법 제513조에 의한 전환사채의 발행, 같은법 제516조의2에 의한 신주인수권부사채를 발행하여 자금을 조달할 수 있다.

그리고 담보부사채의 발행에 관하여 신탁업무를 지도·감독하고 사채권자를 보호하여 사채에 대한 일반투자를 쉽게 할 수 있도록 규정한「담보부사채신탁법」, 금융기관과 일반기업 자금조달의 원활을 위한「자산유동화법」에 의하여 자금을 조달할 수 있다.

또한 「신탁법」에 의한 담보신탁 대출,「온라인투자연계금융업법」에 의한 대중 펀드,「여신전문금융업법」에 의한 공장설비 등 증설의 시설자금과 중소벤처기업부, 산업통상자원부의 정책자금을 신청하여 자금을 조달할 수 있다.

제3장 공장중개 관련 법령체계

Learning Point

○ 기업 자금조달 법령
- 창업기업의 자금조달
  「상법」: 자기 자금조달 : 주식회사 발기설립, 모집설립
- 타인 자금조달
  「상법」: 주식담보에 의한 대여금
  「기술보증기금법」: 기술 담보 대여금
  「중소기업창업법」: 창업지원금, 엔젤투자금 유치, 크라우드펀딩,
  　　　　　　　　　　공장개발 리츠자금, 공장·제조설비자금
  「자본시장법」: 펀드, 투자금융 활용
  「온라인투자연계금융업 법」: 온라인 투자 연계금융의 연계 투자
  　　　　　　　　(연계 대출 : 어음할인·양도담보·그 외 비슷)
- 정책자금 조달
  중소벤처기업부 : 시설 및 운전자금 대출, 소상공인 정책자금
  「산업기술단지법」: 공모사업
  「산업기술혁신 사업 평가관리 지침」: 공모사업 참여

○ 기존 기업의 자금조달
- 자기 자금조달
  「상법」: 신주발행·신주인수금(제416조)
  「자본시장법」: 신기술 설비투자펀드
- 타인 자금조달
  「상법」: 회사채(제469조), 전환사채(제513조),
  　　　　 신주인수권부사채(제516조의2)
  「신탁법」: 담보신탁 대출
  「온라인투자연계금융업법」: 크라우드 펀드
  「여신전문금융업법」: 공장설비 등 증설, 시설자금
  중소벤처기업부·산업통상자원부 : 정책자금

제4장 회사의 설립과 상업등기의 이해

제1절 회사의 설립

I. 회사의 개념

회사라고 하면 상행위 또는 그 밖의 영리 행위를 목적으로 하는 사단법인이다. 「상법」 제169조에서는 '회사'란 상행위나 그 밖의 영리를 목적으로 하여 설립한 법인을 말한다. 라고 정하여 영리성과 법인성을 그 개념으로 하고 있다.

1. 영리성

회사가 영리를 목적으로 한다는 것은 이익을 얻을 뿐만 아니라 그 이익을 사원에게 분배한다는 것을 의미하고, 단체 내부 활동에 의한 구성원의 경제적 이익을 주는 조합 또한 재단법인이나 지자체와 같은 공공의 목적을 수단으로 이익을 얻는 영리사업을 하더라도 회사가 아니다.

2. 법인성

회사는 법인으로 법률에 따라 권리와 의무의 주체가 되는 단체로서 독립된 법인격을 부여하는 것이며 기업 주체로서의 독립성을 보장하는 것이다.

법인격 부여는 적극적으로 책임재산을 소유할 수 있고 소송능력을 인정하며 회사에 대한 집행권원에 의해서만 강제집행이 가능한 효과가 있으며 소극적으로는 회사 채권자에 대해 회사재산만으로 책임만 가질 뿐 사원 개인에 대한 채권자의 강제집행은 불가능한 효과가 있다.

제4장 회사의 설립과 상업등기의 이해

  2012년 시행 상법 이전에는 회사란 상행위 기타 영리를 목적으로 하여 설립한 사단에 이른다(구 상법 제169조)고 하여, 사단성도 개념의 징표로 하였으나 2011년 개정 상법에서 상법 제169조의 사단성을 삭제하였으며 주식회사는 사람의 결합보다 재산의 결합 성질이 강하다고 하여 1인 회사가 인정되고 있다.

Learning Point

○ 회사의 개념
- 영리성 : 이익 창출, 사원분배
  (단체 구성원 경제적 이익 ▶ 조합 · 재단법인 · 지자체 ×)
- 법인성 : 법률 ▶ 권리 · 의무 주체 ▶ 독립성 보장
  법인격 보유 ▶ 책임재산 소유, 소송능력, 집행권원≫ 강제집행
※ 사단성(구. 상법 제169조) 2011년 개정 상업 사단성 삭제

II. 법인의 종류

1. 사단법인

  사단법인은 일정한 목적을 위하여 결합한 사람의 단체를 실체로 하는 법인이다. 사단법인은 근거법에 따라 「민법」 상의 사단법인, 「상법」 상의 사단법인(상사회사), 기타 특별법상의 사단법인 등으로 구별할 수 있으며, 영리 목적에 따라 비영리사단법인과 영리사단법인으로 구별할 수 있으나, 보통은 「민법」 상의 비영리 사단법인을 말한다.[4]

  「민법」 제39조는 영리를 목적으로 하는 사단은 상사회사설립의 조건에 좇아 이를 법인으로 할 수 있으며 사단법인에는 모두 상사회사에 관한 규정을 준용한다고 규정하고 있다.

---
4) 두산백과

또한 「민법」 제32조는 사단법인의 비영리법인은 학술, 종교, 자선, 기예, 사교 기타 영리 아닌 사업을 목적으로 하는 사단 또는 재단은 주무관청의 허가를 받아 이를 법인으로 할 수 있다고 하며, 비영리법인의 설립은 허가받아야 한다고 규정하고 있다. 사단법인은 2명 이상이 일정한 사항을 기재한 정관을 작성하여 주무관청의 허가를 받고 주된 사무소의 소재지에서 설립등기를 함으로써 성립된다(민법 제33조).

2. 재단법인

재단법인은 일정한 목적을 위하여 바쳐진 재산을 개인에게 귀속시키지 않고 독립적으로 운영하기 위하여 그 재산을 구성요소로 하여 권리능력이 인정된 것을 말한다.[5]

「민법」 제32조는 재단법인은 영리법인으로서는 인정되지 않고 비영리법인으로 규정하고 있으며 종교·자선·학술·기예 그 밖의 영리 아닌 사업을 목적으로 하는 것에 한하여 인정되고 있다. 학교법인으로 재단법인의 설립은 영리 아닌 사업을 목적으로 하여 재산을 출연하고, 그 근본 규칙인 정관을 만들어 주무관청의 허가를 받아 주된 사무소 소재지에서 설립등기를 함으로써 법인은 성립한다.

아래는 법인의 종류이다.

---

5) 법률용어사전

[그림 1] 법인의 종류

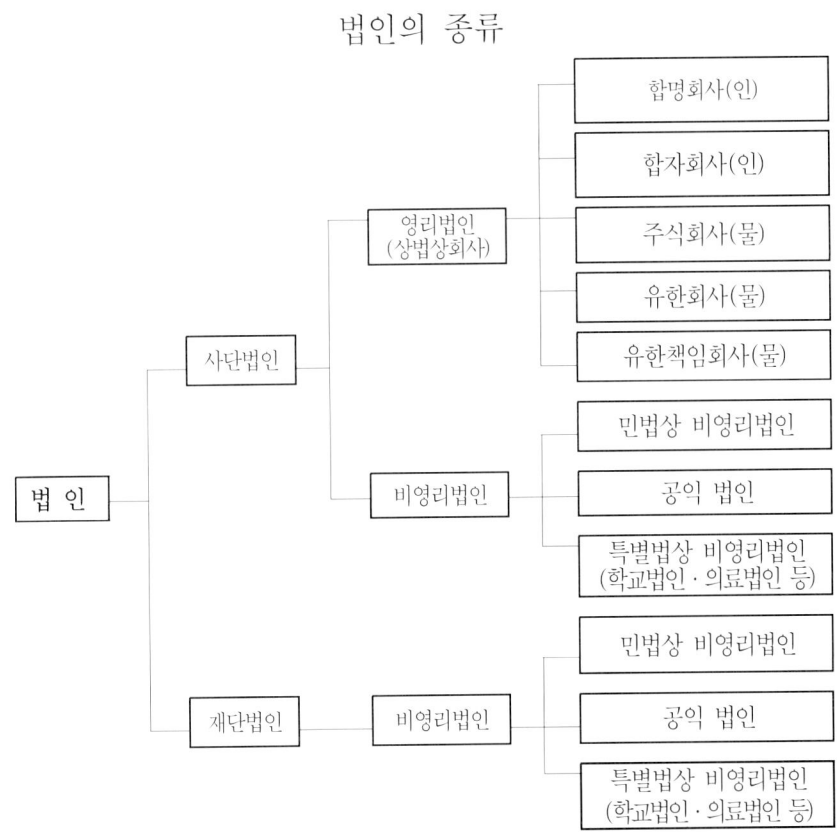

출처 : 지방세특례제한법 이론과 실무 일부인용

III. 법인세

1. 납세의무자

법인세의 납세의무자는 내국법인, 국내원천소득이 있는 외국 법인은 법인세 납세의무가 있다(법인세법 제3조제1항).

2. 법인세 과세소득의 범위

법인세의 과세소득의 범위는 각 사업연도의 소득, 청산소득이다.

과세특례로 내국법인이 특정한 토지, 건물, 주택을 취득하기 위한 권리를 양도하는 경우, 계산된 세액을 토지 등 양도소득에 대한 법인세를 정하여 법인 세액에 주택 및 별장은 20%, 비사업용 토지는 10%, 미등기 토지는 40%, 조합원입주권과 분양권은 20%를 추가로 납부해야 한다(법인세법 제55조의2).

계산식은 양도소득세 = (각 양도소득 × 추가세율) + (일반 법인세 과세표준 × 세율) 이다.

3. 법인세율

2024년의 법인세율은 과세표준 2억원 이하는 9%, 2억원 초과 200억원 이하는 19%, 200억원 초과 3,000억원 이하는 21%, 3,000억원 초과는 24%를 정하고 아래표와 같다(법인세법 제55조제1항).

<표 5> 법인세율

과세표준	세율
2억원 이하	과세표준의 100분의 9
2억원 초과 200억원 이하	1천800만원+(2억원초과 금액의 100분의 19
200억원 초과 3천억원 이하	37억8천만원+(200억원초과 금액의 100분의 21)
3천억원 초과	625억8천만원+(3천억원 초과 금액의 100분의 24)

자료 : 법인세법 제55조

IV. 1인 회사

1. 1인회사의 의의

「상법」 제288조는 주식회사를 설립함에는 발기인이 정관을 작성하여야 한다고 규정하여 발기인의 수를 명시하지 아니하여 1인회사의 설립을 인정하고 있다. 2011년 개정 전의 상법에서는 3명 이상의 발기인이 정관을 작성하도록 요구하였으나 상법의 개정으로 주식회사는 1인 설립이 가능하고 존속에 2인 이상의 사원을 요구하지 않는다.

1인 회사는「상법」제287조2에서 유한책임회사를 설립할 때는 사원은 정관을 작성하여야 한다. 라고 규정하고 있고, 「상법」제543조 제1항에서는 유한회사를 설립함에는 사원이 정관을 작성하여야 한다. 고 규정하여 물적회사인 주식회사, 유한회사, 유한책임회사에서만 인정하고 있다. 따라서 합명회사와 합자회사는 2인 이상의 사원을 회사의 성립과 존속 요건으로 하고 있어 1인 회사를 인정하지 않고 있다.

2. 1인회사의 법률관계

회사의 채무와 주주의 책임은 당연 1인 회사도 분리되고 주주총회의 개최가 없더라도 유효한 결의로 판례는 인정하고 있다.[6] 1인주주의 재산과 회사의 재산은 회사와 주주의 별개 인격으로 보아 1인 주주라 하더라도 회사의 자금을 임의로 처분한 행위는 횡령죄를 구성한다고 판시하고 있다.[7]

또한 이사회의 승인이 없어도 이사의 자기거래가 가능하고 이사회의 승인을 조건으로 하는 주식의 양도 제한은 적용되지 않는 것으로 해석한다.

---

6) 대법원 1976.4.13. 선고 74다1755판결
7) 대법원 2010.4.29. 선고 2007도6553판결

> **Learning Point**
>
> ○ 법인세
>   - 납세의무자 : 내국법인, 국내원천소득 있는 외국법인
>   - 법인세 과세소득범위 : 각 사업연도의 소득, 청산소득
>   과세특례(추가) : 주택·별장 20%, 비사업용 토지 10%,
>   　　　　　　　　미등기토지 40%, 조합원입주권·분양권 20%
>   - 법인세율 : 과세표준 2억원 이하 9%
>   　　　　　2억원 ~ 200억원 19%
>   　　　　　200억원 ~ 3,000억원 21%,
>   　　　　　3,000억원 초과 24%
>
> ○ 1인회사
>   - 물적회사 : 주식회사, 유한회사, 유한책임회사만 인정
>
> ○ 1인회사의 법률관계
>   - 회사 채무·주주 책임 분리
>   - 주주총회 개최 없어도 유효한 결의 (판례인정)
>   - 1인주주재산·회사재산 ▶ 별개 ≫ 횡령죄 성립
>   - 이사회 승인× ▶ 자기거래가능 ▶ 주식양도 제한 적용×

V. 상법상 회사의 종류

상법상 회사의 종류는 인적회사와 물적회사로 분류할 수 있고 지배회사와 종속회사, 상장회사와 비상장회사 등으로 구분할 수 있으나 회사의 종류만을 살펴보기로 한다.

「상법」 제170조는 회사의 종류를 합명회사, 합자회사, 유한책임회사, 주식회사와 유한회사의 5종으로 한다고 규정하고 있다. 5종류의 회사만 인정하는 것은 회사를 둘러싼 법률관계를 명확하게 하기 위하여 다른 형태의 회사를 인정하지 않으려는 취지이다.

제4장 회사의 설립과 상업등기의 이해

1. 합명회사

합명회사는 「상법」 제212조에서 회사의 재산으로 회사의 채무를 완제할 수 없는 때에는 각 사원은 연대하여 변제할 책임이 있다고 하여 전사원이 무한·직접·연대책임을 부담하는 무한책임사원만으로 구성되는 회사이다.

무한책임사원이라 함은 회사 채무에 관하여 직접 회사채권자에 대하여 연대무한의 책임을 지며 정관에 다른 정함이 없는 한 각 사원은 회사의 업무를 집행하고 회사를 대표할 권한을 가진다.

합명회사의 사원은 회사기업의 소유자이면서 경영자이기도 하기 때문에 사원은 그 전인격을 다하여 회사의 운영에 관여하고 있다. 그러므로 실질적으로는 개인기업의 공동경영이라고도 볼 수 있다.

2. 합자회사

합자회사는 「상법」 제268조에서 무한책임사원과 유한책임사원으로 조직한다고 규정하여 복합적 조직의 회사로 무한책임사원은 회사 채무에 관하여 직접 회사 채권자에게 연대무한의 책임을 지는 것이고, 유한책임사원은 직접 회사 채권자에 대하여 채무변제의 책임을 지지만 그 책임은 출자한 가액을 한도로 하는 사원이다. 이원적 조직을 가지는 점에 특색이 있으나 개인적 신뢰를 기초로 하는 조합적인 공동기업의 형태라는 점에서 합명회사에 가까운 기업형태이다.

3. 주식회사

주식회사는 주식 발행을 통하여 여러 사람으로부터 자본을 조달하고 사원인 주주는 회사채권에 대하여 주주의 책임은 그가 가진 주식의 인수가액을 한도로 한다(상법 제331조). 그러므로 오늘날 회사 조직의 전형이라고 볼 수 있다.

회사의 업무집행은 이사회와 대표이사 등의 기관이 담당하고 주주는 주주총회에서 감사를 선임하여 업무를 감독하게 하고 주주총회를 통하지 않고서도 스스로 감독권을 행사할 수 있다.

주주의 지위는 주식의 형식으로 자유로이 양도 될 수 있으나 회사의 정관으로 주식의 양도를 이사회의 승인을 받도록 할 수 있고 법률에 따라 주식의 양도 제한이 있을 수도 있다. 주식회사는 다수인의 자본을 모으는 것이 가능하고 소유와 경영이 분리된 완전한 자본의 결합체로 회사 대부분이 주식회사라고 볼 수 있다.

4. 유한회사

유한회사는 소규모이고 폐쇄적이며 비공개성이라는 특징이 있으며 주식회사의 주주와 같이 회사 채권자에 대하여 그 출자 금액을 한도로 한다고 규정하고 있다(상법 제553조).

그리고 정관으로 지분의 양도를 제한 할 수 있으며 사원 총회에서는 서면 결의가 인정된다(상법 제556조~제557조).

감사는 임의 기관으로 조직의 간소화와 설립 절차도 간편하여 중소 규모의 회사에 적합한 형태이다.

5. 유한책임회사

유한책임회사는 「상법」 제287조의5에서 정하는 바와 같이 1인 이상의 사원의 출자 및 설립등기에 의하여 설립되며 미국의 유한책임회사 제도를 참고하여 도입된 공동기업 형태로 조직과 자금의 회수에 대하여 자율성을 인정하고 있다. 주식회사는 총회에서 총주주의 동의로 결의한 경우에는 그 조직을 변경하여 유한책임회사로 할 수 있다. 그리고 유한책임회사는 총사원의 동의에 의하여 주식회사로 조직을 변경하는 것도 가능하다(상법 제287조의43 제1항,제2항).

VI. 주식회사의 이해

앞에서 설명한 바와 같이 상법상의 회사 다섯 종류를 개략적으로 살펴보았다. 그러나 공장의 컨설팅 및 중개에 있어 오늘날 대부분의 회사는 주식회사로 주식회사 이외의 회사를 세밀하게 살펴보기에는 중개 실무에 실익이 없어 보인다.

또한 일부 교단에서는 학문상 주식회사법이라는 과목으로 별도로 학습을 하는 경우도 있어 주식회사에 대한 기초적 이론을 반드시 알아볼 필요가 있다고 생각되므로 주식회사의 개념과 경영 구조 그리고 주식회사의 설립, 주식과 주주 그리고 의사결정기관인 주주총회, 이사회 및 회사를 대표하는 대표이사 등의 업무와 용어를 개략적이나마 살펴보고자 한다.

우리 상법은 제3편 회사에서 제4장 주식회사에 관한 규정을 정하고 제1절 설립부터 주식, 회사의 기관(주주총회, 이사와 이사회, 감사 및 감사위원회), 신주의 발행, 정관의 변경, 자본금의 감소, 회사의 회계, 사채, 해산, 합병, 회사의 분할, 청산 등을 정하고 있다. 그리고 제13절 상장회사에 대한 특례의 순으로 규정하고 있다.

개업공인중개사는 방대한 내용을 전부 이해하는 것보다 우선 회사의 설립과 주식회사의 기관 그리고 그 경영 체계를 개략적으로나마 알아보고 회사에 대한 컨설팅과 공장에 대한 중개에 도움이 되어야 할 것이다.

1. 주식회사의 개념

주식회사의 개념에 대하여 상법에는 명시된 규정은 없으나 전형적인 물적회사로 주주가 출자한 주식으로 자본금을 구성하고 주주는 그가 인수한 주식의 가액 한도에서 회사에 대해 책임을 부담한다. 따라서 주식회사는 자본금, 주식, 주주의 유한책임을 본질로 하여 설립된 회사로 자본 소유와 경영이 분리되는 회사로 오늘날 회사기업의 대표적인 유형으로 자리잡고 있다. 이와 관련하여 주식회사의 3가지 본질적 요소인 자본금, 주식, 주주의 유한책임에 대하여 간략하게 알아보기로 한다.

1) 자본금

우리 상법의 태도는 수권자본주의와 총액인수제도를 병행하고 있다. 우리 「상법」 제289조제1항은 정관 작성의 절대적 기재사항으로 발기인은 회사가 발행할 주식의 총수, 회사가 설립 시에 발행하는 주식의 총수를 적고 각 발기인이 기명날인 또는 서명하여야 한다고 하여 수권자본제도와 총액인수제도를 병행하고 있다.

또한 「상법」 제451조제1항은 회사의 자본금은 이 법에서 달리 규정한 경우 외에는 발행주식의 액면총액으로 한다. 동조제2항은 회사가 무액면주식을 발행하는 경우 회사의 자본금은 주식 발행가액의 2분의 1 이상의 금액으로서 이사회(제416조 단서에서 정한 주식발행의 경우에는 주주총회를 말함)에서 자본금으로 계상하기로 한 금액의 총액으로 한다. 이 경우 주식의 발행가액 중 자본금으로 계상하지 아니하는 금액은 자본준비금으로 계상하여야 한다고 규정하여 액면주식과 무액면주식으로 나누어 규정하고 있다.

또한 동조제3항은 회사의 자본금은 액면주식을 무액면주식으로 전환하거나 무액면주식을 액면주식으로 전환함으로써 변경할 수 없도록 하였다.

2) 주식

(1) 주식의 의미

주식회사의 주식은 자본금의 구성단위이며 액면주식의 금액은 균일하여야 하고 액면주식 1주의 금액은 100원 이상이어야 한다.

회사는 정관으로 정하는 바에 따라 발행된 액면주식을 무액면주식으로 전환하거나 무액면주식을 액면주식으로 주식을 전환할 수 있다(상법 제329조).

(2) 주주권

주주권은 주주가 회사에 대하여 주주총회의 의결권을 가지며, 발행주식 총수의 3% 이상의 주식을 가진 주주는 임시총회의 소집을 청수할 수 있다(상법 제366조). 또한 주주는 이익배당청구권과 잔여재산분배청구권을 가진다(상법 제344조).

(3) 주주의 유한책임

「상법」 제331조에서는 주주의 책임은 그가 가진 주식의 인수가액을 한도로 한다고 정하여 모든 주주는 회사에 대하여 주식인수가액을 한도로 유한의 출자의무만 부담한다. 주주는 회사 채권자에 대하여 아무런 책임을 부담하지 않으며 정관이나 주주총회의 결의로도 책임을 가중시킬 수 없다.

그러나 대법원 판례는 「상법」 제331조의 주주유한책임의 원칙은 주주의 의사에 반하여 주식의 인수가액을 초과하는 새로운 부담을 시킬 수 없다는 취지에 불과하고, 주주들의 동의 아래 회사 채무를 주주들이 분담하는 것까지 금하는 취지는 아니라고 한다.[8]

또한 주주의 유한책임이 적용되지 않는 경우로 「상법」 제401조의2 업무집행지시자의 책임과 회사의 법인격이 부인되는 경우가 있다.

2. 주식회사의 경제적 기능

1) 경제적 장점

주식회사는 소액으로 균일하게 세분화된 주식을 통하여 자금조달이 용이하다. 투자자들로부터 대량의 자금을 집중시킬 수 있으며 소액의 투자자들에게 기업의 위험을 분산시킬 수 있고 소유와 경영을 분리할 수 있는 장점이 있다.

2) 경제적 단점

대주주와 경영진의 지배권을 이용하여 사적이익을 추구할 수 있는 경우, 법인격 남용과 유한책임을 남용하는 경우, 주주를 제외한 노동자, 소비자, 거래상대방인 채권자 등 이해 관계인들은 대주주와 경영진의 의사 결정에 따라 임금을 받지 못하는 노동자, 원리금을 상환받지 못하는 채권자, 투자금을 회수 받지 못하는 소액 투자자들이 피해를 볼 수 있는 단점도 존재하고 있다.

3. 주식회사의 운영조직

회사란 상행위로 영리를 목적으로 설립한 법인을 말한다. 한 명 또는 몇 명의 자본으로 직접 경영하는 것을 소유자 지배라고 하나 경영규모의 확대와 자금 수요의 증대로 투자자를 모집하고 소유자는 고용 경영자에게 경영을 맡기는 소유와 경영 분리의 대표적인 회사가 주식회사라고 할 수 있다.

---

8) 대법원 1989.9.12.선고 89다카890판결

1) 최고 의사 결정기관

주식회사의 최고 의사 결정 기관은 "주주총회"이다. 주주들로 구성된 상설기관으로서 기관의 구성원인 이사·감사의 선임·해임, 정관변경 등 회사의 기본적 사항에 대해서 회사의 의사를 결정한다.

2) 회사 경영권

회사의 경영기관으로 이사와 이사회, 감사와 감사위원회 등이 있으며 대표이사는 이사회가 선정 또는 주주총회가 선정할 수 있고 「상법」은 표현대표이사의 행위에 대한 회사의 책임으로 사장, 부사장, 전무, 상무, 회장, 명예회장 등 회사업무 집행지시자의 손해배상책임을 규정하고 있다.

4. 주식회사의 법적규제

1) 강행법규성

주식회사는 수많은 이해관계자가 존재하여 소수의 대주주가 다수의 소액 주주의 이익을 해칠 우려가 많으므로 외부적으로 회사채권자 보호와 내부적으로 권한남용 등으로부터 회사와 주주를 보호하기 위해 주식회사에 관한 법률은 대부분 강행규정이고 사적차지는 제한적으로 허용되고 있다.

2) 공시주의

주식회사는 중요한 사항을 공개하여 이해관계자의 이익을 보호하고 정관에 회사의 공고 방법을 정하여 등기사항으로 정하고 있다.

「상법」 제466조은 발행주식의 총수의 100분의 3 이상에 해당하는 주식을 가진 주주는 이유를 붙인 서면으로 회계의 장부와 서류의 열람 또는 등사를 청구할 수 있고 회사는 주주의 청구가 부당함을 증명하지 아니하면 이를 거부하지 못한다고 규정하고 있다. 그리고 주식회사의 이사는 정기총회회일의 1주간 전부터 재무제표와 영업보고서를 본점에 5년간, 그 등본을 지점에 3년간 비치하여야 한다고 규정하여 철저한 공시주의를 채택하고 있다(상법 제579조의3). 주주와 회사채권자는 영업시간 내에 언제든지 비치 서류를 열람할 수 있다(상법 제448조).

3) 법원의 관여

대규모 회사는 수많은 이해관계자가 존재하고 이익 충돌에 대한 합리적인 조정이 필요하므로 법원에 의한 주주총회소집, 검사인 선임, 주주총회소집, 사채권자 집회, 이사의 직무집행정지, 이사 해임의 소 등 다행한 법률관계에 법원이 관여한다.

4) 법률관계의 집단적·획일적 처리

주식의 광범위한 분산으로 다수 주주를 대상으로 한 법률관계를 집단적으로 처리할 필요성이 있고 회사설립, 주주총회 결의, 신주발행, 합병 및 분할, 자본금 감소 등과 관련하여 위법행위가 있는 경우에는 그 무효를 획일적으로 확정하기 위해 특별한 소에 관한 규정을 두고 있다(상법 제328조제2항).

5. 주식회사의 설립

주식회사의 설립은 발기인이 정관을 작성하고 주식 인수, 주금액 납입, 이사·감사 선임 등의 과정을 거치고 설립 경과를 조사하고 마지막으로 설립등기를 함으로써 완료된다.

주식회사의 설립 방법에는 "발기설립"과 "모집설립"의 두가지가 있으며, 주식회사의 설립에 있어 합명회사와 같은 인적회사와는 달리 주식의 인수, 설립경과 조사, 발기인 제도 등의 강행규정이 있는 점 등은 주식회사 설립의 특색이라 할 수 있다. 정관의 작성, 주식회사 설립의 추진, 주식발행사항의 결정 등 설립 절차의 복잡한 내용에 대해서는 생략하기로 하며 기본적인 주식회사의 설립방법과 절차를 간략하게 설명한다.

1) 발기설립

(1) 설립 방법

발기설립은 발기인만으로 주주를 구성하고 설립 시에 발행하는 주식의 전부를 발기인이 인수하여 회사를 설립하는 방법이다.

(2) 설립 절차

주식회사의 발기설립 절차는 발기인 → 정관작성 → 주식발행사항의 결정 → 발기인의 주식 전부 인수 → 주금납입(금전·현물 출자) → 이사와 감사의 선임 → 설립경과의 조사 → 설립등기의 순으로 진행된다.

2) 모집 설립

(1) 설립 방법

모집설립은 설립 시에 발행하는 주식 중 일부만을 발기인이 인수하고 나머지 주식은 주주를 모집하여 회사를 설립하는 방법이다.

(2) 설립 절차

주식회사의 모집설립 절차는 발기인 → 정관작성 → 주식발행사항의 결정 → 발기인의 주식 일부 인수 → 주주 모집 → 주식인수의 청약(주식청약서) → 주식의 배정과 승낙 → 출자의 이행(주식인수 가액의 납입·현물출자의 이행) → 변태설립사항의 조사(검사인) → 창립총회 → 이사와 감사의 선임 → 설립등기의 순으로 진행된다.

6. 주식회사의 의사결정기관

1) 주주총회

주주총회는 주주들로 구성된 상설기관으로서 기관의 구성원인 이사·감사의 선임·해임, 정관변경 등 회사의 기본적 사항에 대해서 회사의 의사를 결정하는 주식회사의 최고의사 결정기관이다.
그리고 주주총회는 상법 또는 정관에 정하는 사항에 한하여 결의할 수 있고, 상법 또는 정관에 정하지 않은 사항에 대한 결의는 무효가 되어 법적 구속력이 없다.

2) 이사회와 이사

이사회는 주식회사의 필요적 상설기관으로서 업무 집행에 관한 의사결정을 하는 회의체 의사결정기관이다. 우리 상법은 회사 경영의 효율성을 위하여 주주총회의 권한을 한정하고, 주주총회 권한 이외의 사항을 이사회에서 결정하게 하고 있다. 이를 "이사회 중심주의"라고 한다.

「상법」제382조에서는 이사는 주주총회에서 선임하고 회사와 이사의 관계는 「민법」의 위임에 관한 규정을 준용한다고 규정하고 있다. 또한 2009년 개정「상법」제383조에 이사는 3명 이상이어야 한다. 다만, 자본금 총액이 10억원 미만인 회사는 1명 또는 2명으로 할 수 있고 이사의 임기는 3년을 초과하지 못하나 임기는 정관으로 그 임기 중의 최종의 결산기에 관한 정기주주총회의 종결에 이르기까지 연장할 수 있다고 규정하고 있다(상법 제383조).

이사회의 결의 요건은 이사 과반수의 출석과 출석이사의 과반수로 하여야 하나 정관으로 그 비율을 높게 정할 수 있으며(상법 제391조 제1항), 정관에서 달리 정하는 경우를 제외하고 이사회는 이사의 전부 또는 일부가 직접 회의에 출석하지 아니하고 모든 이사가 음성을 동시에 송수신하는 원격통신수단에 의하여 결의에 참여하는 것을 허용할 수 있으며 이를 경우는 이사는 이사회에 직접 출석한 것으로 보고 있다(상법 제391조).

또한 이사회 결의에 절차 또는 내용의 하자가 있는 경우에는 주주총회의 결의와 달리 상법에 아무런 규정을 두고 있지 않기 때문에 민법의 일반원칙에 의하여 당연히 무효라고 본다.

이사회 의사에 관하여 의사록을 작성하여야 하고 의사록에는 의사의 안건, 경과 요령, 그 결과 반대하는 자와 그 반대이유를 기재하고 출석한 이사 및 감사가 기명날인 또는 서명하여야 한다(상법 제391조의3). 그리고 회사는 정관에서 정하는 바에 따라 2인 이상의 이사로 구성된 이사회 내 위원회를 두어 이사회로부터 위임받은 사항에 대해서 결정하도록 할 수 있다(상법 제393조의2).

3) 대표이사

(1) 각자 대표이사

대표이사는 대내적으로 업무를 집행하고 대외적으로 회사를 대표하는 권한을 가지는 필요적인 상설기관이다.

「상법」 제389조제1항에서는 회사는 이사회의 결의로 회사를 대표할 이사를 선정하여야 한다. 그러나 정관으로 주주총회에서 이를 선정할 것을 정할 수 있다고 규정하고 있다. 그리고 대표이사의 자격은 이사이면 충분하고 정관으로 대표이사의 자격조건을 정할 수 있다고 규정하고 있다.

대표이사의 수에 대하여 제한이 없으므로 1인 또는 수인의 대표이사를 선임하여도 각각의 대표이사가 감독으로 업무를 집행할 수 있으며 주식회사 등기부에 대표이사로 등재된 자는 반증이 없는 한 정당한 절차에 의하여 선임된 대표이사로 추정을 받는다.[9]

(2) 공동대표이사

「상법」 제389조제2항은 회사는 이사회의 결의 또는 정관으로 정한 주주총회에서 수인의 대표이사가 공동으로 회사를 대표할 것을 정할 수 있다고 규정하고 있다. 이 경우에는 공동의 의사표시로써 회사를 대표 할 수 있다. 이처럼 공동 대표이사를 두는 이유는 회사의 거래 규모가 증가하고 대표이사의 업무범위가 확대됨에 따라 업무집행의 통일성과 대외관계에서 수인의 대표이사가 공동으로만 대표권을 행사할 수 있게 하여 업무집행의 통일성을 확보하고 대표권 행사의 신중히 처리함과 아울러 대표이사 상호 간의 견제에 의하여 대표권의 남용 내지는 오용을 방지하여 회사의 이익을 도모하려는데 그 취지가 있다.

---

[9] 대법원 1959.7.23.선고4921민상759판결

공동대표이사는 공동으로만 회사를 대표 할 수 있으므로 공동대표이사 중 1인이 다른 공동대표이사의 동의를 얻지 아니하고 대표 행위를 한 행위는 무효이다. 그러나 공동 대표이사 전원이 추인하였을 때 유효로 된다. 이러한 내용을 능동대표라고 한다.

공동 대표이사가 단독으로 회사를 대표하여 제3자와 한 행위를 추인함에 있어 그 의사표시는 단독으로 행위를 한 공동대표이사나 그 법률행위인 제3자 중 어느 사람에 대하여도 할 수 있다.[10]

(3) 표현대표이사

「상법」제395조는 회사에서 사장, 부사장, 전무, 상무 기타 회사를 대표할 권한이 있는 것으로 인정될 만한 명칭을 사용한 이사의 행위에 대해서는 그 이사가 회사를 대표할 권한이 없는 경우에도 회사는 선의의 제3자에 대하여 그 책임을 진다고 정하여 표현대표이사의 행위와 회사의 책임을 규정하고 있다.

대표이사가 아니면서 대표이사인 것처럼 외관을 보이고 이를 신뢰한 자를 보호하기 위하여 대표이사라고 취급된 자를 표현대표이사라 하고 그의 행위에 대하여 책임을 부담한다.

7. 주식회사의 감사

감사는 회사의 업무와 회계의 감사를 주된 임무로 하는 주식회사의 필요적 상설기관으로 감사와 회사의 관계는 위임에 관한 규정을 준용하고 회사 및 자회사의 이사, 지배인, 기타 사용인의 직무를 겸하지 못한다.

---

[10] 대법원 1992.10.27.선고92다19033판결

「상법」 제409조에서는 감사는 주주총회에서 선임하되 의결권 없는 주식을 제외한 발행주식의 총수의 100분의 3(정관에서 더 낮은 주식 보유 비율을 정할 수 있으며 정관에서 더 낮은 주식 보유비율을 정한 경우에는 그 비율로 한다)을 초과하는 수의 주식을 가진 주주는 그 초과하는 주식에 관하여 제1항의 감사의 선임에 있어서는 의결권을 행사하지 못한다. 그리고 전자적 방법으로 의결권을 행사할 수 있도록 한 경우에는 출석한 주주 의결권의 과반수로써 감사의 선임을 결의할 수 있다. 그리고 회사의 자본금 총액이 10억원 미만인 회사의 경우에는 감사를 선임하지 않아도 된다.

제4장 회사의 설립과 상업등기의 이해

Learning Point

○ 상법상 회사의 종류
- 합명회사, 합자회사, 유한책임회사, 주식회사, 유한회사 5종류 회사만 인정, 법률관계 명확 (상법 제70조).

○ 주식회사
- 본질적 요소 : 자본금, 주식(주주권·주주의 유한책임)
- 주주총회 : 최고의사 결정기관
- 이사·이사회 : 이사회 중심주의
- 회사 경영권 : 경영기관 ≫ 이사·이사회, 감사·감사위원회
- 대표이사 : 이사회 또는 주주총회 선정

○ 주식회사 법적규제
- 강행법규정   • 공시주의   • 법원의 관여
- 법률관계 집단적·획일적 처리

○ 주식회사 설립
- 발기설립 • 모집설립

○ 대표이사
- 각자대표이사 • 공동대표이사 • 표현대표이사

제2절 상업등기

상업등기에 관한 법령은 「상법」, 「상업등기법」, 「상업등기규칙」을 근거로 한다. 그러나 내용이 방대하므로 여기서는 상업등기의 개념과 상업등기부에 관한 내용을 간략하게 알아보기로 한다.

I. 상업등기의 개념

1. 상업등기의 의의

「상법」 또는 다른 법령에 따라 상인 또는 합자조합에 관한 일정한 사항을 등기부에 기록하는 것 또는 그 기록 자체를 "상업등기"라고 말한다(상업등기법 제2조제1호).

상업등기와 법인등기의 차이점은 상업등기는 상법상의 등기로, 등기의 주체가 영리를 추구하는 사단법인이다. 반면 법인등기는 민법의 적용을 받는 등기로, 등기의 주체가 비영리법인이다. 즉 재단이나 비영리 사단이 민법상 회사에 속하고 이에 대한 등기를 법인등기라고 한다. 그리고 특별법에 의한 등기도 법인등기에 속한다.

2. 상업등기의 효력발생

상업등기의 신청은 대법원규칙으로 정하는 등기신청정보가 전산정보처리조직에 저장된 때 접수된 것으로 보며, 등기사무처리에 따른 등기관이 등기를 마친 경우 그 등기는 접수한 때부터 효력을 발생한다(같은법 제3조).

II. 상업등기부의 종류와 인감증명

1. 상업등기부의 종류

상업등기부의 종류는 상호등기부, 미성년자등기부, 법정대리인등기부, 지배인등기부, 합자조합등기부, 합명회사등기부, 합자회사등기부, 유한책임회사등기부, 주식회사등기부, 유한회사등기부, 외국회사등기부를 등기소에서 편성하여 관리하고 영구히 보존하여야 한다(같은법 제11조).

2. 인감증명

등기신청서에 기명날인할 사람은 미리 그 인감을 등기소에 제출하여야 하고 인감을 변경할 때도 인감을 제출하여야 한다(같은법 제25조), 그리고 인감증명은 인감을 등기소에 제출한 사람을 비롯하여 지배인, 파산관재인·파산관재인 대리·관리인·보전관리인·관리인 대리·국제도산관리인 및 국제도산관리인 대리로서 인감을 제출한 사람도 인감증명서 발급을 신청할 수 있다(같은 법 제16조).

III. 상업등기부

1. 상업등기부의 등기

상법에 따라 등기할 사항은 당사자의 신청에 따라 영업소의 소재지를 관할하는 법원의 상업등기부에 등기하여야 한다(상법 제34조).

2. 본점과 지점에서의 등기

본점 소재지에서 등기할 사항은 다른 규정이 없으면 지점의 소재지에서도 등기하여야 한다. 지점의 소재지에서 등기할 사항을 등기하지 아니한 때에는 선의의 제3자에게 대항하지 못하는 등기의 효력에 대하여 지점의 거래에 한하여 적용한다(상법 제35조, 제38조).

3. 상업등기의 효력

상업등기의 등기사항을 등기하지 아니하면 선의의 제3자에게 대항하지 못하고 등기를 한 후라도 제3자가 정당한 사유로 인하여 이를 알지 못한 때에도 대항하지 못한다. 그리고 고의·과실로 인하여 사실과 상위한 사항을 등기한 자는 선의의 제3자에게 대항하지 못한다고 상법은 등기의 효력과 부실등기에 대한 효력을 정하고 있다(상법 제37조, 제39조).

4. 상업등기부의 기재사항

상업등기부 즉 등기사항전부증명서에는 필요적 기재사항과 임의적 기재사항이 있으나 여기에서는 필요적 기재사항을 간략하게 설명한다.

1) 상호

회사의 명칭으로 합명회사, 합자회사, 주식회사, 주식회사, 유한회사, 유한책임회사 등의 문자만을 사용 사용하여야 한다.

2) 본점

본점 소재지는 회사의 주된 영업소로서 법률상의 회사 주소하고 할 수 있다.

3) 공고방법

회사의 중요사항을 주주 등에게 알리는 방법으로 일간 신문 게재나 회사 홈페이지 등을 이용할 수 있으므로 공고방법을 기재하여야 한다.

4) 발행할 주식의 총수

회사가 발행할 수 있는 주식의 최대치를 기재하여야 한다.

5) 자본금

회사의 자본금은 1주의 금액과 발행할 주식 수에 따라 결정하게 되고 자본금을 기재하여야 한다.

6) 종류주식의 내용

회사의 이익의 배당, 잔여재산의 분배, 주주총회에서의 의결권 행사 등의 내용이 다른 종류의 주식을 발행할 수 있고 이는 회사 정관과 등기부에 필요적으로 기재하여야 한다.

7) 사업목적

회사의 정관에 의해 정해진 회사의 사업목적을 기재하여야 한다.

그리고 사업목적을 정관에 기재하여 회사의 법적인 행위 범위를 결정하고, 이사의 책임 사항 및 업무 집행 범위의 기준이 되기도 한다.

8) 임원에 관한 사항

법인의 임원을 등기할 때는 주민등록번호를 적어야 하고 대표권이 없는 임원을 등기할 때는 주소를 적지 아니한다, 즉 대표권이 있는 임원은 주소를 적어야 한다(법인등기법 제2조).

그러므로 이사, 감사 등 임원의 성명과 주민등록번호, 대표이사의 경우 주소까지 기재하여야 하고 대표이사의 주소가 변경되면 14일 이내에 변경등기를 하여야 한다.

9) 지점에 관한 사항

회사의 본점 등기부는 모든 지점을 기재하며 지점 등기부는 해당 관할 구역 내의 지점만을 기재한다.

10) 지배인에 관한 사항

회사의 지배인은 영업주를 대리하여 영업에 관한 행위를 할 수 있는 상업 사용인을 말한다. 법인의 경우 각 지점을 관리하기 위해 지배인을 두는 경우가 많다.

Learning Point

○ 상법등기
- 의의 : 등기부기록 · 기록자체를 말함
- 효력발생 : 등기관 등기종료

○ 상법등기 종류
- 상호등기부, 미성년자등기부, 법정대리인등기부, 지배인등기부, 합자조합등기부, 합명회사등기부, 합자회사등기부, 유한책임회사등기부, 주식회사등기부, 유한회사등기부, 외국회사등기부

○ 상법등기부
- 효력 : 선의의 제3자에 대항 못 함. 등기 후 제3자 정당한 사유로 이를 알지 못한 때에도 대항하지 못함.

○ 상법등기부 기재사항(필요적)
- 상호, 본점, 공고방법, 발행할 주식의 총수, 자본금, 종류주식 내용, 사업목적, 임원사항, 지점, 지배인

제2편 공장중개의 기본이론

제1장 공장거래의 특성과 주체
제2장 공장재단의 저당 및 시설의 종류
제3장 공장입지의 유형과 지역지구
제4장 공장설립과 등록 및 제조시설의 설치
제5장 공장중개 관련 환경법의 기본적 이해

제1장 공장거래의 특성과 주체

제1절 공장거래의 특성

I. 거래대상의 복합성

공장재단은 공장과 부속 토지, 공장 내에 설치된 기계·설비·지식재산권 등을 하나의 부동산으로 간주하는 개념으로 본다(공장저당법 제12조제1항). 그러므로 공장재단을 구성하는 물건은 따로 분리하여 처분할 수 없으므로 이에 따른 절차가 필요하다.

그리고 일반공장매매의 경우 「공장저당법」 제6조의 협의의 공장저당일 경우 기계기구의 목록에 의하여 일부 저당권의 목적물이 공장과 부속 토지의 부동산과 함께 거래계약의 목적물이 되었을 때 세법에서 정하는 바에 따라 그 매매대금을 비례 안분하여 계약을 진행하여야 하는 복합적인 거래계약이 허다하게 이루어진다고 볼 수 있다.

II. 거래금액 적정성 평가의 난해성

포괄적 영업양도양수 계약 등의 경우 제조시설, 재고품, 주식과 채권의 가치, 특허·실용신안 등의 무체재산권, 영업권, 종업원 승계시점 등 거래금액의 적정성에 대한 평가가 난해한 부분이 많다고 할 수 있다.

III. 경영조직 변경의 곤란성

기업의 영업양도나 인수·합병 시 경영조직의 변경에 대한 이사회나 주주총회의 결의여부 등 법령상의 경영조직 변경 절차의 이행여부와 영업양도양수 등 계약 내용의 복잡성과 특약사항의 포함 여부 그리고 임원 변경등기 등 공시방법의 이행 여부 등을 검토하여야 한다.

> **Learning Point**
>
> ○ 공장거래의 특성
> - 거래대상의 복합성
>   공장재단 : 구성물 분리 처분 불가
>   협의의 공장저당 : 저당물 일부 이전·세법에 의한 금액 안분
> - 거래금액 적정성평가의 난해성
>   포괄적영업양도양수계약 : 제조시설·재고품·주식·채권의 가치, 무체재산권, 영업권, 종업원 승계시점 등 거래금액 평가 난해함.
> - 경영조직 변경의 곤란성 : 영업양도, 인수·합병 경우 ▶ 법령상 영조직 변경절차, 영업양도양수 등 계약내용 복잡, 임원 변경등기 등 공시방법의 이행 여부 검토.

제2절 공장거래의 주체

I. 매도인과 매수인

부동산의 거래 주체는 거래당사자로 볼 수 있고, 거래당사자란 부동산 등의 매수인과 매도인을 말하며, 외국인 등을 포함한다.

여기서 '외국인'이란, 대한민국의 국적을 보유하고 있지 아니한 개인, 외국의 법령에 따라 설립된 법인 또는 단체, 사원 또는 구성원의 2분의 1 이상이 외국인에 해당하는 법인 또는 단체, 업무를 집행하는 사원이나 이사 등 임원의 2분의 1 이상이 외국인에 해당하는 법인 또는 단체, 법인 또는 단체가 자본금의 2분의 1 이상이나 의결권의 2분의 1 이상을 가지고 있는 외국인의 법인 또는 단체, 외국정부, 국제기구를 말한다(부동산거래신고법 제2조).

공장거래의 주체는 개인이나 법인 사업자 그리고 단독소유자와 공동소유의 지분 소유에 따라 모자회사·지주회사 등이 있다.

II. 임대인과 임차인(임대인과 전차인)

임대인과 임차인은 개인사업자 또는 법인사업자 그리고 단독사업자 또는 공동사업자가 있으며 공장의 전부 또는 일부를 임대차할 수 있고 공동 또는 단독으로 임차할 수 있다.

때에 따라서는 공장 임대인의 편의를 위하여 단독 임대인에 의한 둘 이상의 기업체가 공동으로 임대차를 계약하면서 그중 한 명의 기업 대표자가 임대차 계약을 맺고 다른 대표자는 전차인으로서 계약을 맺는 경우가 있다.

III. 분양자와 피분양자

분양자는 토지나 건물을 나누어 파는 사람이고 피분양자는 분양받는 사람이다. 공장의 경우 분양은 개발계획에 의한 산업단지 조성에 의한 공장용지를 분양하는 것이고, 도시형 공장과 같이 공장 건물을 건축하여 분양하는 경우도 있으며, 지식산업센터의 집합건물은 분양대상이 된다.

IV. 주체 변경에 의한 거래와 공시

개인기업의 경우 기업의 양도양수 계약 시 매수인이 「부가가치세법」에 의한 사업자등록을 완료한 기업이 매도인 기업에 대한 부동산과 고정자산인 유체동산 그리고 지식재산권 등의 무체동산 소유권을 이전하여 인·허가권에 대한 명의변경을 하고 사업자등록 소재지 변경 신청에 따라 이루어진다.

법인기업인 경우 인·허가권에 대한 이전은 법인명의 그대로 유지하고 이전에 대한 행정적 행위 없이 주식의 양도양수와 회사의 기관인 이사 등의 임원변경등기를 경료하는 방법으로 계약을 진행한다.

그리고 상호 변경 및 대표자 등의 임원 변경에 의한 법인변경등기를 실행하여 공시를 하여야 하며 행정기관의 인·허가와 관련하여 관련 부서에 대표자 변경 신고로 거래 주체를 변경하여야 한다.

V. 거래 주체의 형태

거래 주체의 형태는 기업이라 할 수 있는데, 기업은 사기업, 공기업, 공사합동 기업 등으로 나누어지며 사기업은 개인기업과 법인기업이 있다. 영리의 목적으로 설립한 법인은 상법상 법인의 경우 합명회사, 합자회사, 유한책임회사, 주식회사, 유한회사가 있으며, 일정한 목적을 위하여 결합된 사람의 단체인 사단법인과 일정한 목적의 재산에 법적 인격이 부여된 재단법인으로 구분되는데, 이러한 법인도 전부 거래의 주체가 된다.

또한 기업은 창업기업(스타트업), 벤처기업, 소기업과 소상공인, 중기업과 중견기업, 대기업, 기업연합(모자회사·지주회사 그룹)으로 구분되는데, 그 목적, 형태, 규모, 특성에 따라 이같이 나눌 수 있다.

제2편 공장중개의 기본이론

Learning Point

○ 공장거래 주체
- 매도인과 매수인
  거래당사자(매도인·매수인·외국인 등)
  개인·법인사업자·모자회사·지주회사 등
  외국인 : 대한민국 미국적의 개인,
  　　　　　외국의 법령에 의한 법인·단체
  　　　　　사원·구성원 1/2 이상 외국인의 법인·단체
  　　　　　업무집행사원·이사 임원 1/2 이상 외국인 법인·단체
  　　　　　자본금 1/2 이상·의결권 1/2 이상
  　　　　　　　　외국인법인·단체, 외국정부, 국제기구
- 임대인과 임차인(임대인과 전차인)
  개인사업자·법인사업자 / 단독사업자·공동사업자
  공동·단독임차 : 공장전부·일부
- 분양자와 피분양자
  분양 : 개발계획의 산업단지 조성 공장용지 분양
  도시형공장 : 공장건물 건축 분양
  집합건물 분양 : 지식산업센터
- 주체변경 거래와 공시
  개인기업 : 사업자등록 완료 ▶ 기업 고정·유동·무체재산 이전
  법인기업 : M&A ▶ 인·허가권, 거래 주체 변경

○ 거래 주체의 형태
- 기업 : 사기업, 공기업, 공사합동기업 등
- 사기업 : 개인기업·법인기업
- 상법상법인 : 합명, 합자, 유한책임, 주식, 유한회사
- 목적적 결합 : 사단법인(人), 재단법인(재산)
- 법령 구분 : 창업기업, 벤처기업, 소기업, 소상공인, 중기업,
  　　　　　중견기업, 대기업, 기업연합(모자회사·지주회사 그룹)

제3절 기업의 개념과 구분

I. 기업의 개념

기업은 국민경제를 구성하는 기본적 단위이며, 생산수단의 소유와 경영·노동의 분리를 기초로 하여 영리목적을 추구하는 독립적인 생산경제단위를 이루고 있다.[11] 그리고 영리를 얻기 위하여 재화나 용역을 생산하고 판매하는 조직체로 출자 형태에 따라 사기업, 공기업, 공사합동기업으로 나눈다.

II. 기업의 구분

기업은 여러 종류로 구분할 수 있는데 그 크기에 따라서 소기업, 중기업, 중견기업, 대기업으로 나눈다. 기업의 구분 기준은 국가나 산업에 따라 다르고 우리나라는 직원의 수와 매출액에 따라 중소기업과 중견기업, 대기업을 나누고 있다. 그리고 「소상공인기본법」에 따른 소상공인이 있다.

기업은 자신의 노력으로 성장하는 과정에서 자생력을 충분히 갖기 위해서는 국가의 지원 사업에 편성하여야 할 때가 많으므로 이러한 과정에서 소상공인, 소기업(小企業)과 중기업(中企業)에 대하여 구분할 실익은 기업의 규모에 따라 정부지원을 차별화하고 있으므로 그 구분 기준을 설명한다.

1. 소상공인

소상공인은 「상법」 제9조, 「상법 시행령」 제2조의 자본금액이 1천만원에 미치지 못하는 상인으로서 회사가 아닌 자로 범위를 정하는 소

---

11) 두산백과 두피디아

상인과는 다른 개념이다.

소상공인은 소기업 중 광업·제조업·건설업 및 운수업은 상시근로자 수가 10명 미만인 이고 그 외 업종은 5명 미만에 해당하는 자를 말한다(소상공인기본법 제2조제1항).

2. 소기업

소기업은 중소기업 중 해당 기업이 영위하는 주된 업종별 평균매출액등이 「중소기업기본법 시행령」 제8조제1항 <별표 3>의 규모기준에 맞는 기업을 소기업이라고 한다(같은법 시행령 제8조제1항).

다음의 표는 "주된 업종별 평균매출액등의 소기업 규모 기준"이다.

제1장 공장거래의 특성과 주체

<표 6> 주된 업종별 평균매출액등의 소기업 규모 기준

주된 업종별 평균매출액등의 소기업 규모 기준

해당 기업의 주된 업종	분류기호	규모 기준
1. 식료품 제조업	C10	평균매출액등 120억원 이하
2. 음료 제조업	C11	
3. 의복, 의복액세서리 및 모피제품 제조업	C14	
4. 가죽, 가방 및 신발 제조업	C15	
5. 코크스, 연탄 및 석유정제품 제조업	C19	
6. 화학물질 및 화학제품 제조업(의약품 제조업은 제외한다)	C20	
7. 의료용 물질 및 의약품 제조업	C21	
8. 비금속 광물제품 제조업	C23	
9. 1차 금속 제조업	C24	
10. 금속가공제품 제조업(기계 및 가구 제조업은 제외한다)	C25	
11. 전자부품, 컴퓨터, 영상, 음향 및 통신장비 제조업	C26	
12. 전기장비 제조업	C28	
13. 그 밖의 기계 및 장비 제조업	C29	
14. 자동차 및 트레일러 제조업	C30	
15. 가구 제조업	C32	
16. 전기, 가스, 증기 및 공기조절 공급업	D	
17. 수도업	E36	
18. 농업,임업 및 어업	A	평균매출액등 80억원 이하
19. 광업	B	
20. 담배 제조업	C12	
21. 섬유제품 제조업(의복 제조업은 제외한다)	C13	
22. 목재 및 나무제품 제조업(가구 제조업은 제외한다)	C16	
23. 펄프, 종이 및 종이제품 제조업	C17	
24. 인쇄 및 기록매체 복제업	C18	
25. 고무제품, 및 플라스틱제품 제조업	C22	
26. 의료, 정밀, 광학기기 및 시계 제조업	C27	
27. 그 밖의 운송장비 제조업	C31	
28. 그 밖의 제품 제조업	C33	
29. 건설업	F	
30. 운수 및 창고업	H	
31. 금융 및 보험업	K	
32. 도매 및 소매업	G	평균매출액등 50억원 이하
33. 정보통신업	J	
34. 수도, 하수 및 폐기물 처리, 원료재생업(수도업은 제외한다)	E(E36 제외)	평균매출액등 30억원 이하
35. 부동산업	L	
36. 전문·과학 및 기술 서비스업	M	
37. 사업시설관리, 사업지원 및 임대 서비스업	N	
38. 예술, 스포츠 및 여가 관련 서비스업	R	
39. 산업용 기계 및 장비 수리업	C34	평균매출액등 10억원 이하
40. 숙박 및 음식점업	I	
41. 교육 서비스업	P	
42. 보건업 및 사회복지 서비스업	Q	
43. 수리(修理) 및 기타 개인 서비스업	S	

비고 1. 해당기업의 주된 업종의 분류 및 분류기호는 「통계법」 제22조에 따라 통계청장이 고시 한국표준산업분류에 따른다.
2. 위 표 제27호에도 불구하고 철도 차량 부품 및 관련 장치물 제조업(C31202) 중 철도 차량용 의자 제조업, 항공기용 부품 제조업(C31322) 중 항공기용 의자 제조업의 규모 기준은 평균매출액등 120억원 이하로 한다.

자료 : 중소기업기본법 시행령 <별표3>

3. 중기업

중기업은 중소기업 중 소기업을 제외한 기업으로 한다(중소기업기본법 시행령 제8조제2항). 즉,「중소기업기본법」에서 중소기업의 범위를 정하고 소기업을 주된 업종별 평균매출액등의 소기업 규모 기준에 맞는 기업을 소기업이라 하며, 그 외 기업을 중기업으로 정한다(중소기업법 시행령 제2조).

4. 중소기업의 범위

중소기업을 육성하기 위한 정부시책의 대상이 되는 중소기업은 영리를 목적으로 하는 기업으로 업종별로 일정 기준에 따라 매출액·자산총액 맞아야 하고 지분 소유나 출자 관계 등 소유와 경영의 실질적인 독립성이 일정한 기준에 맞아야 한다.

중소기업의 범위는 해당 기업이 영위하는 주된 업종과 해당 기업의 평균매출액 또는 연간매출액이「중소기업기본법 시행령」제3조제1항제1호<별표 1>의 주된 업종별 평균매출액등의 중소기업 규모 기준에 맞아야 하고, 자산총액이 5천억원 미만인 기업으로서(중소기업기본법 시행령 제3조제1항),

자산총액 5천억원 이상인 법인이 주식등의 30% 이상을 직접적 또는 간접적으로 소유하여 최다출자자인 기업에 해당되지 않아야 한다(같은법 시행령 제3조제1항제2호).

그리고 관계기업은「중소기업기본법」제7조의4에서 정하는 평균매출액등의 산정기준에 맞지 않는 기업은 제외된다.

다음은 표는「중소기업기본법 시행령」제3조제1항제1호가목 관련 주된 업종별 평균매출액등의 중소기업 규모 기준이다.

제1장 공장거래의 특성과 주체

<표 7> 주된 업종별 평균매출액등의 중소기업 규모 기준
주된 업종별 평균매출액등의 중소기업 규모 기준

해당 기업의 주된 업종	분류기호	규모 기준
1. 의복, 의복액세서리 및 모피제품 제조업	C14	평균매출액등 1,500억원 이하
2. 가죽, 가방 및 신발 제조업	C15	
3. 펄프, 종이 및 종이제품 제조업	C17	
4. 1차 금속 제조업	C24	
5. 전기장비 제조업	C28	
6. 가구 제조업	C32	
7. 농업, 임업 및 어업	A	평균매출액등 1,000억원 이하
8. 광업	B	
9. 식료품 제조업	C10	
10. 담배 제조업	C12	
11. 섬유제품 제조업(의복 제조업은 제외한다)	C13	
12. 목재 및 나무제품 제조업(가구 제조업은 제외한다)	C16	
13. 코크스, 연탄 및 석유정제품 제조업	C19	
14. 화학물질 및 화학제품 제조업(의약품 제조업은 제외한다)	C20	
15. 고무제품 및 플라스틱제품 제조업	C22	
16. 금속가공제품 제조업(기계 및 가구 제조업은 제외한다)	C25	
17. 전자부품, 컴퓨터, 영상, 음향 및 통신장비 제조업	C26	
18. 그 밖의 기계 및 장비 제조업	C29	
19. 자동차 및 트레일러 제조업	C30	
20. 그 밖의 운송장비 제조업	C31	
21. 전기, 가스, 증기 및 공기조절 공급업	D	
22. 수도업	E36	
23. 건설업	F	
24. 도매 및 소매업	G	
25. 음료 제조업	C11	평균매출액등 800억원 이하
26. 인쇄 및 기록매체 복제업	C18	
27. 의료용 물질 및 의약품 제조업	C21	
28. 비금속 광물제품 제조업	C23	
29. 의료, 정밀, 광학기기 및 시계 제조업	C27	
30. 그 밖의 제품 제조업	C33	
31. 수도, 하수 및 폐기물 처리, 원료재생업(수도업은 제외한다)	E(E36 제외)	
32. 운수 및 창고업	H	
33. 정보통신업	J	
34. 산업용 기계 및 장비 수리업	C34	평균매출액등 600억원 이하
35. 전문, 과학 및 기술 서비스업	M	
36. 사업시설관리, 사업지원 및 임대 서비스업(임대업은 제외한다)	N(N76 제외)	
37. 보건업 및 사회복지 서비스업	Q	
38. 예술, 스포츠 및 여가 관련 서비스업	R	
39. 수리(修理) 및 기타 개인 서비스업	S	
40. 숙박 및 음식점업	I	평균매출액등 400억원 이하
41. 금융 및 보험업	K	
42. 부동산업	L	
43. 임대업	N76	
44. 교육 서비스업	P	

비고 해당 기업의 주된 업종의 분류 및 분류기호는 「통계법」 제22조에 따라 통계청장이 고시한 한국표준산업분류에 따른다. / 2. 위 표 제19호 및 제20호에도 불구하고 자동차용 신품 의자 제조업(C30393), 철도 차량 부품 및 관련 장치물 제조업(C31202) 중 철도 차량용 의자 제조업, 항공기용 부품 제조업(C31322) 중 항공기용 의자 제조업의 규모 기준은 평균매출액등 1,500억원 이하로 한다.

출처 : 중소기업기본법 시행령 <별표1>

5. 중견기업

"중견기업"이란 중소기업, 공공기관, 지방공기업이 아닌 기업을 말한다. 그리고 「독점규제법」 따른 상호출자제한 기업집단에 속하고 상호출자제한 기업집단 지정기준 자산총액이 해당 기업의 주식 또는 출자지분의 30% 이상을 직접적 또는 간접적으로 소유하면서 최다출자자인 기업은 제외한다(중견기업법 제2조제1호, 같은법 시행령 제2조).

6. 대기업

"대기업" 규정과 관련하여 「경기도 대기업·중소기업 동반성장을 위한 상생협력 조례」 [경기도조례 제6828호]). 제2조제2호에서 대기업이란 중소기업이 아닌 기업을 말한다고 정하는 것 외 명시된 규정은 없다.

즉, 「중소기업기본법」 제2조와 「중견기업법」 제2조에 해당하지 않는 기업을 말한다. 그리고 사전적으로, 금융 및 보험업에서 「중기업기본법」에 소속되지 않는 기업을 대기업으로 정하고 있다.

제1장 공장거래의 특성과 주체

Learning Point

○ 기업의 개념
- 소유·경영·노동 분리를 기초로 영리 목적 독립적 생산경제단위

○ 기업의 구분

중견기업

중기업
평균매출액 1,500억~400억 이하(업종별)

소기업
평균매출액 120억~10억 이하(업종별)

소상공인
제조업·광업·건설업·운수업 : 10명 미만
그 외 업종 : 5명 미만

제2편 공장중개의 기본이론

제2장 공장재단의 저당 및 시설의 종류

제1절 공장재단의 저당

I. 공장재단의 개념

1. 공장재단의 의의

공장재단은 공장에 속하는 일정한 기업용 재산으로 구성되는 재단을 말한다. 토지, 건물의 부동산, 공작물, 기계, 기구, 항공기, 선박, 자동차 등 등기나 등록이 가능한 동산, 지상권 및 전세권, 임대인이 동의한 임차권, 지식재산권 등의 무체재산권 권리의 일부 또는 전부를 말한다(공장저당법 제13조제1항). 또한 공장재단의 소유권보존등기를 한 날부터 10개월 내에 저당권설정등기를 하지 아니하면 효력이 상실된다(공장저당법 제11조).

공장재단은 공장재단등기부에 소유권보존등기를 하여 설정되며, 1개의 부동산으로 간주된다. 그러므로 공장재단을 구성하는 물건은 따로 분리하여 처분할 수 없으며 공장재단을 담보로 제공할 때 각각의 재산을 제공하는 것보다 담보력이 강화된다(같은법 제12조).

2. 공장재단의 기재사항과 등기양식

공장재단등기기록의 표제부에는 표시번호란, 접수란, 공장재단의 표시란과 등기원인 및 기타사항란을 둔다. 그리고 갑구와 을구에는 순위번호란, 등기목적란, 접수란, 등기원인란과 권리자 및 기타사항란을 둔다.

제2장 공장재단의 저당 및 시설의 종류

공장재단의 기재사항은 공장의 명칭, 공장의 위치, 주된 영업소, 영업의 종류, 2개 이상의 공장으로 재단을 구성하는 경우 각 공장 소유자의 성명 또는 명칭을 적는다(공장 및 광업재단 저당등기 규칙 제5조~제6조).

아래는 공장재단의 등기기록이다.

[그림 2] 공장재단등기기록

[공장재단] ○○○○공장			고유번호 0000-0000-000000	
[표 제 부]		(재단의 표시)		
표시번호	접 수	공장재단의 표시		등기원인 및 기타사항

[갑 구]		(소유권에 관한 사항)		
순위번호	등기목적	접 수	등기원인	권리자 및 기타사항

[을 구]		(저당권에 관한 사항)		
순위번호	등기목적	접 수	등기원인	권리자 및 기타사항

자료 : 공장 및 광업재단 저당등기 규칙 [별지1]

3. 공장재단의 평가

1) 공장 부동산의 평가

기업소유 부동산은 공장용지와 도로 등 부속 토지 그리고 제조시설의 공장건물과 그 부속 건물로 구성된다.

공장용지는 토지와 이용 가치가 비슷하다고 인정되는 「부동산공시법」에 따른 표준지공시지가를 기준으로 용도지역·이용상황·주위환경 등이 같거나 비슷한 비교표준지를 선정하고 대상토지의 현황에 맞게 시점수정, 지역요인 및 개별요인 비교, 그 밖의 요인의 보정을 거쳐 대상토지의 가액을 산정하는 공시지가기준법을 적용하여 평가한다(감정평가에 관한 규칙 제14조). 그리고 공시지가기준법에 의하여 비교표준지를 선정하고 지역의 지가변동률을 계산하여 시점을 수정한 후 지역요인과 개별요인을 비교하고 기타 요인을 보정하여 산출한다.

공장건물과 부속건물은 건물을 감정평가할 때에 원가법을 적용해야 한다(같은 규칙 제156조) 건물의 재조달원가는 감정평가 시점의 재조달원가를 적용하고 물리적, 기능적, 경제적 요인 등을 고려하여 공제하고 기준시점에서 대상 건물의 가액을 책정하는 것으로 보통 감정에서 건물 구조에 따라 내용연수를 철골조 철골지붕틀 우레탄 구조는 30~40년, 시멘트블록 조적조 슬래브지붕 구조는 35~45년으로 공제하여 감가수정한다.

또한 감가수정은 경제적 내용연수를 기준으로 한 정액법, 정률법, 상환기금법이 있으나 건물에 따라 적절한 방법을 적용하고 건물의 형상, 관리상태, 주위환경이나 적합성과 시장성 등을 고려하여 대체로 정액법을 적용하고 있다.

2) 공장 기계기구의 평가

공장재단의 감정평가는 공장재단을 구성하는 개별물건의 감정평가액을 합산하여 감정평가해야 한다. 다만, 계속적인 수익이 예상되는 경우는 일괄하여 평가하고 이 경우 감정평가하는 경우에는 수익환원법을 적용할 수 있다(감정평가에 관한 규칙 제19조제1항). 둘 이상의 대상물건이 일체로 거래되거나 대상물건 상호 간에 용도상 불가분의 관계가 있는 경우에는 일괄하여 감정평가할 수 있다는 개별물건기준의 원칙이 있다(같은 규칙 제7조제2항).

공장 기계기구의 감정평가는 원가법을 적용하고 기계기구의 명칭, 규격, 제조기술, 제작자, 성능, 부대시설의 유무 및 관리상태 등을 고려하여 경제적 내용연수를 기준으로 정률법 및 관찰감가법을 적용하여 감가수정하며 보통 실무에서 감정평가 시 내용연수를 15년을 정하여 평가하는 것을 볼 수 있다.

3) 취득세 과세대상 기계장비의 범위

「지방세법」은 취득세 과세대상 기계장비의 범위를 건설공사용, 화물하역용 및 광업용으로 사용되는 기계장비로서 「건설기계관리법」에서 규정한 건설기계 및 이와 유사한 기계장비 중 행정안전부령으로 정하고 있다(지방세법 제6조제8호).

「지방세법 시행규칙」 제3조는 취득세 과세대상 기계장비의 범위를 불도저, 굴착기, 로더, 지게차, 스크레이퍼, 덤프트럭, 기중기, 모터그레이더, 롤러, 노상안정기, 콘크리트뱃칭플랜트, 콘크리트 피니셔, 콘크리트 살포기, 콘크리트 믹서트럭, 콘크리트 펌프, 아스팔트 믹싱프랜트, 아스팔트 피니셔, 아스팔트 살포기, 골재 살포기, 쇄석기, 공기압축기, 천공기, 항타 및 항발기, 자갈채취기, 준설선, 노면측정장비, 도로보수트럭, 노면파쇄기, 선별기, 타워크레인, 그 밖의 건설기계로 정하고 있다(지방세법 시행규칙 제3조 [별표1]).

그러므로 「지방세법」상 기계장치의 범위는 「건설기계관리법」상 건설기계의 범위보다 광범위하다. 따라서 「지방세법」상 기계장치에는 「건설기계관리법」상의 건설기계를 전부 포함하고 있을 뿐만아니라 그 범위도 훨씬 광범위한 것이 특징이다.[12]

그래서 공장부동산과 함께 거래되는 기계장비는 지방세법 시행규칙 제3조 [별표1]의 7호 강재의 지주 및 상하좌우로 이동하거나 선회하는 장치를 가진 모든 것으로 정하고 있는 "기중기"가 일부 이에 해당된다고 볼 수 있다.

강재의 지주라는 것은 선회 할 수 있는 버팀대로서 원통형·각형의 강제로 만든 것이 대부분이나 그 형식을 불문한다. 그러나 벽 크레인(WALL CRANE)이나 좌우로 이동하는 오버헤드크레인(OVER HEAD CRANE)의 경우 선회장치가 없기 때문에 건설기계 관리법상 기중기의 요건에 해당되지 아니한다. 그리고 상하·좌우로 이동하는 기중기의 경우 「지방세법 시행규칙」상 기계장비에 해당되기 때문에 과세대상에 해당된다.[13]

그러므로 옥외의 하·좌우로 이동하는 기중기는 취득세 과세대상 기계장비에 해당될 수 있다. 공장 중개실무에서는 취득세 과세 대상에 해당되는 기계기구와 해당되지 않는 기계기구를 구분하여야 한

---

[12] 전동훈, 지방세실무해설, P.807
[13] 같은책 P.808

다.14) 기계장비의 취득세율은 1,000의 30, 다만, 「건설기계관리법」에 따른 등록대상이 아닌 기계장비는 1,000의 20으로 한다(지방세법 제12조제1항제3호)

크레인의 다리가 독에 설치된 레일을 따라 독의 전후 방향으로 이동하면서 작업을 하고, 크레인이 설치된 조선소의 경우 선박의 블록을 원고의 조선소 또는 외부에서 외주가공을 통하여 제작한 후 바지선을 이용하여 조선소로 해상운송한 다음 운송된 블록을 이 사건 크레인으로 하역, 곧바로 이동하여 선대에 탑재하여 작업하거나 독 주변의 야적장에 임시로 두었다가 탑재하는 방식으로 작업하고 있는 크레인이 약 70m 높이의 문(門)형으로 독(dock) 양쪽에 세운 강재의 다리로 지지되고 있는 크레인은 취득세의 과세대상이 된다고 봄이 상당하다고 한다.15)

II. 공장저당

1. 공장재단의 저당

공장재단의 설정에 대하여 공장 소유자는 하나 또는 둘 이상의 공장으로 공장재단을 설정하여 저당권의 목적으로 할 수 있다. 그리고 공장재단에 속한 공장이 둘 이상일 때 각 공장의 소유자가 다른 경우에도 저당권의 목적으로 할 수 있다. 그러나 공장재단의 구성물이 동시에 다른 공장재단에 속하게는 하지 못한다(공장저당법 제10조)

그리고 공장재단의 구성물은 분리하여 양도 또는 소유권 외의 권리, 압류, 가압류 또는 가처분의 목적으로 하지 못하고, 저당권자가 동의한 경우만 임대차의 목적물 될 수 있다(공장저당법 제14조).

---

14) 같은책 P.989
15) 부산지방법원 2008. 7. 10. 선고 2007구합2686 판결

2. 협의의 공장저당

「공장저당법」은 공장재단의 저당과는 관계없이 공장재단을 구성하지 않고 기계·기구 등을 부동산과 함께 저당권의 목적으로 하는 것을 인정하고 있다. 이러한 내용으로 공장을 저당하는 방법을 협의의 공장저당이라고 한다.

이러한 방법은 1개 또는 수개의 공장을 기초로 하여 설정한다. 그러므로 1개의 부동산으로 보는 공장재단과는 구별되어 개개의 부동산에 저당권을 설정하는 것이다.

그러나 토지, 건물의 부가물·종물 뿐만 아니라 그 토지에 설치된 기계·기구 기타의 공장의 공용물에까지 저당권의 효력이 확장되어 있다는 점에서 민법상의 저당권과 다르고, 그 결함을 보정한 것이라고 할 수 있다. 공장저당을 설정할 경우에 공장재단저당을 설정하느냐 혹은 협의의 공장저당을 설정하느냐는 당사자의 자유로운 선택을 할 수 있도록 정하고 있다.[16]

---

[16] 대한민국 법원 인터넷등기소

제2장 공장재단의 저당 및 시설의 종류

Learning Point

○ 공장재단의 개념
- 공장재단의 의의
  공장에 속하는 일정한 기업용 재산으로 구성되는 재단
  토지, 건물, 공작물, 기계, 기구, 항공기, 선박, 자동차 등 등기나 등록이 가능한 동산, 지상권 및 전세권, 임대인이 동의한 임차권, 지식재산권 등의 무체재산권 권리의 일부 또는 전부
  (10개월 내에 저당권설정등기 하지않으면 효력 상실)
  분리처분 ×
- 공장재단의 평가
  건물 : 철골조 철골지붕틀 우레탄 구조 ▶ 30~40년,
  　　　시멘트블록,조적조, 슬래브지붕 구조 ▶ 35~45년 감가수정
  기계기구 : 내용연수 15년 가량
- 취득세 과세대상 기계장비의 범위
  공장거래 중 일부 기중기(옥외트레인)가 해당될 수 있음
  WALL CRANE, OVER HEAD CRANE은 좌우이동 ≫ 과세대상×
  기계장비의 취득세율 0.03% (등록면허세×)

○ 공장저당
- 저당권의 목적물 : 하나·둘 이상 공장을 공장재단 저당권의 목적으로 할 수 있음
  공장재단 둘 이상일 때 각 공장 소유자 다른 경우 저당권 목적가능
  공장재단 구성물 동시 다른 공장재단에 속하게는 하지 못함.
- 협의의 공장저당
  공장재단 구성 않고 기계·기구 등 부동산과 함께 저당권의 목적으로 인정

제2절 공장재단 시설의 종류

　공장의 생산시설에 사용되는 기계기구와 각종 시설은 「공장저당법」에 의하여 1개의 부동산으로 취급되어 임의경매의 대상이 된다(공장저당법 제12조제1항). 그래서 기계기구는 동산이라 하더라도 유체동산집행의 대상이 될 수 없으며 저당권의 목적물인 토지·건물과 함께 경매를 진행한다.

　그러나 공장 중개실무에서는 기업이 이전·증설·변경 등에 의하여 공장을 매매할 경우 「공장저당법」에 의하여 취급되는 기계기구를 매매대상에 포함하는 것과 비포함하는 것을 구별하여야 한다. 그리고 당연히 매매대상에 포함하는 기구와 약정에 의하여 포함하는 기계기구에 대하여 모두 포괄적인 계약서를 작성하여야 한다.

　포괄적 계약 후 부동산과 동산으로 분리하는 변경계약서를 작성하고 부동산매매계약서 및 동산매매계약서를 작성하여야만 취득과 관련 세금을 정확하게 납부하게 되고, 기업회계에 별다른 문제가 발생하지 않을 것이다.

I. 공장의 전기시설

1. 수변전설비 시설

　공장은 전력공급이 가장 중요하다. 수변전시설은 수전설비, 변전설비, 배전설비로 구성됩니다. 전력은 고압과 저압으로 구분하여 한국전력으로부터 수전을 받을 수 있는데 저압전력은 직접 수전을 받는 것을 말하고, 고압전력은 전력회사로부터 수변전설비시설에 고압전기를 공급받아 변전하여 내부시설로 공급하는 시설로 공장매매계약 시 반드시 계약대상물에 포함되어야 하는 시설이다.

변압기는 전력을 공급받아 필요한 전압으로 변환하는 역할을 하는 것으로 고압인 22,900V(22.9KV)를 저압인 380~230V로 변환하여 공급한다. 한전과의 계약에 따라 kW당 22,000원의 불입금이 발생하나 한전과의 계약 용량에 따라 달라질 수 있다.

그리고 한전에서 저압 380~230V 전력을 사용하는 경우, 불입금은 kW당 90,000원 가량으로 한전과의 계약 용량에 따라 달라질 수 있다.

또한 고압전력은 수변전설비시설에 수전을 받아 사용하므로 전기사용요금 고지 전 3개월의 전기요금을 평균 계산하여 기본요금을 산출하므로 전기사용량에 따라 기본요금을 사용한 만큼 고지를 받는 장점이 있다. 그런데 고압의 수변전설비시설은 관리하는 회사를 지정하여 관리하여야 하므로 관리비를 지불하여야 한다. 그리고 「공장저당법」 제6조에 의한 공장저당의 목적물이 된다.

2. 전기배분전반 시설

전기배분전반은 전기 시스템의 중요한 부분으로 전기를 안전하게 분배하는 역할을 하고, 전력회사에서 공급받은 전력을 공장 건물 전체에 배분하는 역할을 한다.

그리고 전기배분전반은 공장이 과전압의 발생방지, 전력분배, 누전차단 등을 제어하는 시설로 거의 공장건물 벽에 부착되어 있고 내부는 스위치·계기·계전기 등이 설치되어 있다. 전기배분전반시설은 「공장저당법」 제6조에 의한 공장저당의 목적물이나 공장건물과 함께 거래계약을 하여야 된다.

그리고 전기배분전반은 시설용량이 정해져 있어 전력을 증설할 경우 교체공사가 필요하여 비용이 발생한다. 그래서 배분전반의 용량을 확인하여 매수인에게 확인·설명하여야 한다.

II. 이동·운반용 기계기구

1. 크레인

크레인은 공장 천정 또는 야드(마당)에 설치하여 공장 작업 시 무거운 물건을 들어 올리거나 상하좌우로 물건을 이동 운반하는 기계로 공장의 규모에 따라 그 종류가 다양하다. 크레인은 「공장저당법」 제6조 저당목록에 해당되고 그 종류를 살펴보면 다음과 같다.

1) 오버헤드 크레인 (Overhead Crane)

공장에서 가장 많이 볼 수 있는 크레인으로, 주로 천정에 설치되어 있다. 각종 기계와 부품을 제작하는 업체 또는 배관 작업을 하는 업체에서 많이 사용한다.

2) 모노레일 크레인 (Monorail Crane)

오버헤드 크레인은 평면상 면을 움직이나 모노레일 크레인은 천정에 설치된 모노레일을 따라 작동되고 평면상 선으로 움직이는 크레인이다.

3) 지브 크레인 (Jib Crane)

지브 크레인은 포스트(기둥) 또는 건물의 벽에 암(Arm)을 고정한 후 기중을 중심으로 한 회전운동 또는 벽을 따라 이동하는 평행운동을 할 수 있는 구조의 크레인이다.

기둥에서 앞으로 쭉 뻗은 부분을 지브(Jib)라고 하는데 기둥 회전형, 벽걸이형, 벽 주행형이 있으며, 좁은 공간을 최대한 활용할 때 많이 사용한다.

4) 골리앗 크레인(Goliath Crane)

골리앗 크레인은 초대형 갠트리 크레인으로 볼 수 있다. 주행레일을 따라 이동하며 조선소, 대형 블록 조립 현장에서 사용되는 특수 목적 초대형 갠트리 크레인이다.

5) 갠트리 크레인 (Gantry Crane)

갠트리 크레인은 주로 실외에 설치되어 사용하며 방식은 오버헤드 크레인과 비슷하다. 지지대(gantry) 꼭대기에 세워진 크레인으로, 물체나 작업 공간을 가로지르는 데 사용한다.

바퀴 또는 트랙을 따라 움직이는 두 개 이상의 다리로 지지되어 움직이며 건설 현장, 조선소 및 창고 등지에서 무거운 하중을 들어 올리는 데 사용된다.

6) 세미 갠트리 크레인 (Semi gantry crane)

세미 갠트리 크레인은 갠트리 크레인 구조와 비슷하나 주행 레일의 하나를 건물 내·외벽이나 구조물에 설치한다는 것에 다른 점이 있다.

7) 서스펜션 크레인 (Suspension Crane)

서스펜션 크레인은 오버헤드 크레인과 비슷하나 오버헤드 크레인은 이동레일에 얹혀있고 서스펜션 크레인은 메달려 있는 것이 다른 점이다.

2. 기타 이동·운반 시설

1) 화물용 엘레베이트

화물용 엘리베이트는 공장내에 설치되어 1층에서 지하 또는 지상층으로 화물을 운반하는 시설로 공장저당 목록에 해당된다.

2) 리프트

리프트는 동력을 사용하여 화물을 운반하는 시설이다. 전동리프트라고도 하며 계단으로 화물을 운반하지 못할 때 많이 사용하고 공장저당의 목적물이 될 수 있다.

3) 컨베이어(Conveyor)시설

컨베이어 시설은 제조시설, 물류창고에서 자재, 상품을 한 장소에서 다른 장소로 연속적인 흐름으로 이동하는데 용이하게 사용된다. 시스템에 의하여 움직이며 특히 공장 내부에서 부품의 운반, 반제품의 이동에 사용할 뿐만 아니라 항만 등에서 석탄, 광석 운반에 사용하고 건설 현장에서 흙과 모래를 운반할 때 사용된다. 컨베어시설도 공장저당의 목적물이 될 수 있다.

III. 생산과 환경시설

1. 생산시설

생산시설에 중요한 시설로 정밀·전자 공장일 경우 에어샤워기, 공기정화 집진기 등의 시설이 있으며 매매계약 체결 시 필요에 따라 포함하여 계약할 경우가 있고 이러한 시설은 생산공정에 필요한 시설로「공장저당법」제6조에 의한 저당권의 목적물이 된다.

2. 환경시설

환경시설로서「물환경보전법」에 의한 폐수처리시설,「대기환경보전법」에 의한 대기오염방지시설인 집진시설,「소음·진동관리법」에 의한 소음·진동 방지시설, 방음시설, 방진시설 등이 있으며 매매계약 시 약정에 의하여 매매대상에 포함될 수 있고「공장저당법」제6조에 의한 저당권의 목적물이 된다.

제2편 공장중개의 기본이론

Learning Point

○ 공장재단 시설의 종류
- 공장의 전기시설
  · 수변전설비시설 · 전기배분전반
- 이동 · 운반용 기계기구
  · 오버헤드 크레인 (Overhead Crane)
    가장 많음, 주로 천정 설치, 기계 · 부품 제작, 배관작업 시 사용
  · 모노레일 크레인 (Monorail Crane)
    천정에 설치된 모노레일따라 작동, 평면 선상 움직임 구조
  · 지브 크레인 (Jib Crane)
    기중을 중심으로 회전운동 또는 벽을 따라 이동 평행운동 구조
    좁은공간 최대 활용 때 많이 사용
  · 골리앗 크레인(Goliath Crane)
    초대형 갠트리 크레인, 주행레일따라 이동하는 구조
    조선소, 대형블록조 현장 사용
  · 갠트리 크레인 (Gantry Crane)
    주로 실외 설치, 지지대(gantry) 꼭대기에 세워진 크레인으로
    물체나 작업 공간 가로지르는데 사용
  · 세미 갠트리 크레인 (Semi gantry crane)
    갠트리 크레인 구조 비슷, 주행 레일의 하나 건물 내 · 외벽이나
    구조물에 설치
  · 서스펜션 크레인 (Suspension Crane)
    오버헤드 크레인과 비슷, 이동레일에 얹혀있고 크레인이 메달려
    있는 것이 다른 점 구조 임.
  · 화물용 엘레베이트
  · 리프트
- 생산시설
  · 에어샤위기 · 공기정화집진기 등
- 환경시설
  · 폐수처리시설 · 대기오엽방지시설 · 소음 · 진동방지시시설

제3장 공장입지의 유형과 지역지구

제1절 공장입지의 유형

I. 개별입지의 유형

「산업입지법」제6장에서는 산업단지외 지역의 공장입지에 관하여 입지지정 및 개발에 관한 기준과 공장입지 유도지구의 지정 및 특례 등을 규정하고 있다.

그러나 실무에서는 산업단지외 지역에 개별입지 공장을 설립하기 위하여「국토계획법」제36조의 용도지역의 지정에 의한 소형 공장 개별입지의 컨설팅과 중개업무 비중이 높다고 할 수 있다.

이에 따른 개별입지 유형으로 「산업집적법」제13조에 의하여 시장·군수·구청장의 공장설립 승인에 의한 입지와 「중소기업창업법」제33조의 의하여 시장·군수·구청장에게 사업계획서를 작성한 후 창업사업계획 승인에 의한 입지가 있다. 그리고「산업입지법」제8조의3에 의거하여 도시 또는 도시 주변의 상·공업지역, 계획관리지역 또는 개발진흥지구에 개별입지 공장의 밀집도가 높아 계획적으로 관리가 필요하여 지정된 준산업단지가 있다.

1. 공장설립 승인에 의한 입지

「산업집적법」에 의한 공장 설립 승인을 받아 입지하는 공장으로 공장 설립 등의 승인은 공장건축면적이 500㎡이상인 공장의 신설·증설 또는 업종변경을 하려는 자는 시장·군수·구청장의 승인을 받아야 한다. 또한 승인을 받은 사항 중 산업통상자원부령으로 정하는 경미한 사항 즉, 공장부지 20% 이내변경, 공장건축면적 20% 이내

변경, 기준공장면적률 적합한 범위를 변경하려는 경우에는 시장·군수·구청장에게 신고하여야 한다(산업직접법 제13조제1항). 그리고 공장건축면적이 500㎡미만인 경우에도 공장설립 허가·신고·면허·승인·해제 또는 용도폐지 등의 의제를 받으려는 자는 공장설립 등의 승인을 받을 수 있다(산업직접법 제13조제3항).

2. 창업사업계획 승인에 의한 입지

「중소기업창업법」에 의하여 창업사업계획승인을 받아 입지하는 공장인데 사업계획의 승인은 한국표준산업분류상의 제조업을 영위하고자 창업하는 자는 창업사업계획서를 작성하고 시장·군수·구청장의 승인을 받아 사업을 할 수 있다(중소기업창업법 제33조제1항).

3. 준산업단지

준산업단지란 도시 또는 도시 주변의 특정 지역에 입지하는 개별 공장들의 밀집도가 다른 지역에 비하여 높아 포괄적 계획에 따라 계획적관리가 필요하여 지정된 일단의 토지 및 시설물을 말한다(산업입지법 제2조제12호).

준산업단지의 지정은 광역시장·시장·군수·구청장이 지정하고 준산업단지를 지정하려면 미리 공장 소유자들의 의견을 듣고 준산업단지 정비계획을 수립하여 관계 행정기관의 장과 협의한 후 지정하여야 한다.

또한 개별 공장들의 밀집도가 높은 지역으로서 난개발이 우려되어 계획적인 관리가 필요한 지역으로 지정 면적이 7만㎡ 이상은 국가가 3만㎡ 이상은 지자체가 비용을 보조하거나 시설을 지원할 수 있다(산업입지법 제8조의3, 같은법 시행령 제10조의4).

II. 계획입지의 유형

「산업입지법」 제2장에서는 산업단지의 개발지침이 규정되어 있고, 같은법 제3장에서는 국가산업단지, 일반산업단지, 도시첨단산업단지, 스마트첨단산업단지, 농공단지 지정 등에 대하여 규정하고 있으며 같은법 제5장에서는 산업단지 등의 재생에 관한 내용과 재생사업지구의 지정에 대하여 규정하고 있다 이에 대하여 계획입지 유형을 알아보고자 한다.

1. 국가산업단지

국가산업단지는 국가기간산업, 첨단과학기술산업 등을 육성하거나 개발 촉진이 필요한 낙후지역이나 둘 이상의 특별시·광역시·특별자치시 또는 도에 걸쳐 있는 지역을 산업단지로 개발하기 위하여 「산업입지법」에 따라 지정된 산업단지를 말한다(산업입지법 제2조제8호).

국가산업단지의 지정은 국토교통부장관이 지정하며 중앙행정기관의 장은 국가산업단지의 지정이 필요하다고 인정되면 대상지역을 정하여 국토교통부장관에게 국가산업단지로의 지정을 요청할 수 있다. 이에 따라 국토교통부장관은 국가산업단지를 지정하려면 산업단지의 명칭·위치 및 면적, 산업단지의 지정 목적, 산업단지개발사업의 시행자, 사업 시행방법, 주요 유치업종 또는 제한업종, 토지이용계획 및 주요 기반시설계획, 재원 조달계획 등의 사항이 포함된 산업단지개발계획을 수립하여 관할 시·도지사의 의견을 듣고, 관계 중앙행정기관의 장과 협의하여야 한다. 그리고 국토교통부장관은 협의 후 심의회의 심의를 거쳐 국가산업단지를 지정하여야 한다(산업입지법 제6조).

2. 일반산업단지

일반산업단지는 산업의 적정한 지방 분산을 촉진하고 지역경제의 활성화를 위하여 「산업입지법」에 따라 지정된 산업단지를 말한다(산업입지법 제2조제8호). 일반산업단지의 지정은 시·도지사 또는 대도시시장이 지정하고 30만㎡ 미만의 산업단지의 경우에는 시장·군수·구청장이 지정할 수 있다.

일반산업단지의 지정권자는 일반산업단지를 지정하려면 산업단지의 명칭·위치·면적, 산업단지의 지정 목적, 산업단지개발사업의 시행자, 사업 시행방법, 주요 유치업종 또는 제한업종, 토지이용계획 및 주요기반시설계획, 재원 조달계획 등의 산업단지개발계획을 수립하여 관할 시장·군수 또는 구청장의 의견을 듣고 국토교통부장관을 비롯한 관계 행정기관의 장과 협의하여야 한다. 일반산업단지 지정권자는 지정 또는 변경 내용을 국토교통부장관에게 통보하여야 한다. 이 경우 지정권자가 시장·군수·구청장인 경우에는 그 지정 또는 변경 내용을 시·도지사에게도 통보하여야 한다.(산업입지법 제7조).

3. 도시첨단산업단지

도시첨단산업단지는 지식산업·문화산업·정보통신산업, 그 밖의 첨단산업의 육성과 개발 촉진을 위하여 「국토계획법」에 따른 도시지역에 「산업입지법」에 따라 지정된 산업단지를 말한다(산업입지법 제2조제8호).

도시첨단산업단지의 지정은 국토교통부장관, 시·도지사 또는 대도시시장이 지정하며, 시·도지사(특별자치도지사는 제외)가 지정하는 경우에는 시장·군수·구청장의 신청을 받아 지정한다. 10만㎡ 미만인 경우에는 시장·군수·구청장이 직접 지정할 수 있다.

시장·군수·구청장은 시·도지사에게 도시첨단산업단지의 지정을 신청하려는 경우에는 산업단지의 명칭·위치·면적, 산업단지의 지정목적, 산업단지개발사업의 시행자, 사업 시행방법, 주요 유치업종 또는 제한업종, 토지이용계획 및 주요기반시설계획, 재원 조달계획 등의 산업단지개발계획을 작성하여 제출하여야 한다. 도시첨단산업단지의 지정권자는 도시첨단산업단지를 지정하려는 경우에는 산업단지개발계획에 대하여 관계 행정기관의 장과 협의하여야 하며 국토교통부장관이 도시첨단산업단지를 지정하려는 경우에는 협의 후 심의회의 심의를 거쳐 지정하여야 한다(산업입지법 제7조의2).

2023년 12월 현재 우리나라에 조성 중이거나 예정지 또는 완료된 도시첨단산업단지 현황은 부산지역은 부산에코델타시티, 회동·석대, 모라, 금곡, 센텀2지구단지가 있고, 대구지역은 대구신서혁신도시(공공주택지구)도시첨단, 율하, 경북대캠퍼스혁신파크도시첨단산업단지가 있으며, 인천지역은 IHP(인천경제자유구역), 남동도시첨단산업단지가 있고, 광주지역은 남구첨단산업단지, 전남대캠퍼스혁신파크단지가 있다.

대전지역은 한남대캠퍼스혁신파크, 대전장대도시첨단산업단지가 있고, 울산지역은 울산장현도시첨단산업단지가 있으며, 세종지역은 행정중심복합도시4-2생활권단지가 있다.

경기지역은 동탄도시첨단, 용인기흥힉스, 회천, 용인기흥ICT밸리, 용인일양히포, 평촌스마트스퀘어, 판교제2테크노밸리(구 판교창조경제밸리), 광명시흥첨단R&D, 한양대에리카캠퍼스혁신파크, 고양일산, 경기양주테크노밸리도시첨단상업단지가 있고, 강원지역은 춘천도시첨단문화, 춘천도시첨단정보, 삼성SDS춘천센터, 네이버도시첨단(구 춘천NHN), 강원대캠퍼스혁신파크, 홍천도시첨단산업단지가 있다.

충북지역은 청주도시첨단문화, 충북진천·음성혁신도시 도시첨단, 충북진천·음성혁신도시 도시첨단(2)산업단지가 있고, 충남지역은 태안도시첨단, 내포도시첨단, 천안직산도시첨단산업단지가 있으며, 전북지역은 전주도시첨단, 순천도시첨단산업단지가 있고, 경남지역은 창원덴소도시첨단(구 경남지능형홈산업)산업단지가 있다.17)

4. 농공단지

농공단지는 읍·면의 지역 또는 읍·면 외의 지역 중 농업, 농업관련 산업, 농업인구 및 생활여건 등을 고려하여 농림축산식품부장관이 고시하는 농촌 지역과 하천·호수 또는 바다에 인접하여 있거나 어항의 배후에 있는 지역 중 주로 수산업으로 생활하는 읍·면의 전 지역 또는 동의 지역 중 에 「국토계획법」따라 지정된 상업지역 및 공업지역을 제외한 어촌 지역에서 농어민의 소득 증대를 위한 산업을 유치·육성하기 위하여 「산업입지법」에 따라 지정된 산업단지를 말한다(산업입지법 제2조제8호, 농업·농촌 및 식품산업 기본법 제3조제5호, 수산업·어촌 발전 기본법 제3조제6호).

농공단지의 지정은 특별자치도지사 또는 시장·군수·구청장이 지정하며 지정권자(대도시시장은 제외)는 농공단지를 지정하려면 위치도, 입주수요 자료, 도로·용수·전기·통신 등 입지여건의 분석과 기반시설설치계획, 농공단지 개발계획, 토지이용현황, 국가 또는 지자체의 개발지원, 인접지역의 취업가능인력현황, 개발에 따른 농어가의 고용 및 소득증대 기대효과에 관한 서류 및 농어촌환경 및 문화재의 보존에 미치는 영향에 관한 서류 또는 도면을 첨부한 산업단지개발계획을 작성하여 시·도지사의 승인을 받아야 한다.

---
17) 한국산업단지 공공데이터포털

승인을 요청받은 시·도지사는 대상지역에 바다 또는 바닷가가 포함된 경우에는 「공유수면법」에 따라 해양수산부장관과 협의하여야 하고 농림축산식품부장관 및 산업통상자원부장관은 농어촌지역에 지정된 일반산업단지 또는 도시첨단산업단지를 농공단지와 동일하게 지원할 수 있다(산업입지법 제8조).

5. 스마트그린산업단지

스마트그린산업단지는 입주기업과 기반시설·주거시설·지원시설 및 공공시설 등의 디지털화, 에너지 자립 및 친환경화를 추진하는 산업단지를 말한다(산입입지법 제2조제8의2호).

국토교통부장관은 선도적 스마트그린산업단지를 구현하기 위하여 국가산업단지 또는 도시첨단산업단지 중 산업단지의 환경·에너지·안전·교통 등과 관련된 기능을 강화하여 지역의 혁신성장 거점으로 성장할 가능성이 높고 정보통신기술, 에너지기술 등의 종합적 적용이 용이하고, 스마트그린산업단지 조성과 관련된 기반시설의 설치 여건이 양호한 요건을 충족하는 산업단지를 스마트그린국가시범산업단지로 지정하거나 산업단지로 지정함과 동시에 국가시범산업단지로 지정할 수 있다(산업입지법 제7조의7).

6. 자유무역지역

자유무역지역 지정의 목적은 자유로운 제조·물류·유통 및 무역활동 등이 보장되는 자유무역지역을 지정·운영함으로써 외국인투자의 유치, 무역의 진흥, 국제물류의 원활화 및 지역개발 등을 촉진하여 국민경제의 발전에 이바지함을 목적으로 한다(자유무역지역법 제1조).

자유무역지역은 「관세법」, 「대외무역법」 등 관계 법률에 대한 특례와 지원을 통하여 자유로운 제조·물류·유통 및 무역활동 등을 보장하기 위한 지역으로서 「자유무역지역법」에 따라 지정된 지역을 말한다(자유무역지역법 제2조제1호).

한 국가 내에서 교역, 생산, 투자 등의 경제활동에 대해 관세유보 등 예외적 조치를 통해 외국인 투자유치 및 수출활성화에 기여하고자 지정된 지역으로 특정지역을 대상으로 국제적 경제규범을 도입하고 외국인 투자에 친화적 환경 등을 조성하기 위해 도입한 지역이다.[18] 자유무역지역은 특수한 형태로 입주 조건과 제한이 있는 입지로 계획입지의 한 형태로 볼 수 있다.

Learning Point

○ 개별입지의 유형
- 공장설립 승인에 의한 입지
- 창업사업계획 승인에 의한 입지
- 준산업단지

○ 계획입지의 유형
- 국가산업단지
- 일반산업단지
- 도시첨단산업단지
- 농공단지
- 스마트그린산업단지
- 자유무역지역

---

18) 산업통상자원부 자유무역지역관리원 http://www.motie.go.kr.

제2절 공장입지의 지역지구

I. 유치지역

"유치지역"이란 공장의 지방이전 촉진 등 국가정책상 필요한 산업단지를 조성하기 위하여 「산업집적법」에 따라 산업통상자원부장관이 지정·고시한 지역을 말한다.

유치지역은 공장의 지방이전 촉진, 공해업종의 집단화 등의 산업단지의 조성이 필요한 경우와 산업경쟁력 향상을 위하여 15만m^2 이상의 공장용지 조성이 필요한 경우에 산업의 밀집도 등 입지잠재력의 활용이 크고 지역발전의 효과가 크며 산업용지의 확보와 용수·전력 등 지원시설의 설치가 쉬운 지역 중에서 지정한다.

유치지역은 공장의 계열화·집단화 등을 통하여 맞춤형산업단지의 조성이 필요한 자의 신청에 의하여 지정할 수도 있으며, 산업통상자원부장관은 지정된 맞춤형산업단지의 활성화를 위한 지원시책을 마련하여 지원할 수 있다. 또 유치지역에는 과밀억제권역에서 이전을 희망하는 공장을 우선 입주하게 할 수 있다(산업집적법 제23조~제24조).

II. 공장입지유도지구

1. 공장입지유도지구의 지정

시장·군수는 계획관리지역에 3만~50만m^2 미만의 범위에서 공장입지유도지구를 지정할 수 있다. 이 경우에는 전략환경영향평가, 재해영향평가, 관계기관 협의, 도시계획위원회의 심의를 거쳐 지정사실과 지형도면을 고시하여야 한다(산업입지법 제40조의 2).

공장입지유도지구에 대한 지구단위계획구역 및 지구단위계획은 「국토계획법」제30조의 도시·군 관리계획의 결정에도 불구하고 공장입지유도지구지정권자가 결정하며, 지구단위계획에 대하여 필요한 사항은 「국토계획법」제52조의 지구단위계획의 내용에도 불구하고 국토교통부장관이 별도로 정할 수 있다.

2. 공장입지 유도지구의 특례

공장입지유도지구에서 공장설립을 승인하려는 경우에는 도시계획위원회 심의, 전략환경영향평가, 재해영향평가 등을 거치지 아니하고 승인할 수 있다. 공장설립 승인권자는 이 지구 내에서 공동 오·폐수시설이 설치되고, 수질유해물질 배출허용기준 이하로 배출되는 경우에는 공장설립을 승인할 수 있고, 비용이나 기반시설 등을 지원할 수 있다.

공장설립승인권자는 「국토계획법」용도지역 및 용도지구에서의 건축물의 건축 제한 등에도 불구하고 개인하수처리시설 및 수질오염방지시설을 기준에 적합한 공동 오·폐수처리시설이 설치되고, 특정수질유해물질이 「물환경보전법」에 따른 배출허용기준 이하로 배출되는 경우에는 공장설립을 승인할 수 있으며 공장입지 유도지구 중 「하수도법」제34조제4항에 따른 개인하수처리시설 및 「물환경보전법」제35조에 따른 수질오염방지시설에 대하여 요건에 해당되는 지구일 경우 비용의 보조나 시설 지원을 할 수 있다(산업입지법 제40조의3).

III. 공장설립 제한지역

상수원보호구역의 상류지역이나 취수시설(광역상수도 및 지방상수도의 취수시설만을 말한다)의 상류·하류 일정지역으로서 아래 지역에서는 공장을 설립할 수 없다(수도법 제7조의2 제1항, 같은법시행령 제14조의2).

1. 상수원보호구역이 지정·공고된 지역

   1) 취수시설의 용량이 1일 20만㎥ 미만인 경우 상수원보호구역의 경계구역으로부터 상류로 유하거리(流下距離)[19] 10Km 이내인 지역
   2) 취수시설의 용량이 1일 20만㎥ 이상인 경우 상수원보호구역의 경계구역으로부터 상류로 유하거리 20Km 이내인 지역. 다만, 환경부령으로 정하는 수원을 취수하여 광역상수원으로 공급하는 경우에는 (1)항에 따른 지역으로 한다.

2. 상수원보호구역이 지정·공고되지 않은 지역

취수시설(환경부령으로 정하는 수원을 취수하여 광역상수원으로 공급하는 경우로서 환경부장관이 고시로 정하는 취수시설은 제외)로부터 상류로 유하거리 15Km 이내인 지역 및 하류로 유하거리 1Km 이내인 지역을 말한다.

3. 기타 지역

지하수를 원수로 취수(取水)하는 경우에는 취수시설로부터 1Km 이내인 지역 말한다.

IV. 공장설립 승인지역

공장설립제한지역 임에도 불구하고 시장·군수·구청장은 상수원에 미치는 영향 등을 고려하여 상수원 보호를 위하여 환경부령으로 정하는 준수사항을 지키는 조건으로 아래 지역에 환경부령으로 정하

---

[19] 수역의 중심을 지나는 직선을 기준선으로 하여 특정 지점에서 물이 흘러가는 방향으로 측정한 거리. 상수원 보호 등의 목적을 위하여 토지 이용을 규제하는 경우에 기준으로 사용된다(우리말샘 사전).

제2편 공장중개의 기본이론

는 공장의 설립을 승인할 수 있다(수도법 제7조의2의 제3항, 같은법 시행령 제14조의3).

1. 유하거리 초과지역

공장설립 제한지역의 상수원보호구역이 지정·공고된 경우와 상수원보호구역이 지정·공고되지 않은 경우의 지역 중 취수시설로부터 상류로 유하거리 7Km를 초과하는 지역

2. 유하거리 이내지역

공장설립 제한지역의 상수원보호구역이 지정·공고된 경우와 상수원보호구역이 지정·공고되지 않은 경우의 지역 중 취수시설로부터 상류로 유하거리 4Km 초과 7Km 이내인 지역으로서 하천 또는 호소[20]의 경계로부터 500미터 이내의 지역을 제외한 지역

V. 재생사업지구

1. 재생산업지구의 지정

재생사업지구는 산업구조의 변화, 산업시설의 노후화 및 도시지역의 확산 등으로 산업단지 또는 공업지역의 재생이 필요한 경우, 산업기능의 활성화를 위하여 산업단지 또는 공업지역 및 산업단지 또는 공업지역의 주변 지역에 지정·고시되는 지구를 말한다(산업입지법 제2조제10호).

---

[20] "호소"란 다음 하나에 해당하는 지역으로서 만수위(滿水位)[댐의 경우에는 계획홍수위(計劃洪水位)를 말한다] 구역 안의 물과 토지를 말한다(물환경보전법 제2조).
  가. 댐·보(洑) 또는 둑(「사방사업법」에 따른 사방시설은 제외한다) 등을 쌓아 하천 또는 계곡에 흐르는 물을 가두어 놓은 곳,
  나. 하천에 흐르는 물이 자연적으로 가두어진 곳,
  다. 화산활동 등으로 인하여 함몰된 지역에 물이 가두어진 곳

재생사업지구의 지정권자는 시·도지사 또는 시장·군수·구청장이다. 지정권자는 산업구조의 변화, 산업시설의 노후화 및 도시지역의 확산 등으로 산업단지 또는 공업지역의 재생이 필요한 경우에는 해당 산업단지 또는 공업지역을 재생사업지구로 지정할 수 있다. 부분 준공을 포함하여 준공된 후 20년 이상 지난 산업단지 또는 공업지역을 우선하여 지정하여야 한다.

그리고 재생사업지구지정권자는 효과적인 재생사업을 위하여 필요할 때에는 산업단지 또는 공업지역의 주변 지역을 포함하거나 지리적으로 연접하지 아니한 둘 이상의 지역을 하나의 재생사업지구로 지정할 수 있다.

2. 행정구역 경계 지점의 재생산업지구 시행

재생사업지구가 둘 이상의 시·도 또는 시·군·구에 걸쳐 있는 경우에는 관계 시·도지사 또는 시장·군수·구청장이 협의하여 재생사업지구의 지정권자를 정하며 산업단지 또는 공업지역의 일부에 대하여 시행할 수 있다(산업입지법 제39조의2).

VI. 성장관리계획구역

1. 성장관리계획구역의 의의

"성장관리계획구역"이란 지역특성, 개발여건 등을 고려하여 계획적 개발 및 관리를 통한 난개발 방지를 목적으로 성장관리계획을 수립하기 위하여 설정한 지역 또는 성장관리계획이 수립된 지역을 말한다.

그리고 "성장관리계획"이란 성장관리계획구역에서의 난개발을 방지하고 계획적인 개발을 유도하기 위하여 수립하는 계획을 말한다(성장관리계획수립지침 [국토교통부훈령 제1428호] 1-2-1~2).

2. 성장관리계획구역의 지정

성장관리계획구역은 「수도권정비계획법」의 과밀억제권역, 성장관리권역, 자연보전권역으로 나누어 수도권에 과도하게 집중된 인구와 산업을 적정하게 배치하도록 유도하는 성장관리권역의 내용과 전혀 다른 개념이다.

특별시장·광역시장·특별자치시장·특별자치도지사·시장·군수는 녹지지역, 관리지역, 농림지역 및 자연환경보전지역 중에서 개발수요가 많아 무질서한 개발이 진행되고 있거나 진행될 것으로 예상되는 지역, 주변의 토지이용이나 교통여건 변화 등으로 향후 시가화가 예상되는 지역, 주변지역과 연계하여 체계적인 관리가 필요한 지역, 「토지이용규제법」 제2조제1호에 따른 지역·지구등의 변경으로 토지이용에 대한 행위제한이 완화되는 지역 그리고 난개발의 방지와 체계적인 관리가 필요한 지역으로서 대통령령으로 정하는 지역의 전부 또는 일부에 대하여 성장관리계획구역을 지정할 수 있다(국토계획법 제75조의2 제1항).

3. 성장관리계획구역의 지정 기준

성장관리계획구역은 비시가화지역 중 다음에 해당하는 지역의 전부 또는 일부를 대상으로 지정한다(성장관리계획수립지침 3-2-1).

1) 개발수요가 많아 무질서한 개발이 진행되고 있거나 진행될 것으로 예상되는 지역

2) 주변의 토지이용이나 교통여건 변화 등으로 향후 시가화가 예상되는 지역
3) 주변 지역과 연계하여 체계적인 관리가 필요한 지역
4) 「토지이용규제법」 제2조제1호에 따른 지역·지구 등의 변경으로 토지이용에 대한 행위제한이 완화되는 지역
5) 인구감소, 경제성장 정체 등으로 압축적이고 효율적인 도시성장관리가 필요한 지역
6) 공장, 제조업소 및 축사 등과 입지 분리 등을 통해 쾌적한 주거환경 조성이 필요한 지역
7) 그 밖에 난개발의 방지와 체계적인 관리가 필요한 지역으로서 도시·군계획조례로 정하는 지역

4. 성장관리계획구역의 지정절차

성장관리계획구역의 지정절차는 아래와 같다.

[그림 3] 성장관리계획구역의 지정절차

```
        기초 조사
           ⇩
    성장관리계획구역안 입안
           ⇩
     주민·지방의회 의견 청취
           ⇩
       관계 행정기관 협의
           ⇩
      지방도시계획위원회 심의
           ⇩
   성장관리계획구역 지정 및 고시
           ⇩
          일반 열람
```

자료 : 성장관리계획수립지침 5-1-1 [국토교통부훈령 제1428호]

5. 성장관리계획구역의 건폐율과 용적률의 완화

성장관리계획구역의 수립 시에는 도시·군계획조례로 건폐율을 계획관리지역은 50%이하, 자연녹지지역, 생산녹지지역, 생산관리지역, 농림지역은 30%이하로 완화하여 적용할 수 있으며 용적률은 계획관리지역에서 125% 이하로 완화하여 적용 할 수 있다(성장관리 계획 수립지침 4-5-2).

6. 성장관리방안 수립지역 계획관리지역의 공장입지

개별입지의 공장 설립등은 「국토계획법」 제71조 용도지역 안의 건축제한 규정 중에서 제일 많이 이루어지고 있는 지역으로 계획관리지역이라고 할 수 있다. 2024. 01. 27. 시행한 「국토계획법 시행령」 제71조제1항제19호 관련 <별표 20> 계획관리지역 안에서 건축할 수 없는 건축물의 공장 건축관련 내용 중 「건축법 시행령」 <별표 1> 제4호 너목의 시설인 제2종 근린생활시설 중 「대기환경보전법」·「물환경보전법」·「소음·진동관리법」에 따른 배출시설의 설치 허가 또는 신고의 대상이 아닌 $500m^2$ 미만인 제조업소는 성장관리방안이 수립 되지 않은 지역에서는 제조업의 공장을 할 수 없다.

또한 「건축법 시행령」 <별표 1> 제17호의 공장 중 성장관리방안이 수립된 지역에서 「대기환경보전법」 관련 1종~3종 사업장, 「물환경보전법」 관련 특정 수질유해물질이 기준 이상으로 배출되는 사업장과 제1종사업장~제4종사업장, 재이용·전량유입 또는 위탁처리 하는 시설을 제외한 화학제품시설(석유정제시설 포함)사업장, 제1차 금속, 가공금속제품 및 기계장비 제조시설 중 「폐기물관리법 시행령」 <별표 1> 제4호에 따른 폐유기용제류 발생 사업장, 가죽 및 모피를 물 또는 화학약품을 사용하여 저장하거나 가공하는 사업장, 섬유제조시설 중 감량·정련·표백 및 염색 시설 공장,「수도권정비계획법」에 따른 자연보전권역 및 「환경정책기본법」에 따른 특별대책지역에 설치되는 부지면적 1만㎡ 미만의 사업장은 공장설립등을 할 수 없다.

즉, 개정된 법령에 의하면, 계획관리지역 내의 성장관리방안이 수립된 지역에만 공장설립등을 하도록 허용하되 건폐율·용적률을 시·군 계획 조례로 완화하겠다는 취지인 것이므로 「국토계획법 시행령」 제71조제1항제19호 관련 <별표 20> 계획관리지역 안에서 건축할 수 없는 건축물을 확인하여야 하고 시·군의 성장관리방안 수립내용을 확인하여야 한다.

제2편 공장중개의 기본이론

Learning Point

○ 공장입지의 지역지구
- 유치지역
  · 15만㎡ 이상의 공장용지 조성이 필요한 경우
  · 산업용지 확보, 용수·전력 등 지원시설 설치 쉬운지역 중 지정
- 공장입지 유도지구
  · 계획관리지역 3만~50만㎡ 미만 범위에서 지정
  · 개인하수처리시설, 수질오염방지시설 비용의 보조나 시설지원
- 공장설립 제한지역
  · 상수원보호구역 지정·공고된 지역
    취수시설용량 1일 20만㎥미만 ▶ 경계구역 상류 유하거리 10Km 이내 지역, 취수시설용량 1일 20만㎥이상 ▶ 경계구역 상류 유하거리 20Km 이내인 지역
  · 상수원보호구역이 지정·공고되지 않은 지역
    취수시설 상류 유하거리 15Km 이내 지역
        하류 유하거리 1Km 이내 지역
  · 기타 지역
    지하수 원수로 취수하는 경우 ▶ 취수시설 부터 1Km 이내 지역
- 공장설립 승인지역
  공장설립제한지역 ▶ 준수사항(환경부령) 준수조건 공장설립가능
  · 유하거리 초과지역 ▶ 취수시설 상류 유하거리 7Km를 초과 지역
  · 유하거리 이내지역 ▶ 취수시설 상류 유하거리 4Km~7Km 지역
- 재생산업지구
  준공 20년 이상 산업단지·공업지역 우선지정
- 성장관리계획구역
  건폐율 ▶ 계획관리지역 50%이하, 자연녹지지역, 생산녹지지역, 생산관리지역, 농림지역은 30%이하 완화 적용
  용적률 ▶ 계획관리지역 125% 이하 완화 적용 할 수 있음.

제4장 공장설립과 등록 및 제조시설의 설치

제1절 공장설립의 의의와 유형

I. 공장설립의 의의

공장설립은 「산업집적법」에 의하여 공장의 신설·증설·이전·업종변경·제조시설설치등의 승인(변경승인)과 산업단지의 입주계약과 변경, 자유무역지역의 입주허가, 「중소기업창업법」에 의한 사업계획승인, 「산업입지법」에 의한 실시계획 승인 등의 모든 행위를 포괄적으로 하는 개념이라고 할 수 있다.

공장의 신설이란 건축물을 신축(공작물 축조 포함)하거나 기존 건축물의 용도를 공장용도로 변경하여 제조시설등을 설치하는 것을 말한다.

공장의 증설이란 등록된 공장의 공장건축면적 또는 공장부지면적을 넓히는 것을 말한다.

업종변경이란 공장설립등의 승인을 받은 공장 또는 등록된 공장의 업종을 다른 업종으로 변경하거나 해당 공장에 다른 업종을 추가하는 것을 말한다(산업집적법 제2조).

「산업집적법」 제13조에서는 공장의 신설·증설 또는 업종변경을 "공장설립등"이라 칭한다. 그러므로 이 책에서도 공장설립등이라는 용어를 사용한다.

Learning Point

○ 공장설립의 의의
- 공장설립 : 공장의 신설·증설하는 것
- 공장신설 : 건축물 신축(공작물 축조), 건축물을 공장용도로 변경하여 제조시설등 설치하는 것
- 공장증설 : 공장건축면적, 공장부지면적 확장하는 것
- 업종변경 : 등록공장 업종을 다른 업종으로 변경, 다른 업종 추가

II. 공장설립의 유형

1. 개별입지

개별입지의 경우 계획입지 외의 지역에서 공장설립승인은 공장을 신축하거나 기존공장 건축물을 이용하여 공장건축 면적(제조시설)이 500㎡ 이상인 공장을 설립하고자 하는 경우이다.

또한 공장건축면적이 500㎡미만인 경우에도 허가·신고·면허·승인·해제 또는 용도폐지 등의 의제를 받으려는 자는 공장설립등의 승인을 받을 수 있다(산업집적법 제13조제3항).

2. 계획입지

계획입지의 경우 공장설립이란 국가·공공단체·민간기업이 공장을 집단적으로 설립·육성하기 위하여 일정지역을 선정하여 포괄적인 계획에 따라 개발한 일단의 공업용지에 입주하는 것을 말한다.

III. 개별입지와 계획입지의 비교

1. 개별입지

개별입지는 적기적소에 공정설립이 가능하고 용지가격이 저렴하다. 그리고 개발이익이 상대적으로 크며 기존 지역과 연계가 용이하

고 용도변경이 자유롭고 증축 등 사업 확장이 용이하다. 그러나 공장 설립이 복잡하고 기반시설이 취약할 수 있으며 환경처리 비용 등이 과다하게 드는 단점이 있다. 그리고 협업·기술교류·정보교환이 어려운 편이다.

2. 계획입지

계획입지는 기반시설이 양호하고 공장 집단화에 따른 협업·기술교류·정보교환이 용이하다. 그리고 환경처리비용이 저렴하며 공장설립 절차가 간편하다. 그러나 적기적소에 공장용지의 공급이 곤란하고 용지가격이 높은 편이며 용도변경이 어렵고 사업 확장을 위한 증축이 곤란한 점이 있다.

<표 8> 개별인지와 계획입지 비교

내 용	개별 입지	계획 입지
용지가격	낮은 편임	높은 편임
기반시설	개별적 개발, 취약	계획적 개발, 양호
업종 변경	가능(법령위반×)	지구단위계획 변경
협업·기술교류·정보교환	어려운편	용이
용도 변경	자유롭다	어렵다
공장증설(부지확장)	쉬운편 임	어려운 편임

자료 : 저자작성

IV. 공장의 설립 방법

1. 계획입지의 공장설립 방법

1) 입주기준 공고에 따른 입주계약 신청

계획입지에 대한 입주기준 공고내용은 입주대상 업종과 입주자격, 입주 우선순위, 면적과 가격, 입주계약조건 등을 공고하며, 공고방법은 주로 "공장설립 온라인지원시스템"(www.femis.go.kr, 온라인민원 계획입지)에 15일 이상 게재하며, 필요시에는 일간신문 등에 공고하는 방법을 병행하기도 한다.

입주계약 신청 시에는 입주계약신청서에 소정의 기재사항을 기재하고, 사업계획서, 기타 입주자격 및 우선순위 입증서류 등을 첨부하여 제출한다.

2) 입주심사와 대상자선정 및 입주계약 체결

입주계약 신청에 대한 입주심사는 사업계획서상 입주자격 및 대상업종을 검토하고, 신청자가 경합시에는 우선순위 등에 의거하여 입주대상자를 선정한다.

입주계약의 체결은 입주심사에서 선정된 자와 산업단지 등 계획입지 관리권자(산업단지공단, 지자체 등)가 당사자로서 체결하는 계약인데, 계약의 주요내용은 입주를 희망하는 공장용지를 공급하는 대가를 지급하고 입주하되, 산업단지 관리규약에 따르기로 하면서 일정한 관리비를 부담하기로 하는 약정이 된다.

3) 공장건축허가와 준공 및 제조시설 설치승인

입주계약이 체결되고 나면 공장과 부대시설을 건축하기위해서 토목과 건축 설계를 준비해서 허가를 받아 시공업자와 건축공사 도급계약을 체결하여 건축공사를 착공하여 준공검사와 사용승인을 받는다. 그런 뒤 제조기계시설 설치를 승인받아 설치작업을 하고 시험가동이 적합하여 공장설립 완료신고가 되면 공장등록서를 교부받으므로써 공장설립 절차를 마무리하게 된다.

 2. 개별입지의 공장설립 방법

 1) 공장설립 가능 용도지역 내 설립

예정하는 제조업종의 공장설립이 가능한 용도지역 내라면, 공장설립계획 또는 창업사업계획의 승인을 신청하여 시장·군수의 승인을 받는다.

그리고 토목과 건축설계를 하여 인·허가를 받고 시공업체를 선정하여 진입도로 개설과 확·포장공사를 하고 공장과 부대시설을 착공하여 완공하면 준공검사와 사용승인을 받는다. 그런 뒤 제조기계설치 승인을 받아 시험가동이 적합하면, 공장설립 완료신고에 따라 공장등록증을 교부받으면 공장설립 절차가 완료된다.

 2) 용도지역 변경을 통한 공장설립

도시지역이나 관리지역, 농림지역 등에서 해당 토지가 공장설립이 불가한 경우에 공장을 설립하기 위해서는 용도지역을 변경할 수 밖에 없을 것이다. 용도지역 변경은 시.도지사가 도시관리계획 변경으로 결정하거나(국토계획법 제36조). 개별공장설립을 위한 입지지정 신청을 하여야 하며, 시장·군수는 「산업입지개발지침」에서 규정하는 입지선정기준을 검토하여 승인 여부를 결정할 수 있다(산업입지개발지침(2005. 5. 6) 제5장 제20조~제26조).

제2편 공장중개의 기본이론

공장의 건축면적 또는 이에 준하는 사업장의 면적이 $1000m^2$ 미만인 소기업이 수도권 외의 지역에서 공장을 신축. 증축. 이전하는 경우에는 농지보전부담금, 대체산림자원조성비, 개발부담금 등을 면제한다 (중소기업진흥법 제62조의10 제2조).

―― Learning Point ――
○ 계획입지 공장설립 방법
- 입주기준 공고에 따른 입주계약 신청
  공고방법 : "공장설립 온라인지원시스템"
      (www.femis.go.kr, 온라인민원 계획입지)
- 입주심사 · 대상자선정 및 입주계약 체결
- 공장건축허가와 준공 및 제조시설 설치승인

○ 개별입지의 공장설립 방법
- 공장설립 가능 용도지역 내 설립
- 용도지역 변경을 통한 공장설립

제2절 공장설립 절차와 간소화 제도

I. 공장설립과 승인 절차

1. 공장설립 절차

1) 공장설립 부지 선정

공장입지기준 확인에 의한 입지분석과 공장설립 유형에 따라 개별입지의 경우 토지이용계획확인원, 소규모환경영향평가 검토 대상 분석, 공장총량 및 오염총량 분석, 도로, 기반시설 등의 토지개발 분석과 상·하수도, 전기등의 주변 환경 분석을 하여야 하며 계획입지의 경우 산업단지의 기본계획에 따라야 한다.

2) 공장설립과 창업사업계획

공장설립 신청서 및 사업계획서와 구비서류를 해당 시·군 공장설립 담당부서에 접수하여야 한다.

그리고 시장·군수·구청장은 「중소기업창업법」에 따른 창업기업의 공장 설립계획의 승인을 받은 자에 대하여 공장 설립계획의 승인 또는 공장 건축허가를 취소하는 경우에 그 토지의 원상회복을 명하지 아니하고 다른 기업의 신청에 의하여 해당 토지에 공장설립등의 승인을 할 수 있다(산업집적법 제19조의3제1항).

3) 관계부서 협의

시·군·구는 관련 법률의 적용에 의한 복합민원 심의와 입지적정성 및 타당성 검토, 환경관련 검토, 건축허가 가능여부를 확인하기 위해 관계부서의 협의를 거친다.

4) 공장설립계획 승인서 발급

공정 설립 인·허가 부서의 처리기간은 20일이다. 관계부서에서 협의가 되면 공장설립승인서가 발급되며 인·허가 등의 의제 내용을 확인하고 주의사항을 열람하여야 한다.

5) 토목공사 및 건축허가

공장부지 허가, 토지의 측량과 성토·절토·벌채·묘지정리·폐기물처리·옹벽 설치 공사 등의 행위가 선행되어 공장용지 토목공사를 진행하고 건축허가 신청에 의한 착공신고, 건축물 사용승인검사로 진행된다.

6) 공장설립 완료 신고와 제조시설 설치승인

공장 가동에 필요한 제조시설을 설치하고 기계 설치 완료 후 2개월 이내 공장 설립 완료 신고, 제조시설설치 승인을 받아야 한다.

Learning Point

○ 공장설립 절차
   설립 부지선정 → 공장설립신청서(사업계획서) 접수 →
   관계부서 협의 → 공장설립계획승인서 발급 → 토목공사·건축허가
   → 공장설립완료신고 / 제조시설설치승인(2개월 이내)

---

2. 공장설립의 승인절차

공장설립등의 승인 또는 그 변경승인을 받으려는 자는 시장·군수·구청장에게 공장설립등의 승인신청서, 사업계획서, 「산업집적법 시행규칙」<별표 1>에 의한 서류. 타인 소유 공장 일 경우 사용권 증명 서류를 구비하여 관계기관에 제출해야 한다. 둘 이상의 시·군·구에 걸치는 부지는 건축면적이 가장 많은 구역 시장·군수·구청장

에게 제출해야 하며 접수를 받은 관계부서는 아래와 같은 승인 절차를 거친다.

[그림 4] 공장설립의 승인절차

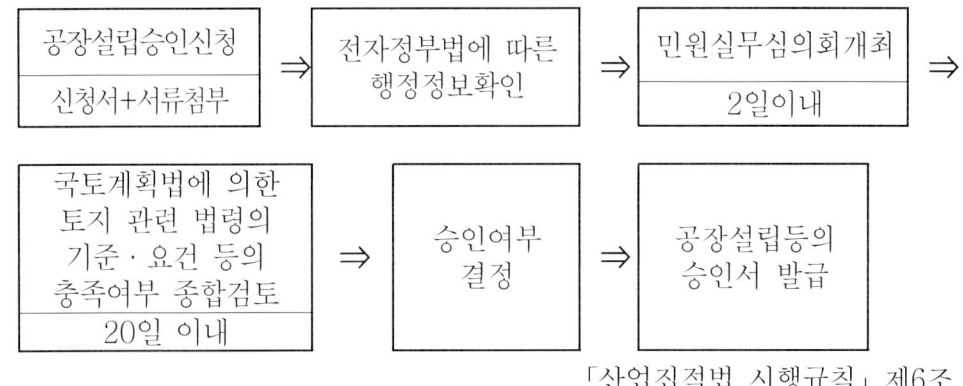

「산업집적법 시행규칙」 제6조

II. 공장설립 절차 간소화제도

1. 인허가 관련 상담·자문신청

토지이용 인·허가를 신청하려는 자가 토지이용 인·허가 요건 및 절차 등에 대하여 상담·자문을 받으려는 경우에는 토지이용 인·허가 전담센터를 방문하거나 통합인·허가지원시스템을 이용하여 상담·자문을 신청할 수 있다.

그리고 허가권자는 접수한 날부터 7일 이내 인·허가 관련 정보를 제공하여야 하고 연장이 필요할 경우 한차례 7일을 연장할 수 있다(토지인허가간소화법 제8조제1항~제3항).

2. 토지소유권·사용권 확보 전 사전심의신청

토지이용을 하려는 자는 토지 소유권·사용권을 확보하지 못한 경우도 토지이용 인·허가 신청 전에 해당 토지이용 인·허가를 위하여 거쳐야 하는 사전 심의를 인·허가권자에게 신청할 수 있다. 그리고 인·허가권자는 사전심의 신청을 받은 경우 해당 위원회의 심의를 신청일부터 30일 이내에 완료하여야 한다(같은법 제9조제1항~제2항).

3. 인·허가 관련 기관·부서 일괄협의

토지이용 인·허가권자는 인·허가 과정에서 관계 행정기관의 장, 시·도지사, 시장·군수·구청장, 유관기관의 장 등과 협의가 필요한 경우 해당 토지이용 인·허가와 관련한 모든 협의절차를 동시에 착수하여야 한다. 다만 토지이용 인·허가 신청인이 분리 또는 순차협의를 신청하는 경우에는 그에 따른다. 그리고 서류의 보완을 요구한 경우 서류가 제출된 때 지체 없이 협의절차를 진행하여야 한다(같은법 제10조).

4. 인·허가 협의기간

토지이용 인·허가권자, 관계 행정기관의 장 및 유관기관의 장은 특별한 사유가 없으면 인·허가 신청·접수 후 10일 이내 그리고 위원회 심의 요청 일부터 30일 이내 절차를 완료하여야 한다.

그리고 토지이용 인·허가권자등은 보완요구 1회, 위원회 재심의 2회에 한정하며 이러한 횟수를 초과하여 토지이용 인·허가 신청인에게 관련 서류의 보완을 요구하거나 재심의를 할 수 없다(같은법 제11조).

5. 통합 인·허가지원시스템 구축·운영

토지이용 인·허가권자는 토지이용 관련 법률 및 인·허가 이력사항 등 정보 제공, 인·허가 신청인의 신청 접수 및 결과 확인, 관계 행정기관 및 유관기관과의 업무협의 지원, 성과보고 및 평가, 인·허가 상담·자문 신청 및 결과 통보, 주민 의견 수렴을 위한 지원, 그

제4장 공장설립과 등록 및 제조시설의 설치

밖에 인·허가 정보 제공, 절차 개선 및 지원에 관한 사항의 기능을 수행하기 위하여 통합인·허가지원시스템을 구축·운영해야 한다(같은법 제16조).

Learning Point

○ 공장설립 지원제도
　인·허가 상담 자문신청(전담센터, 통합인·허가지원시스템)
　(7일 이내 정보제공, 7일 연장가능)
　　　　　　▽
　토지소유권·사용권 확보 전 사전심의신청 (30일 이내 완료)
　　　　　　▽
　인·허가 관련 기관·부서 일괄협의
　(신청접수 후 10일 이내, 위원회 심의요청일부터 30일 이내 완료)

※ 통합 인·허가지원시스템 구축·운영

제3절 공장설립 지원제도 및 지원기관

I. 공장설립 지원제도

1. 공장설립온라인지원시스템 설치운영

지자체의 장 및 관리기관은 "공장설립온라인지원시스템"을 이용하여 공장설립등의 승인 업무, 공장 건축허가 등 업무, 공장의 신설 등의 제한 업무, 공장 이전의 확인 업무, 지식산업센터의 설립 등의 업무, 산업용지 등의 처분제한 업무, 경매 등에 의한 산업용지 등의 양도 관련 업무를 운영하고 있다.

그리고 입주계약 해지 후의 재산처분 등의 업무, 공장 입지·건축·등록에 따른 보고 및 자료제출 기타 공장설립온라인지원시스템의 업무 신청 또는 자료의 제출에 관한 전자신청 업무 등을 하게 할 수 있다(산업집적법 제6조의 2 제2항).

1) 온라인 공장설립지원

한국산업단지공단의 "팩토리온(Factory on)"(www.factoryon.go.kr)은 개별입지 관련 업무로 공장설립 승인·신설·증설·업종변경 업무, 제조시설설치 업무, 공장설립계획과 변경신고 및 승인과 등록 업무, 공장 신규등록 및 완료신고 업무, 공장 부분등록 및 변경 업무, 건축물등록 업무 등이 있다.

그리고 계획입지와 관련 업무는 산업단지 입주계약과 산업단지 공장의 등록변경 및 완료신고 업무, 사업개시신고 업무, 공장 부분등록 및 건축물등록 업무, 입주계약 해지와 취하 업무 등이 있다. 또한 온라인 민원 업무와 공장설립 교육과 증명서 발급 등의 업무를 하고 있다.

2) 스마트산단 공유형 플랫폼

한국산업단지공단의 "스마트 케이-팩토리(K-Factory)"(www.kicox.or)는 전국 등록 공장 검색과 지도로 보는 공장현황을 알 수 있게 하고 영상홍보관, 특별전시관, 제품 홍보관을 통해 제품을 홍보 할 수 있다. 그리고 스마트 매칭서비스, 제조거래 신청과 제조거래 센터를 개설하여 거래시장의 활성화에 기여하고 있다.

2. 공장설립지원센터 설치

공장설립지원센터는 공장설립과 관련한 입지 선정의 상담, 각종 자금 알선 및 세금 감면의 안내, 공장설립온라인지원시스템의 운영, 각종 공장설립에 관한 업무(공장의 건축허가 신청 등 관련 업무 포함)의 처리 및 대행 업무를 하고 있다. 또한 공장설립에 관한 지원업무를 수행하기 위하여 한국산업단지공단에 공장설립지원센터를 두고 있다. 그리고 공장을 설립하려는 자는 서류의 작성·제출 등의 업무대행을 지원센터의 장에게 의뢰할 수 있으며(같은법 제7조의2 제1항~제2항), 지원센터의 업무는 한국산업단지공단 지역본부와 지사 13개소에서 처리하고 있다.

3. 기업입지지원단과 산업입지연구센터 설치

시·도지사는 공장설립과 관련한 입지선정을 지원하고 공장의 입지정보를 제공하기 위하여 기업입지지원단을 설치·운영할 수 있다(같은법 제7조의4 제1항), 그리고 국내외 산업입지 현황에 관한 정보의 제공 등 기업의 산업입지 관련 사업의 효율적인 지원·조사·연구 및 자문 등을 위하여 산업단지공단에 산업입지연구센터를 두고 있다.(같은법 제7조).

4. 공장설립 옴부즈만사무소 설치

공장설립 옴부즈만사무소는 공장설립 관련 기업의 애로사항·건의사항의 접수·조사 및 처리, 공장설립 관련 행정규제의 완화 및 정비방안 마련, 공장설립 관련 제도의 개선방안 마련 및 관계 행정기관에 대한 이행 건의 등을 위하여 한국산업단지공단 내에 공장설립옴부즈만사무소를 두고 있다. 또한 사무소의 장은 공장설립에 관한 애로사항 등의 처리 업무를 수행하고 관계 행정기관·유관기관에 협조를 요청할 수 있으며 협조요청을 받은 기관은 10일 이내에 의견을 통보하여야 한다(같은법 제7조의3 제1항제2항).

II. 공장설립 지원기관

1. 산업통상자원부

산업통상자원부는 공장설립 절차대행, 기업의 창업 및 공장설립을 촉진하기 위해 전국 13개 지역에 공장설립지원센터를 설치하여 운영하고 있다. 그리고 전국 공장설립지원센터 현황은 한국산업단지공단의 공장설립온라인지원시스템에서 확인할 수 있다.

2. 중소벤처기업부와 기업청

중소벤처기업청은 지방에 중소벤처기업청을 두고 있으며 중소벤처24, K-스타트업, 중소기업현황정보시스템, 기업과 소상공인의 구매종합 정보망 등의 중소기업 정보서비스 등을 제공하고 있다. 그리고 지방중소기업청을 통해 공장설립을 비롯하여 보조금지원, 이자지원, 인력지원, 자금지원, 세제지원 등의 업무를 하고 있으며 상세한 내용은 별도로 편찬 예정인 "정부지원을 활용한 공장중개실무" 책에서 다루기로 한다.

3. 도·시·군·구청

지자체는 경제부서에 기업관련 종합계획을 수립하여 공장설립에 관한 총괄 민원 및 홍보 업무에 관한 공장설립 민원실을 설치하고 공장관련 업무를 지원하고 있으며 상세한 내용은 각 지자체의 홈페이지를 통하여 확인 할 수 있다.

제4장 공장설립과 등록 및 제조시설의 설치

Learning Point

○ 공장설립 지원제도
- 온라인 공장설립지원
  한국산업단지공단
  "팩토리온(Factory on)" (www.factoryon.go.kr)
- 스마트산단 공유형 플랫폼
  한국산업단지공단
  "스마트 케이-팩토리(K-Factory)" (www.kicox.or)
- 공장설립지원센터
  한국산업단지공단 내 공장설립온라인지원시스템 운영
- 공장설립 옴부즈만사무소 설치
  한국산업단지공단 내 공장설립옴부즈만사무소 운영
  공장설립 기업 애로사항·건의사항 접수·조사 처리 등

○ 공장설립 지원기관
- 산업통상자원부
- 중소벤처기업부 / 기업청
- 도·시·군·구청

제4절 공장설립의 승인과 등록

I. 공장설립의 승인

1. 공장설립 승인의 법적근거

공장 설립의 법적 근거는 「산업집적법」 제13조제1항에서 공장 건축면적이 500㎡ 이상인 공장설립등을 하려는 자는 시장·군수·구청장의 승인을 받아야 한다고 정하고 있으며 승인을 받은 사항을 변경하려는 경우에도 승인을 받아야 한다고 규정하고 있다.

또한 공장 건축면적이 500㎡ 미만인 경우에도 허가·신고·면허·승인·해제 또는 용도폐지 등의 의제(擬制)를 받으려는 자는 공장설립등의 승인을 받을 수 있다고 규정하고 있다(같은법 제13조제3항).

그러므로 건축면적이 500㎡ 이상인 경우는 절대적인 공장설립 승인 사항이고 건축면적이 500㎡ 미만인 경우는 임의적인 공장설립 승인 사항이라고 볼 수 있다.

2. 공장설립등의 승인 의제

공장설립승인을 받아야 함에도 불구하고 공장설립 등의 승인을 받은 것으로 보는 경우는 다음과 같다.

1) 행위 제한의 완화에 의한 승인

「수도권정비계획법」에 따른 국민경제의 발전과 지역주민의 생활환경 조성 등을 위하여 부득이하다고 인정하여 과밀억제권역에서의 행위제한의 완화에 의하여 허용하는 공장의 신설·증설·이전의 승인을 받은 경우(산업집적법 제20조제1항, 같은법 시행령 제26조).

2) 산업단지 입주계약

산업단지에서 제조업을 하기 위하여 관리기관과 그 입주에 관한 계약을 체결한 경우(산업집적법 제38조).

3) 자유무역지역 입주허가 등

「자유무역지역법」에 따른 입주허가, 「중소기업창업법」에 따른 공장 설립계획의 승인, 「산업입지법」에 따른 실시계획의 승인을 받은 경우(산업직접법 제19조제4항)

3. 공장설립등의 승인(변경승인) 신청

공장 설립등의 승인(변경승인) 신청은 「산업집적법 시행규칙」의 [별지 제5호서식] 공장 설립등의 승인(변경승인) 신청서에 의하여 작성 제출하여야 한다. 작성서식은 공장의 신설·증설·이전·업종변경·제조시설설치의 승인과 변경신청에 함께 사용하며 작성 방법은 다음과 같다.

1) 신청인

회사명을 기재하고 법인일 경우 법인등록번호, 사업자등록번호 대표자 성명, 대표자의 주소 또는 법인의 본점 소재지와 창업 해당여부를 기재한다.

2) 승인 신청사항

공장 소재지와 지목, 용도지역, 업종과 생산품, 한국표준산업분류에 의한 분류번호, 첨단업종 여부, 공사 착공과 준공 예정일, 공장부지 면적, 제조시설의 면적과 부대시설의 면적 종업원의 수 등 규모에 관한 사항을 기재한다.

3) 기존 공장 사항

기존 공장의 회사명, 대표자, 한국산업분류코드에 의한 업종과 분류번호을 기재한다. 그리고 기존공장의 부지면적과 제조시설 및 부대시설의 면적을 기재하고 변경승인 시에는 변경승인 신청사항을 기재한다.

4) 첨부 서류

사업자등록증, 법인인 경우 법인등기부등본,「산업집적법 시행규칙」[별지 제2호의2서식]의 사업계획서, 같은법 시행규칙 [별지 제5호의3서식]에 따른 인·허가명세서와 같은법 시행규칙 <별표 1>에 따른 첨부서류와 타인 소유의 토지 및 건축물을 사용하는 경우에는 그 사용권을 증명할 수 있는 서류를 첨부하여야 한다.

Learning Point

○ 공장설립 승인
- 절대적 공장설립 승인
  공장건축면적 500㎡ 이상 공장
- 임의적 공장설립 승인
  공장건축면적 500㎡ 미만 공장

○ 공장설립 승인의제
- 행위제한의 완화에 의한 승인
- 산업단지 입주계약
- 자유무역지역 입주허가 등

○ 공장설립등의 승인(변경승인) 신청
- 신청인
- 기존공장사항
- 승인신청사항
- 첨부서류

제4장 공장설립과 등록 및 제조시설의 설치

4. 공장설립등의 승인절차

공장 설립등의 승인을 받으려는 자는 서류를 구비하여 시장·군수·구청장에게 제출해야 한다. 그리고 둘 이상의 시·군·구에 걸치는 부지에 공장 설립등을 하려는 때에는 공장 건축면적이 가장 많이 포함된 구역을 관할하는 시장·군수 또는 구청장에게 제출해야 하며 시장·군수·구청장은 공장 설립등의 승인신청을 받은 경우에는 그 신청이 관계법령에 적합한지를 검토하여 승인 여부를 결정하여야 한다(산업집적법 시행령 제19조).

1) 공장설립등의 승인절차

공장설립등의 승인절차와 행정기관의 처리과정은 다음과 같다.

[그림 5] 공장설립등의 승인절차

```
신청서 작성 ──────▶ 접    수
                      │
                      ▼
                 검토(관계 법령 등)
                      │
                      ▼
                   의 제 처 리
                 (해당 사항 포함 시)
                      │
                      ▼
                  승인서 작성
                      │
승인서 발급 ◀─────────┘
```

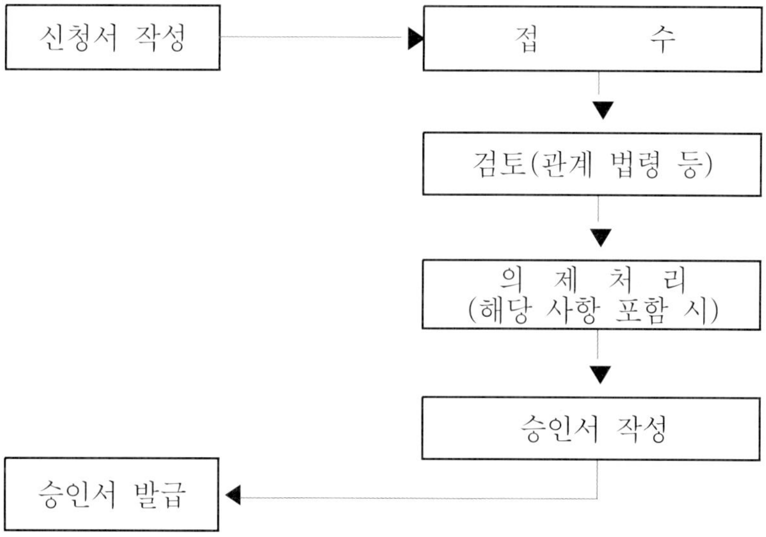

자료 : 「산업집적법 시행규칙」 [별지 제5호서식]

2) 공장설립등의 행정기관 처리과정

[그림 6] 공장설립등의 행정기관 처리과정

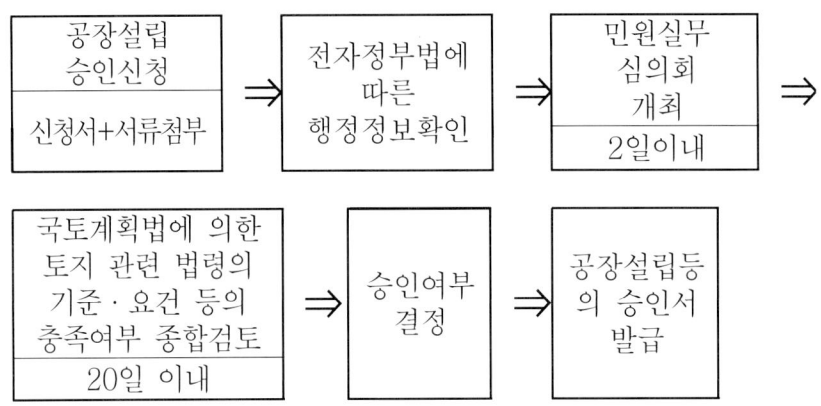

자료 : 「산업집적법 시행규칙」 제6조

5. 공장설립 승인사항 변경신고

경미한 사항인 회사명 또는 대표자 성명의 변경, 공장입지기준고시에 따른 업종분류 내에서의 업종의 변경의 경우에는 2개월 이내에 공장설립등 승인사항 변경신고서에 변경사항을 증명할 수 있는 서류를 첨부하여 시장·군수·구청장에게 신고하여야 한다(산업집적법 제13조, 같은법 시행규칙 제7조의2). 이 경우 변경신고를 하지 아니하고 승인된 사항을 변경한 자는 500만원 이하의 과태료의 처분을 받게된다(같은법 제55조제2항제2호).

6. 공장설립등의 승인취소

시장·군수·구청장은 공장설립등의 승인을 받은 자가 아래의 사유로 사업시행이 곤란하다고 인정하는 경우에는 그 공장설립등의 승인의 취소 및 해당 토지의 원상회복을 명할 수 있다(산업집적법 제13조의5).

1) 승인을 받은 날부터 3년이 지날 때까지 공장을 착공하지 아니하는 경우(농지전용허가·신고가 의제된 경우 2년)
2) 토지의 형질변경 허가 등이 취소되어 공장설립등이 불가능하게 된 경우
3) 공장설립등의 승인 및 제조시설의 설치승인을 받은 후 4년이 지난 날까지 완료 신고를 하지 아니하거나 공장착공 후 1년 이상 공사를 중단한 경우, 그러나 화재, 자연재해 등 천재지변으로 공장건설공사를 중단한 경우, 제조시설등에 필요한 자재·기계·장치 등의 공급지연 또는 멸실 등 자기 책임이 아닌 사유로 제조시설등의 설치를 중단한 경우, 재무구조 개선 또는 경영 정상화의 추진 등을 위하여 공장건설공사를 중단하거나 제조시설등의 설치를 중단한 경우, 시장·군수·구청장이 민원실무심의회의 심의를 거쳐 공사 중단의 사유가 있다고 인정하는 경우 등 기간 초과의 부득이한 사유로 인정되는 경우는 제외한다.
4) 공장설립등의 승인을 받은 부지 또는 건축물을 정당한 사유 없이 승인을 받은 내용과 다른 용도로 활용하는 경우
5) 공장설립 등의 승인기준에 미달하게 된 경우

제2편 공장중개의 기본이론

Learning Point

○ 공장설립 승인사항 변경신고
- 회사명·대표자·공장입지기준고시 업종분류 내 업종변경
  2개월 이내 변경신고 ▶ 위반 시 500만원 이하 과태료

○ 공장설립등 승인취소
- 승인일부터 3년 경과 미착공
- 토지 형질변경 허가 등 취소 공장설립등 불가능
- 승인일 후 4년 경과 완료 미신고
- 공장 착공 후 1년 이상 공사 중단
- 다른용도 사용·활용
- 승인기준 미달

II. 공장의 등록

1. 공장의 등록 구분

1) 직권에 의한 등록

시장·군수·구청장·관리기관은 공장설립등(신설·증설·업종변경)의 완료신고를 받았을 때에는 공장등록대장에 직권으로 등록하여야 한다(산업집적법 제16조제1항). 그리고 관리기관은 공장등록대장에 등록한 경우에는 그 사실을 시장·군수·구청장에게 통보한다(산업집적법 제13조제5항).

2) 신청에 의한 등록

공장 건축면적이 500㎡ 이상인 공장의 공장설립등(신설·증설·업종변경)의 필요적 공장등록대상 외의 공장 소유자 또는 점유자는 공장등록을 신청할 수 있다(산업집적법 제16조제2항).

제4장 공장설립과 등록 및 제조시설의 설치

또한 공장설립등의 승인을 받은 자가 공장건설을 완료하기 전에 공장을 부분가동(部分稼動)하려는 경우 공장등록을 신청하여야 한다(산업집적법 제16조제3항).

2. 소기업 공장등록의 특례

소기업 중 「산업집적법」에 따른 공장의 건축면적 또는 이에 준하는 사업장의 면적이 500㎡ 미만인 기업의 경우 「부가가치세법」에 따라 발급받은 사업자등록증은 「산업집적법」 제16조에 따른 공장등록을 하였음을 증명하는 서류로 본다(중소기업진흥법 62조의10 제1항). 그러나 실전에서는 공장등록증명서가 필요한 경우 별도 공장등록을 신청하여야 한다.

3. 공장등록의 필요성

공장건축면적 500㎡ 미만의 공장 또는 제2종근린생활시설 제조시설은 환경 관련 인·허가 대상 등 다른 법률에 제한이 없을 경우 공장 등록에 대한 의무는 없다. 그러나 공장 등록이 필요한 경우는 정부의 정책자금과 기업대출, 정부나 지자체의 입찰참가, 기업의 인증과 생산 확인증명서 발부 등 필요 시 공장등록을 하게 된다. 그리고 거래처의 요구나 기업의 이미지 상승에 의하여 공장등록이 필요하여 신청하는 경우가 있다.

4. 공장등록의 신청

공장등록신청은 「산업집적법 시행규칙」 [별지 제8호의2서식] 공장등록신청서를 사용하여 작성하여야 한다. 그리고 그 작성 방법은 다음과 같다.

1) 신청인

신청인은 회사명과 대표자의 성명, 생년월일 그리고 대표자의 주

제2편 공장중개의 기본이론

소와 연락처를 기재하여야 한다.

2) 등록 내용

공장등록 신청서에는 공장 소재지, 지목, 자가 또는 임대의 보유구분과 사업 시작일, 종업원 수, 한국표준산업분류에 의한 공장의 업종과 분류번호, 공장 부지면적, 제조시설과 부대시설의
면적을 기재하여야 한다.

3) 첨부 서류

공장등록 신청서에는 사업자등록증, 법인인 경우 법인등기부등본, 「산업집적법 시행규칙」 별지 제2호의2서식의 사업계획서, 타인 소유의 토지 및 건축물을 사용하는 경우에는 그 사용권을 증명할 수 있는 서류를 첨부하여야 한다.

Learning Point

○ 공장등록 구분
- 직권에 의한 등록
  지자체장이 공장설립등의 완료신고를 받았을 때
- 신청에 의한 등록
  건축면적 500㎥ 이상 공장등록대상 외의 공장 소유자·점유자의 공장등록 신청 (부분 가동 공장등록 가능)

○ 공장등록 필요성
- 건축면적 500㎥ 미만 공장·제2종근생 제조시설
  정부정책자금, 기업대출, 정부·지자체 입찰참가, 기업인증, 생산확인증명서 발부, 거래처요구, 기업이미지 상승 등

○ 소기업 공장등록의 특례
  공장의 건축면적·사업장의 면적이 500㎡미만》사업자등록증은 공장등록 증명 서류로 본다.

○ 공장등록 신청
- 신청인   • 등록 내용   • 첨부서류

5. 공장 등록의 절차

1) 현지 확인 및 등록사실 통보

시장·군수·구청장·관리기관은 공장설립등(신설·증설·업종변경)의 완료 신고서를 받으면 최종 건축물의 준공 및 기계장치 등의 설치 등을 현지에서 확인하여 승인 또는 변경승인의 내용과 부합하는 경우에는 공장등록대장에 적는다.

그리고 공장설립등의 완료신고서를 받은 날부터 3일(의제처리하는 경우에는 20일)이내에 등록사실을 해당 신고인에게 알려주어야 한다(산업집적법 시행규칙 제10조제1항).

2) 이전 전 기존공장 폐쇄 확인

시장·군수·구청장·관리기관은 공장이전승인을 받은 자가 공장건설을 완료하고 공장설립등의 완료신고서를 제출하면 이전하기 전 지역의 공장소재지를 관할하는 시장·군수·구청장·관리기관으로부터 기존공장폐쇄 확인서를 받은 후 최종 건축물의 준공 및 기계장치 등의 설치 등을 현지에서 확인하여야 한다.

그런 뒤 승인 또는 변경승인의 내용과 부합하는 경우에는 공장등록대장에 이를 적고, 기존공장 폐쇄확인서를 받은 날부터 3일(의제 처리하는 경우에는 20일)이내에 등록사실을 해당 신고인에게 알려주어야 한다(산업집적법 시행규칙 제2항).

3) 공장등록대장 전산화·자료입력 및 관리

시장·군수·구청장·관리기관은 공장등록대장을 전산화하고, 자료의 정확한 입력과 입력된 정보의 신뢰성을 확보할 수 있도록 관리하여야 한다(산업집적법 시행규칙 제3항).

4) 공장등록대장의 정확성 유지

시장·군수·구청장·관리기관은 매년 1회 이상 등록된 사항의 변경 현황을 파악하여 공장등록대장의 정확성을 유지할 수 있도록 하여야 한다(산업집적법 시행규칙 제4항).

5) 공장등록 절차

[그림 7] 공장등록 절차

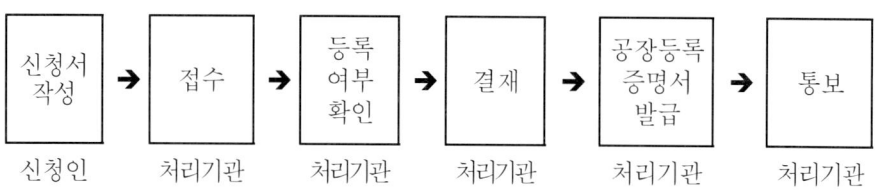

자료 : 산업집적활성화 및 공장설립에 관한 법률 시행규칙 [별지 제8호의2서식]

6) 행정기관에서의 처리 과정

[그림 8] 공장등록의 행정기관 처리과정

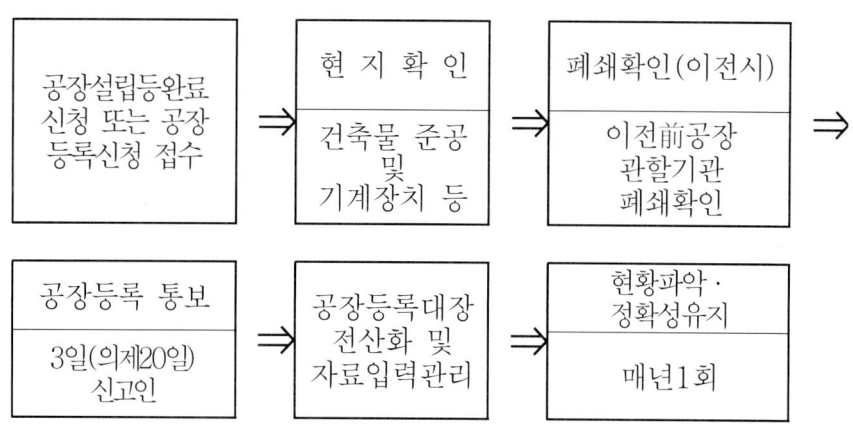

자료 : 「산업집적법 시행규칙」 제6조

제5절 제조시설의 설치 승인

I. 제조시설의 정의

「산업집적법」 제2조제1호에서 공장이란 건축물 또는 공작물, 물품제조공정을 형성하는 기계·장치 등 제조시설과 그 부대시설을 갖추고 제조업을 하기 위한 사업장을 말한다라고 하여 제조시설은 공작물, 물품제조공정을 형성하는 기계·장치 등을 의미한다고 해석할 수 있다.

또한 「산업집적법 시행령」 제2조제1호는 제조업을 하기 위하여 필요한 제조시설(물품의 가공·조립·수리시설을 포함한다) 및 시험생산시설을 공장의 범위로 정함으로서 제조시설은 물품의 가공·조립·수리시설을 포함한다고 정하고 있다. 그러므로 제조시설은 공작물, 물품제조공정을 형성하는 기계·장치 등과 물품의 가공·조립·수리시설을 포함한다고 정의할 수 있다.

II. 제조시설의 설치승인 신청

1. 필요적 제조시설 설치승인

공장건축면적 500㎡ 이상인 업종을 정하지 아니한 공장, 멸실되거나 용도가 변경된 공장, 폐업 또는 제조시설이 멸실된 공장, 입주계약이 해지된 공장, 공장외 다른 용도로 활용한 공장, 명령이나 처분을 위반한 공장 등의 공장건축물의 전부 또는 일부에 제조시설등을 설치하여 제조업을 하려는 자는 시장·군수·구청장의 승인을 받아야 한다(산업집적법 제14조의3).

2. 제조시설 설치 승인의제

공장설립등의 승인신청 및 공장의 건축허가신청 또는 건축신고는 각각 제조시설 설치승인신청으로 본다. 또한 산업단지에서 제조업을 하거나 하려는 자가 관리기관과 그 입주에 관한 계약을 체결한 경우에는 제조시설설치승인을 받은 것으로 본다(산업집적법 제14조의3).

3. 첨부 서류

제조시설의 설치승인 또는 그 변경승인을 받으려는 자는 시장·군수·구청장에게 「산업집적법 시행규칙」 [별지 제5호서식]에 의한 제조시설설치승인(변경승인) 신청서, 「산업집적법 시행규칙」 [별지 제2호2서식]의 사업계획서, 관계 행정기관의 장과 협의에 의하여 의제 받으려는 서류(인·허가등의 의제 경우로 「산업집적법 시행규칙」 <별표 1>서류), 타인 소유 토지 및 건축물의 사용 경우 사용권을 증명할 수 있는 서류를 제출하여야 한다(산업집적법 시행령 제19조의6제1항).

III. 제조시설의 설치사항 변경신고

경미한 사항인 회사명 또는 대표자 성명의 변경, 공장입지기준고시에 따른 업종분류 내에서의 업종의 변경의 경우에는 다음 서식을 작성하여 2개월 이내에 제조시설 설치 승인사항의 변경에 관하여 변경신고서에 변경사항을 증명할 수 있는 서류를 첨부하여 시장·군수·구청장에게 신고하여야 한다(산업집적법 시행규칙 제8조의 5).

이를 어길 경우 200만원 이하의 과태료를 부과한다(같은법 제55조제2항제2호)

IV. 제조시설의 설치 승인절차

제조시설의 설치승인 절차는 다음과 같다.

[그림 9] 제조시설설치 승인절차

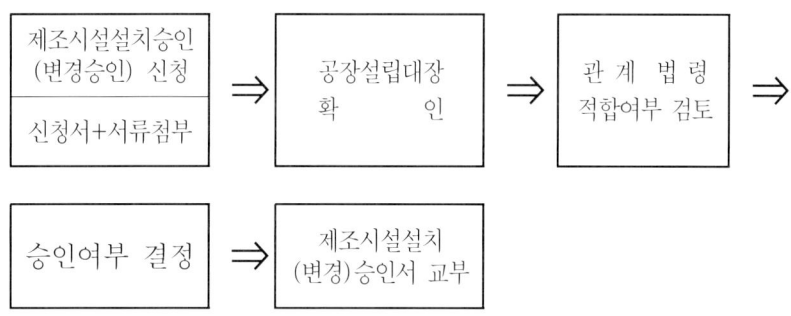

자료 : 「산업집적법 시행령」 제19조의6

V. 제조시설의 설치완료 신고

제조시설설치 승인을 받은 자는 제조시설등의 설치를 완료하였을 때에는 기계·장치의 설치를 완료한 날로부터 2개월 이내에 시장·군수·구청장에게 제조시설설치 완료 신고를 하여야 하며 입주기업체는 관리기관에 완료 신고를 하여야 한다(산업집적법 제15조제1항).

이를 위반하면 200만원 이하의 과태료과 부과된다.

VI. 제조시설의 설치승인 취소

시장·군수·구청장은 속임수나 그 밖의 부정한 방법으로 제조시설설치승인을 받거나 제조시설설치승인을 받은 날부터 1년 이내에 정당한 사유 없이 제조시설의 설치를 개시하지 아니한 경우, 공장건축물이 멸실되거나 용도변경, 그 밖의 사유로 해당 제조시설의 설치가 불가능하게 된 경우 그리고 사업시행이 곤란하다고 인정하는 경우에는 제조시설설치승인을 취소할 수 있다(산업집적법 제14조의4).

제2편 공장중개의 기본이론

Learning Point

○ 제조시설 설치승인
- 필요적 제조시설설치 승인
  건축면적 500㎡이상 업종을 정하지 않은 공장
  멸실·용도가 변경된 공장
  폐업·제조시설 멸실 공장
  입주계약 해지 공장
  공장외 다른용도 활용공장
  명령·처분위반 공장 등 전부·일부시설 설치 제조업
- 제조시설설치 승인의제
  공장설립등 승인신청, 공장의 건축허가신청 또는 건축신고
  산업단지 제조업 관리기관과 입주계약 체결

○ 제조시설 설치사항 변경신고
- 경미한 사항(회사명, 대표자변경, 기준고시 업종분류 내의 업종 변경 경우 (2개월 이내), 과태료 200만원 이하

○ 제조시설설치 완료신고
- 기계·장치의 설치 완료한 날부터 2개월 이내

제5장 공장중개 관련 환경법의 기본적 이해

기업이 가지고 있는 환경관리상의 문제점을 진단하고 이에 대한 해결책을 제시하는 일을 하는 것을 환경컨설팅이라고 한다. 이러한 환경컨설팅은 물, 대기, 소음·진동 등의 분야별 전문가와 많은 환경컨설팅 회사가 존재하므로 깊이 있는 학문보다는 공장중개와 관련하여 기본적인 내용을 이해하고 정립하여야 중개에 도움이 될 것이다.

이 장에서는 「물환경보전법」·「대기환경보전법」·「소음·진동관리법」 등의 법률용어의 개념과 공장의 환경오염관계를 살펴보기로 한다.

제1절 물 환경의 법령 이해

I. 물환경 용어와 수질오염 물질의 총량관리

1. 물환경 용어의 정의

1) 물환경

"물환경"이란 사람의 생활과 생물의 생육에 관계되는 물의 질(수질 이라 함) 및 공공수역의 모든 생물과 이들을 둘러싸고 있는 비생물적인 것을 포함한 수생태계(水生態系)를 총칭하여 말한다(물환경보전법 제2조제1호).

2) 점오염원

"점오염원(點汚染源)"이란 폐수배출시설, 하수발생시설, 축사 등으로서 관로·수로 등을 통하여 일정한 지점으로 수질오염물질을 배출하는 배출 원을 말한다(같은법 제2조제1의2호).

3) 비점오염원

"비점오염원(非點汚染源)"이란 도시, 도로, 농지, 산지, 공사장 등으로서 불특정 장소에서 불특정하게 수질오염물질을 배출하는 배출원을 말한다(같은법 제2조제2호).

4) 기타 수질오염원

"기타 수질오염원"이란 점오염원 및 비점오염원으로 관리되지 아니하는 수질오염물질을 배출하는 시설 또는 장소로서 수산물 양식시설, 골프장, 운수장비 정비 또는 폐차장 시설, 농축수산물 단순가공시설, 사진 처리 또는 X-Ray 시설, 금은판매점의 세공시설이나 안경원, 복합물류터미널 시설, 거점소독시설 등을 말한다(물환경보전법 제2조제4호, 같은법 시행규칙 <별표 1>).

5) 폐수

"폐수"란 물에 액체성 또는 고체성의 수질오염물질이 섞여 있어 그대로는 사용할 수 없는 물을 말한다(물환경보전법 제2조제4호).

6) 수질오염물질

"수질오염물질"이란 수질오염의 요인이 되는 물질로서, 구리와 그 화합물, 납과 그 화합물, 니켈과 그 화합물, 총 대장균군, 망간과 그 화합물, 바륨화합물, 부유물질, 비소와 그 화합물, 산과 알칼리류, 색소, 세제류, 셀레늄과 그 화합물, 수은과 그 화합물, 시안화합물, 아연과 그 화합물, 염소화합물, 유기물질, 유류(동·식물성을 포함), 인 화합물, 주석과 그 화합물, 질소화합물, 철과 그 화합물, 카드뮴과 그 화합물, 크롬과 그 화합물, 불소화합물, 페놀류, 페놀, 펜타클로로페놀, 황과 그 화합물, 유기인 화합물, 6가크롬 화합물, 테트라클로로에틸렌, 트리클로로에틸렌, 폴리클로리네이티드바이페닐, 벤젠, 사염화탄소, 디클로로메탄, 1,1-디클로로에틸렌, 1,2-디클로로에탄, 클로로포름, 생태독성물질(물벼룩에 대한 독성을 나타내는 물질), 1,4-다이옥산, 디에틸헥실프탈레이트(DEHP), 염화비닐, 아크릴로니트릴, 브로모포름, 퍼클로레이트, 아크릴아미드, 나프탈렌, 폼알데하이드, 에피클로로하이드린, 톨루엔, 자일렌, 스티렌, 비스(2-에틸헥실)아디페이트, 안티몬, 과불화옥탄산(PFOA), 과불화옥탄술폰산(PFOS), 불화헥산술폰산(PFHxS) 등을 말한다(물환경보전법 제2조제7호, 같은법 시행규칙 <별표 2>).

7) 수질오염방지시설

"수질오염방지시설"이란 점오염원, 비점오염원 및 기타수질오염원으로부터 배출되는 수질오염물질을 제거하거나 감소하게 하는 시설로서, 물리적 처리시설은 스크린, 분쇄기, 침사(沈砂)시설, 유수분리시설, 유량조정시설(집수조), 혼합시설, 응집시설, 침전시설, 부상시설, 여과시설, 탈수시설, 건조시설, 증류시설, 농축시설이 있다.

화학적 처리시설은 화학적 침강시설, 중화시설, 흡착시설, 살균시설, 이온교환시설, 소각시설, 산화시설, 환원시설, 침전물 개량시설이 있다.

생물화학적 처리시설은 살수여과상, 폭기(瀑氣)시설, 산화시설(산화조(酸化槽) 또는 산화지(酸化池)를 말함), 혐기성·호기성 소화시설, 접촉조(接觸槽: 폐수를 염소 등의 약품과 접촉시키기 위한 탱크), 안정조, 돈사톱밥발효시설이 있다.

그리고 물리적, 화학적, 생물학적 처리시설과 같거나 그 이상의 방지효율을 가진 시설로 환경부장관이 인정하는 시설이 있다(물환경법 제2조제12호, 같은법 시행규칙<별표 5>).

8) 비점오염저감시설

"비점오염저감시설"이란 수질오염방지시설 중 비점오염원으로부터 배출되는 수질오염물질을 제거하거나 감소하게 하는 시설로서, 자연형 시설로서 저류시설, 인공습지, 침투시설, 식생형 시설 등이 있다.

장치형 시설로서 여과형 시설, 소용돌이형 시설, 스크린형 시설, 응집·침전 처리형 시설, 생물학적 처리형 시설 등이 있다.

그리고 자연형과 장치형 시설로서 그 이상의 저감효율을 작는 시설로서 환경부장관이 인정하여 고시하는 시설이 있다서 토사 및 협잡물 등을 제거한 후 미생물에 의하여 콜로이드(colloid)성, 용존성(溶存性) 유기물질을 제거하는 시설을 말한다(물환경법 제2조제13호, 같은법 시행규칙<별표 6>).

9) 호소

"호소"란 댐·보(洑) 또는 둑(「사방사업법」에 따른 사방시설 제외) 등을 쌓아 하천 또는 계곡에 흐르는 물을 가두어 놓은 곳, 하천에 흐르는 물이 자연적으로 가두어진 곳, 화산활동 등으로 인하여 함몰된 지역에 물이 가두어진 곳으로 만수위(滿水位)(댐은 계획홍수위(計劃洪水位)) 구역 안의 물과 토지를 말한다(같은법 제2조제14호).

2. 수질오염 물질의 총량관리

환경부장관은 물환경의 목표기준 달성 여부를 평가한 결과 기준을 달성·유지하지 못한다고 인정되는 수계의 유역에 속하는 지역, 수질오염으로 주민의 건강·재산이나 수생태계에 중대한 위해를 가져올 우려가 있다고 인정되는 수계의 유역에 속하는 지역에 수계영향권별(水系影響圈別)로 배출되는 수질오염물질을 총량으로 관리할 수 있다.

4대강수계법이라고 하는「금강수계법」,「낙동강수계법」,「영산강·섬진강수계법」,「한강수계법」을 적용받는 지역은 각 법의 규정에 따르고,

선박, 해양시설, 해양공간 등의 오염총량 규제가 실시되는 지역은「해양환경관리법」의 규정에 따른다(물환경보전법 제4조).

II. 확정배출량 산정과 사업장규모별 구분

1. 확정배출량 산정

환경부장관은 기본배출부과금 산정의 기준에 따른 기준 이내 배출량을 확인하기 위하여 필요한 경우에는 사업자에게 배출 부과금 부과기간의 완료일부터 30일 이내에 부과기간 동안 실제 배출한 기준 이내 배출량에 관한 자료를 제출하게 할 수 있다. 그리고 기본배출부과금의 부과기간 동안 실제 배출한 기준 이내 배출량을 확정배출량이라 하고 확정배출량의 산정 방법은 아래와 같이 산정한다(물환경보전법 시행령 제44조제2항).

1) 확정배출량은 부과기간의 일일평균 기준 이내 배출량에 부과기간 중의 실제 조업일수를 곱하여 산정한 양을 Kg 단위로 표시한 양으로 한다.
2) 1)에 따른 일일평균 기준 이내 배출량은 수질오염물질의 측정에 따른 결과를 기준으로 다음과 같은 방법으로 산정한다.
   (1) 일일평균기준 이내 배출량 = 일일평균배출량 × 방류수수질기준농도 일일평균유량 - 산정된 배출량
   (2) 일일평균배출량 = 배출구별 수질오염물질 + 일일오염물질 배출량 ÷ 수질오염물질 측정횟수

(3) 일일오염물질배출량 = 측정 당시 배출농도 × 일일유량
(4) 일일평균유량 = 배출구별 수질오염물질 + 일일오염물질배출량 ÷ 수질오염물질 측정횟수

2. 폐수배출량 규모별 사업장 구분

폐수배출별 사업장 규모별 사업장의 규모별 구분은 1년 중 가장 많이 배한 날을 기준으로 정한다. 그리고 폐수배출량은 용수사용량(수돗물·공업용수·지하수·하천수·해수 등 모두 포함)을 기준으로 폐수배출량=용수사용량-(생활용수량+간접냉각수량+보일러용수량+제품함유수량+공정 중 증발량+그 밖의 방류구로 배출되지 아니한다고 인정되는 물의 양)+공정 중 발생량의 산식에 따라 산정한다.

다만, 생산공정에 사용되는 물이나 방지시설의 최종 방류구에 방류되기 전에 일정 관로를 통하여 생산 공정에 재이용되는 물은 제외하되 희석수, 생활용수, 간접냉각수, 사업장 내 청소용 물, 원료야적장 침출수 등을 방지시설에 유입하여 처리하는 물은 포함한다.

그리고 최초 배출시설 설치허가 시 폐수배출량은 사업계획에 예상 용수 사용량을 기준으로 산정한다(물환경보전법 시행령 제44조제2항).

<표 9> 폐수량 배출 규모별 사업장 구분

사업장의 규모별 구분	
종류	배출 규모
제1종 사업장	1일 폐수배출량이 2,000㎥ 이상인 사업장
제2종 사업장	1일 폐수배출량이 700㎥ 이상, 2,000㎥ 미만인 사업장
제3종 사업장	1일 폐수배출량이 200㎥ 이상, 700㎥ 미만인 사업장
제4종 사업장	1일 폐수배출량이 50㎥ 이상, 200㎥ 미만인 사업장
제5종 사업장	위 제1종부터 제4종까지의 사업장에 해당하지 아니하는 배출시설

자료 : 「물환경보전법 시행령」 <별표 13>

III. 폐수배출시설 설치제한을 위한 대상지역 및 시설지정

「물환경보전법」에 따라 폐수배출시설의 설치를 제한할 수 있는 대상 지역과 시설을 정하여 환경기준을 유지하고 주민의 건강·재산, 동·식물의 생육에 중대한 위해를 예방하는 것을 목적으로 환경부에서 고시한 「낙동강 상·중류유역 폐수배출시설 설치제한을 위한 대상 지역 및 시설 지정 고시」와 「낙동강 하류유역 폐수배출시설 설치제한을 위한 대상 지역 및 시설 지정 고시」가 있다.

폐수시설 설치제한은 대구광역시 지역에는 낙동강 유역 2개 군·구 13개 읍·면·동에 지정하였고, 경상북도 지역에는 낙동강 유역 9개 시·군 22개 읍·면·동에 지정 하였으며 경상남도에는 13개시·군 68개 읍·면·동에 지정하였다.

폐수배출시설 설치제한을 위한 대상 지역 및 시설 지정 지역을 열거하면 다음과 같다.

1. 낙동강 상·중류유역 폐수시설 설치제한 지역

「낙동강 상·중류유역 폐수배출시설 설치제한을 위한 대상 지역 및 시설 지정 고시」 [시행 2022. 12. 28.] [환경부고시 제2022-262호, 2022. 12. 28., 일부개정] <별표 1>

1) 대구광역시 : 낙동강 유역 2개 군·구 13개 읍·면·동

달성군 : 가창면(오리, 용계리(상수원보호구역 하류지역 제외), 정대리), 다사읍(매곡리, 문산리, 문양리, 부곡리, 죽곡리), 하빈면
동　구 : 내동, 능성동, 도학동, 미곡동, 미대동, 백안동, 신무동, 용수동, 지묘동, 진인동

2) 경상북도 : 낙동강 유역 9개 시·군 22개 읍·면·동

경주시 : 산내면
고령군 : 다산면(곽촌리,노곡리)
구미시 : 고아읍(괴평리 제외), 도개면(용산리 제외), 무을면(무이리, 백자리, 송삼리, 웅곡리), 선산읍, 옥성면(농소리, 대원리, 덕촌리, 주아리, 초곡리), 해평면(괴곡리, 문양리 제외)
김천시 : 아포읍(의리, 인리, 지리)
성주군 : 선남면, 성주읍(삼산리, 성산리, 예산리, 학산리,), 용암면, 월항면(인촌리 제외)
영천시 : 자양면, 화북면(자천리)
청도군 : 운문면(방지리 제외)
칠곡군 : 기산면, 석적읍(반계리, 중지리), 약목면(관호리, 덕산리, 동안리, 무림리), 왜관읍, 지천면(금호리, 연화리)
포항시 : 죽장면(상사리, 상옥리, 하사리, 하옥리 제외)

2. 낙동강 하류유역 폐수시설 설치제한 지역

낙동강 하류유역 폐수배출시설 설치제한을 위한 대상 지역 및 시설 지정[시행 2022. 12. 28.] [환경부고시 제2022-263호, 2022. 12. 28., 일부개정] <별표 1>

경상남도 : 13개시·군 68개 읍·면·동

김해시 : 진영읍, 상동면, 생림년, 진례면, 한림면
밀양시 : 가곡동, 교동, 남포동, 내이동, 내일동, 삼문동, 용평동, 활성동, 삼랑진읍, 하남읍, 단장면(미촌리), 무안면(성덕리), 부북면(감천리, 덕곡리, 오례리,용지리, 운전리), 전사포리, 제대리), 산외면(금천리, 남기리, 다죽리), 상남면, 상동면, 초동면
사천시 : 곤명면(금성리, 마곡리, 본촌리, 삼정리, 성방리, 송림리, 신흥리, 연평리, 은사리, 작팔리, 정곡리)
양산시 : 원동면(내포리, 서룡리, 영포리, 용당리, 원리, 화제리)
진주시 : 판문동(진양호집수지역외 지역 제외), 내동면(내평리), 대평면, 명석면(가화리,오미리, 외율리), 수곡면, 창원시 동읍, 대산면, 북면
고성군 : 영오면(영대리, 영산리, 오동리, 오서리)
산청군 : 산청읍(묵곡리, 범학리, 차탄리), 금서면(신아리, 주상리, 특리,화계리), 단성면(강누리, 관정리, 길리, 남사리, 당산리, 묵곡리,방목리,사월리, 성내리, 소남리, 운리, 입석리,창촌리, 호리), 생초면(갈전리, 대포리, 상촌리, 신연리, 평촌리, 하촌리), 신안면(문대리, 신기리, 신안리, 안봉리, 외송리, 중촌리, 청현리, 하정리), 오부면(내곡리, 방곡리, 양촌리)
의령군 : 가례면(괴진리중 우곡취수장 상류 집수지역에 한함), 낙서면(내제리, 여의리, 율산리, 전화리, 정곡리), 부림면(경산리),

정곡면(가현리, 백곡리, 예둔리, 적곡리), 지정면
창녕군 : 남지읍, 창녕읍(옥천리), 계성면(봉산리), 고암면(우천리), 길곡면, 도천면, 부곡면, 영산면, 유어면(광산리, 부곡리, 진창리, 풍조리), 장마면(강리, 대봉리, 동정리, 유리)
하동군 : 옥종면(대곡리, 문암리, 법대리, 병천리, 북방리, 안계리, 양구리, 월횡리, 정수리, 종화리, 청룡리)
함안군 : 가야읍, 대산면, 법수면(대송리, 백산리, 사정리, 우거리, 윤내리, 윤외리, 주물리), 산인면(내인리, 부봉리, 송정리, 운곡리), 여항면, 칠북면, 칠서면, 칠원면(용산리, 운서리, 유원리), 함안면, 군북면(오곡리)
함양군 : 함양읍(대덕리), 백전면, 병곡면

Ⅳ. 폐수배출시설(임가공시설) 설치의 제한

1. 수용성절삭유 사용 임가공시설의 설치 제한

「물환경보전법 시행규칙」 제6조 관련 <별표 4>는 폐수시설의 적용기준과 폐수배출시설의 분류를 규정하고 있다.

낙동강 하류유역 폐수배출시설 설치제한 대상 시설 중 고시 시행일로부터 6개월이 경과하는 날 이전에 설치된 폐수배출시설 중 금속가공 과정에서 수용성(水溶性) 절삭유 사용에 따라 배출되는 특정수질유해물질을 전량 위탁 처리하는 폐수배출시설로서 산업단지에 설치하는 시설, 「낙동강수계법 시행령」에 따른 하천인접지역의 범위 밖에 설치된 시설로서 환경부장관이 시·도지사와 협의하여 정하는 기한 내에 시장·군수에게 산업단지 이전계획서를 제출하고 2028년 12월 31일까지 산업단지로 이전하는 시설, 「낙동강수계법률 시행령」에 따른 하천인접지역의 범위 안에 설치된 시설로서 2021년 12월 31일까지 시장·군수에게 산업단지 이전계획서를 제출하고 2024

년 12월 31일까지 산업단지로 이전하는 시설을 제외한 시설을 폐수배출시설 제한 대상 시설로 정하고 있다.

「낙동강수계법 시행령」에 따른 하천인접지역의 범위는 낙동강본류의 경계로부터 1킬로미터, 낙동강본류에 직접 유입되는 지류(국가하천 또는 지방하천)는 낙동강본류에 직접 유입되는 지류의 경계로부터 500미터로 정하고 있다(낙동강수계법 시행령 제7조). 따라서 「물환경보전법 시행규칙」 제6조에 의한 <별표 4>의 폐수배출시설인 임가공시설을 제한하고 있다.

2. 수용성절삭유 사용시설의 준수사항

수용성절삭유 사용시설 설치자는 폐수를 저장·보관하는 용기를 완전 밀폐하여 보관하고 저장·보관용기의 용량, 폐수량, 경고문구, 관리자의 환경기술인 성명의 표지판을 부착 설치하여야 한다.

그리고 「물환경보전법」 따른 운영일지에 절삭유 사용량, 폐절삭유 위탁·보관량을 빠짐없이 기록하여 매분기 종료일부터 10일 이내 관할 행정기관에 제출하도록 되어 있다(낙동강 하류유역 폐수배출시설 설치제한을 위한 대상 지역 및 시설 지정 고시 제3조제3항에 따른 <별표 2>).

제2편 공장중개의 기본이론

Learning Point

○ 물환경 용어
- 물환경, 점오염원, 비점오염원, 기타 수질오염원, 폐수 수질오염물질, 수질오염방지시설, 비점오염저감시설. 호소

○ 수질오염물질 총량관리
- 4대강 수계법 : 「금강수계법」, 「낙동강수계법」, 「영산강·섬진강수계법」, 「한강수계법」
- 선박, 해양시설, 해양공간 오염총량 규제 : 「해양환경관리법」

○ 폐수배출 사업장 구분
- 제1종 ~ 제5종 사업장

○ 낙동강 상·중류유역 폐수시설 설치제한 지역
- 대구광역시 : 낙동강 유역 2개 군·구 13개 읍·면·동
- 경상북도 : 낙동강 유역 9개 시·군 22개 읍·면·동

○ 낙동강 하류유역 폐수시설 설치제한 지역
- 경상남도 : 13개시·군 68개 읍·면·동

○ 폐수배출시설(임가공시설) 설치 제한 대상 시설
- 낙동강 본류 경계 1Km, 지류 500m
- 수용성절삭유 사용 임가공시설의 설치 제한
「낙동강수계법 시행령」 하천인접지역 범위 밖
산업단지 이전계획서 제출 2028년 12월 31일까지 이전
「낙동강수계법 시행령」 하천인접지역 범위 안
산업단지 2024년 12월 31일까지 이전 시설 제외한 시설

○ 수용성절삭유 사용시설 준수사항
- 사용량, 폐절삭유 위탁·보관량 기록, 매분기 종료일부터 10일 이내 관할 행정기관 제출

제2절 대기 환경의 법령 이해

I. 대기 환경 용어와 총량 규제

1. 대기 환경 용어의 정의

1) 대기오염물질

"대기오염물질"이란 대기 중에 존재하는 물질 중 심사·평가한 독성, 생태계에 미치는 영향, 배출량의 위해성 대기오염의 원인으로 인정된 가스·입자상물질로서, 입자상물질, 브롬 및 그 화합물, 알루미늄 및 그 화합물, 바나듐 및 그 화합물, 망간화합물, 철 및 그 화합물, 아연 및 그 화합물, 셀렌 및 그 화합물, 안티몬 및 그 화합물, 주석 및 그 화합물, 텔루륨 및 그 화합물, 바륨 및 그 화합물, 일산화탄소, 암모니아, 질소산화물, 황산화물, 황화수소, 황화메틸, 이황화메틸, 메르캅탄류, 아민류, 사염화탄소, 이황화탄소, 탄화수소, 인 및 그 화합물, 붕소화합물, 아닐린, 벤젠, 스틸렌, 아크롤레인, 카드뮴 및 그 화합물, 시안화물, 납 및 그 화합물, 크롬 및 그 화합물, 비소 및 그 화합물, 수은 및 그 화합물, 구리 및 그 화합물, 염소 및 그 화합물, 불소화물, 석면, 니켈 및 그 화합물, 염화비닐, 다이옥신, 페놀 및 그 화합물, 베릴륨 및 그 화합물, 프로필렌옥사이드, 폴리염화비페닐, 클로로포름, 포름알데히드, 아세트알데히드, 벤지딘, 1,3-부타디엔, 다환 방향족 탄화수소류, 에틸렌옥사이드, 디클로로메탄, 테트라클로로에틸렌, 1,2-디클로로에탄, 에틸벤젠, 트리클로로에틸렌, 아크릴로니트릴, 히드라진, 아세트산비닐, 비스(2-에틸헥실)프탈레이트, 디메틸포름아미드 등을 말한다(대기환경보전법 제2조제1호 같은법 시행규칙<별표 1>).

2) 유해성 대기감시물질

"유해성 대기 감시물질"이란 대기오염물질 중 심사·평가한 독성, 생태계에 미치는 영향, 배출량의 위해성 대기오염의 원인으로 인정된 가스·입자상물질로서 사람의 건강이나 동식물의 생육(生育)에 위해를 끼칠 수 있어 지속적인 측정이나 감시·관찰 등이 필요하다고 인정된 물질을 말한다(같은법 제2조제1의2호).

3) 기후·생태계 변화유발물질

"기후·생태계 변화유발물질"이란 지구 온난화 등으로 생태계의 변화를 가져올 수 있는 기체상물질(氣體狀物質)로서, 카드뮴 및 그 화합물, 시안화수소, 납 및 그 화합물, 폴리염화비페닐, 크롬 및 그 화합물, 비소 및 그 화합물, 수은 및 그 화합물, 프로필렌옥사이드, 염소 및 염화수소, 불소화물, 석면, 니켈 및 그 화합물, 염화비닐, 다이옥신, 페놀 및 그 화합물, 베릴륨 및 그 화합물, 벤젠, 사염화탄소, 이황화메틸, 아닐린, 클로로포름, 포름알데히드, 아세트알데히드, 벤지딘, 1,3-부타디엔, 다환 방향족 탄화수소류, 에틸렌옥사이드, 디클로로메탄, 스틸렌, 테트라클로로에틸렌, 1,2-디클로로에탄, 에틸벤젠, 트리클로로에틸렌, 아크릴로니트릴, 히드라진, 암모니아, 아세트산비닐, 비스(2-에틸헥실)프탈레이트, 디메틸포름아미드, 일산화탄소, 알루미늄 및 그 화합물, 망간화합물, 구리 및 그 화합물을말한다(대기환경보전법 제2조제2조, 같은법 시행규칙의2, 시행규칙<별표 1의2>).

4) 온실가스

"온실가스"란 적외선 복사열을 흡수하거나 다시 방출하여 온실효과를 유발하는 대기 중의 가스상태 물질로서 이산화탄소, 메탄, 아산화질소, 수소불화탄소, 과불화탄소, 육불화황을 말한다(같은법 제2조제3호).

5) 먼지

"먼지"란 대기 중에 떠다니거나 흩날려 내려오는 입자상물질을 말한다(같은법 제6호).

6) 매연

"매연"이란 연소할 때에 생기는 유리(遊離) 탄소가 주가 되는 미세한 입자상물질을 말한다(같은법 제2조제7호).

7) 특정대기유해물질

"특정대기유해물질"이란 유해성대기감시물질 중 심사·평가한 독성, 생태계에 미치는 영향, 배출량의 위해성 대기오염의 원인으로 인정된 가스·입자상물질로서 저농도에서도 장기적인 섭취나 노출에 의하여 사람의 건강이나 동식물의 생육에 직접 또는 간접으로 위해를 끼칠 수 있어 대기 배출에 대한 관리가 필요하다고 인정된 물질로서, 카드뮴 및 그 화합물, 안화수소, 납 및 그 화합물, 폴리염화비페닐, 크롬 및 그 화합물, 비소 및 그 화합물, 수은 및 그 화합물, 프로필렌옥사이드, 염소 및 염화수소, 불소화물, 석면, 니켈 및 그 화합물, 염화비닐, 다이옥신, 페놀 및 그 화합물, 베릴륨 및 그 화합물, 벤 젠, 사염화탄소, 이황화메틸, 아닐린, 클로로포름, 포름알데히드, 아세트알데히드, 벤지딘, 1,3-부타디엔, 다환 방향족 탄화수소류, 에틸렌옥사이드, 디클로로메탄, 스틸렌, 테트라클로로에틸렌, 1,2-디클로로에탄, 에틸벤젠, 트리클로로에틸렌, 아크릴로니트릴, 히드라진 등을 말한다(대기환경보전법 제2조제9호, 같은법 시행규칙<별표 2>).

2. 총량 규제

환경부장관은 대기오염 상태가 환경기준을 초과하여 주민의 건강·재산이나 동식물의 생육에 심각한 위해를 끼칠 우려가 있다고 인정하는 구역 또는 특별대책지역 중 사업장이 밀집되어 있는 구역의 경우에는 그 구역의 사업장에서 배출되는 오염물질을 총량으로 규제할 수 있으며, 총량규제의 항목과 방법은 관계기관의 공문과 업무지침 등으로 운용 중에 있다(대기환경보전법 제22조). 그리고 총량규제의 항목과 방법 및 필요한 사항은 환경부령으로 정한다.

II. 사업장의 분류와 권리의무의 승계

1. 오염물질 발생에 따른 사업장의 분류

환경부장관은 배출시설의 효율적인 설치 및 관리를 위하여 그 배출시설에서 나오는 오염물질 발생량에 따라 사업장을 1종부터 5종까지로 분류한다.

<표 10> 오염물질발생에 따른 사업장의 분류

종 별	오염물질발생에 따른 사업장분류
	오염물질 발생량 구분
1종사업장	대기오염물질발생량의 합계가 연간 80톤 이상인 사업장
2종사업장	대기오염물질발생량의 합계가 20톤 이상 80톤 미만인 사업장
3종사업장	대기오염물질발생량의 합계가 10톤 이상 20톤 미만인 사업장
4종사업장	대기오염물질발생량의 합계가 2톤 이상 10톤 미만인 사업장
5종사업장	대기오염물질발생량의 합계가 2톤 미만인 사업장

출처 : 「대기환경보전법 시행령」 <별표 1의3>

2. 사업장 권리의무의 승계

비산오염물질 배출시설 설치신고 또는 변경신고를 한 자를 포함한 사업자가 배출시설이나 방지시설을 양도하거나 사망한 경우, 사업자인 법인이 합병한 경우에는 양수인이나 상속인, 합병 후 존속하는 법인이나 합병에 따라 설립되는 법인은 허가·변경허가·신고에 따른 사업자의 권리·의무를 승계한다.

그리고 공장의 경매, 공매, 「채무자회생법」에 따른 환가(換價)에 의하여 배출시설 및 방지시설을 인수한 자는 허가·변경허가 또는 신고·변경신고 등에 따른 종전 사업자의 권리·의무를 승계하며 종전 사업자에 대한 허가 등은 그 효력을 잃는다(대기환경보전법 제27조).

Learning Point

○ 대기환경 용어
- 대기오염물질, 유해성 대기감시물질, 기후생태계 변화유발물질, 온실가스, 먼지, 매연, 특정대기유해물질,

○ 대기오염물질 발생 사업장 분류
- 제1종 ~ 제5종 사업장

○ 사업장 권리의무 승계
- 사업자 배출시설, 방지시설 양도·사망한 경우
- 법인이 합병 경우 : 양수인·상속인
- 합병 후 존속법인, 합병에 의한 설립법인 : 허가·변경허가·신고에 따른 사업자
- 공장 경매·공매, 「채무자회생법」따른 배출시설·방지시설 인수한 자 : 종전 사업자 권리·의무 승계, 종전 사업자 허가등 효력상실

제3절 소음·진동 환경의 법령 이해

I. 소음·진동 환경 용어의 정의와 배출시설

1. 소음 · 진동 환경 용어의 정의

1) 소음

"소음(騷音)"이란 기계 · 기구 · 시설, 기타 물체의 사용 또는 공동주택, 노래연습장, 체육무도시설업종, 학원 및 과외교습소, 단란주점 · 유흥주점, 콜라텍업 등에서 사람의 활동으로 인하여 발생하는 강한 소리를 말한다(소음 · 진동관리법 제2조제1호).

2) 진동

"진동(振動)"이란 기계 · 기구 · 시설, 그 밖의 물체의 사용으로 인하여 발생하는 강한 흔들림을 말한다(같은법 제2조제2호).

3) 소음·진동배출시설

"소음 · 진동배출시설"이란 소음 · 진동을 발생시키는 공장의 기계 · 기구 · 시설, 기타 물체로서, 「소음 · 진동관리법 시행규칙」제2조의2 관련 <별표 1>로 정하는 것을 말하는 한다(같은법 제2조제3호). 별도로 설명한다.

4) 소음·진동방지시설

"소음 · 진동방지시설"이란 소음 · 진동배출시설로부터 배출되는 소음 · 진동을 없애거나 줄이는 시설로서 「소음 · 진동관리법 시행규칙」제3조 관련 <별표 2>로 정하는 것을 말하며(같은법 제2조제4호). 시설은 별도로 설명한다.

5) 방음시설

"방음시설(防音施設)"이란 소음·진동배출시설이 아닌 물체로부터 발생하는 소음을 없애거나 줄이는 시설로서, 소음방지시설은 소음기, 방음덮개시설, 방음창 및 방음실시설, 방음외피시설, 방음벽시설, 방음터널시설, 방음림 및 방음언덕, 흡음장치 및 시설 등이 있다.

진동방지시설은 탄성지지시설 및 제진시설, 방진구시설, 배관진동절연장치 및 시설 등이 있다.

그리고 방음시설은 소음기, 방음덮개시설, 방음창 및 방음실시설, 방음외피시설, 방음벽시설, 방음터널시설, 방음림 및 방음언덕, 흡음장치 및 시설 등이 있다(소음·진동관리법 제2조제5호, 같은법 시행규칙<별표 2>).

6) 방진시설

"방진시설"이란 소음·진동배출시설이 아닌 물체로부터 발생하는 진동을 없애거나 줄이는 시설로서, 탄성지지시설 및 제진시설, 방진구시설, 배관진동 절연장치 및 시설 등이 있다(소음·진동관리법 제2조제5호, 같은법 시행규칙<별표 2>).

2. 소음·진동의 배출

1) 소음 배출시설

소음·진동 환경의 배출시설은 주로 공장에서 사용하는 기계기구를 정하고 있으며 배출시설의 종류와 기준을 알고 있으면 사업계획서 작성과 공장 중개에 도움이 될 것으로 본다. 그리고 소음 배출 시설의 동력기준시설 및 기계·기구를 요약 정리해 보면 아래 <표 11>과 같다(소음·진동관리법 시행규칙 제2조의2),

<표 11> 소음배출시설

소 음 배 출 시 설

동력기준시설의 기계·기구	
동 력	기 계 · 기 구
7.5kW 이상	압축기, 송풍기, 단조기(기압식 제외), 금속절단기, 프레스(유압식외), 탈사기, 분쇄기, 기계계, 연탄제조용 윤진기
15kW 이상	원심분리기, 재제기, 목재가공기계, 콘크리트관 및 파일 제조기계. 펌프, 콘크리트프랜트·아스팔트 혼합기
22.5kW 이상	변속기, 제분기, 도정시설, 주조기계(다이케스팅기 포함), 금속가공용 인발기(습식신선기 및 함사·연사기 포함), 초지기, 유압식프레스(절곡기)
37.5kW 이상	나사식압축기, 혼합기, 인쇄기계, 압연기

대수 기준시설의 기계·기구
100대 이상 공업용 재봉기 / 4대 이상 시멘트벽돌 및 블록의 제조기계 / 자동제병기 / 제관기계 / 2대 이상 자동포장기 / 40대 이상 직기(편기제외) / 장적기계(합연사 공정만 있는 경우 5대 이상)

그 밖의 시설과 기계·기구
악하헤머의 무게 0.5톤 이상의 단조기 120kW 이상의 발전기(수력발전기 제외) 3.75kW 이상의 연삭기 2대 이상 석재 절단기(동력사용시 7.5kW이상 한정)

출처 : 「소음·진동관리법 시행규칙」<별표 1>

2) 진동 배출시설

진동배출시설의 동력기준시설 및 기계·기구를 정리해 보면 아래의 <표 12>와 같다.

<표 12> 진동배출시설

진 동 배 출 시 설

동력 사용 시설 및 기계·기구로 한정	
동 력	기 계 · 기 구
15 kW 이상	프레스(유압식 제외)
22.5 kW 이상	분쇄기(파쇄기·마쇄기 포함), 단조기, 도정시설(「국토계획법」에 따른 주거지역·상업지역·녹지시설에 있는 시설로 한정), 목재가공기계
37.5 kW 이상	성형기(압출·사출 포함), 연탄제조용 윤전기

출처 : 「소음·진동관리법 시행규칙」<별표 1>

II. 공장 소음·진동의 배출 허용기준과 방지시설

1. 공장 소음·진동의 배출 허용기준

1) 공장 소음배출 허용기준

소음 배출시설을 설치한 공장에서 나오는 소음의 배출허용기준은 「소음·진동관리법 시행규칙」 제8조와 관련 <별표 5>에서 정하고 있다(소음·진동관리법 제7조). 공장 소음의 배출허용 기준을 살펴보면 아래 <표 13>과 같다.

<표 13> 공장 소음배출 허용기준

공장 소음배출 허용기준

[단위 : dB(A)]

대 상 지 역	시간대 별		
	낮 (06:00~18:00)	저녁 (18:00~24:00)	밤 (24:00~06:00)
가. 도시지역 중 전용주거지역 및 녹지지역(취락지구·주거개발진흥지구 및 관광·휴양개발진흥지구만 해당한다), 관리지역 중 취락지구·주거개발진흥지구 및 관광·휴양개발진흥지구, 자연환경보전지역 중 수산자원보호구역 외의 지역	50 이하	45 이하	40 이하
나. 도시지역 중 일반주거지역 및 준주거지역, 도시지역 중 녹지지역(취락지구·주거개발진흥지구 및 관광·휴양개발진흥지구는 제외한다)	55 이하	50 이하	45 이하
다. 농림지역, 자연환경보전지역 중 수산자원보호구역, 관리지역 중 가목과 라목을 제외한 그 밖의 지역	60 이하	55 이하	50 이하
라. 도시지역 중 상업지역·준공업지역, 관리지역 중 산업개발진흥지구	65 이하	60 이하	55 이하
마. 도시지역 중 일반공업지역 및 전용공업지역	70 이하	65 이하	60 이하

출처 : 「소음·진동관리법 시행규칙」<별표 5>

(1) 소음의 측정 및 평가기준은 「환경분야 시험·검사 등에 관한 법률」 제6조제1항제2호에 해당하는 분야에 대한 환경오염 공정시험기준에서 정하는 바에 따른다.
(2) 대상지역의 구분은 「국토계획법」에 따른다.
(3) 허용기준치는 해당 공장이 입지한 대상 지역을 기준으로 하여 적용한다. 다만, 도시지역 중 녹지지역(취락지구·주거개발진

흥지구·관광·휴양개발진흥지구 제외)에 위치한 공장으로서 해당 공장 200m 이내에, 위 표 가목의 대상지역이 위치한 경우에는 가목의 허용 기준치를 적용한다.
(4) 충격음 성분이 있는 경우 허용 기준치에 −5dB을 보정한다.
(5) 관련시간대(낮은 8시간, 저녁은 4시간, 밤은 2시간)에 대한 측정소음발생시간의 백분율이 12.5% 미만인 경우 +15dB, 12.5% 이상 25% 미만인 경우 +10dB, 25%이상 50% 미만인 경우 +5dB, 50% 이상 75% 미만인 경우 +3dB을 허용기준치에 보정한다.
(6) 위 표의 지역별 기준에도 불구하고 다음 사항에 해당하는 경우에는 배출허용기준을 다음과 같이 적용한다.
가. 「산업입지법」에 따른 산업단지에 대하여는 마목의 허용 기준치를 적용한다.
나. 「의료법」에 따른 종합병원, 「초·중등교육법」 및 「고등교육법」에 따른 학교, 「도서관법」에 따른 공공도서관, 「의료법」 제3조제2항제3호라목에 따른 요양병원 중 100개 이상의 병상을 갖춘 노인을 대상으로 하는 요양병원 및 「영유아보육법」에 따른 보육시설 중 입소규모 100명 이상인 보육시설 (정온시설"이라 함)의 부지경계선으로부터 50미터 이내의 지역에 대하여는 해당 정온시설의의 부지경계선에서 측정한 소음도를 기준으로 가목의 허용 기준치를 적용한다.
다. 가목에 따른 산업단지와 나목에 따른 정온시설의 부지경계선으로부터 50미터 이내의 지역이 중복되는 경우에는 특별자치도지사 또는 시장·군수·구청장이 해당 지역에 한정하여 적용되는 배출허용기준을 공장소음 배출허용기준범위에서 정할 수 있다.

2) 공장 진동배출 허용기준

진동 배출시설을 설치한 공장에서 나오는 진동의 배출허용기준은 「소음·진동관리법 시행규칙」 제8조와 관련 <별표 5>에서 정하고 있다(소음·진동관리법 제7조). 공장 소음·진동의 배출허용 기준을 살펴보면 아래 <표 26>과 같다.

<표 14> 공장 진동배출 허용기준

공장 진동배출 허용기준

[단위 : dB(V)]

대상 지역	시간대 별	
	낮 (06:00~22:00)	밤 (22:00~06:00)
가. 도시지역 중 전용주거지역·녹지지역, 관리지역 중 취락지구·주거개발진흥지구 및 관광·휴양개발진흥지구, 자연환경보전지역 중 수산자원보호구역 외의 지역	60 이하	55 이하
나. 도시지역 중 일반주거지역·준주거지역, 농림지역, 자연환경보전지역 중 수산자원 보호구역, 관리지역 중 가목과 다목을 제외한 그 밖의 지역	65 이하	60 이하
다. 도시지역 중 상업지역·준공업지역, 관리지역 중 산업개발진흥지구	70 이하	65 이하
라. 도시지역 중 일반공업지역 및 전용공업지역	75 이하	70 이하

출처 : 「소음·진동관리법 시행규칙」<별표 5>

(1) 진동의 측정 및 평가기준은 「환경시험검사법」 제6조제1항제2호에 해당하는 분야에 대한 환경오염공정시험기준에서 정하는 바에 따른다.

(2) 대상 지역의 구분은 「국토계획법」에 따른다.
(3) 허용 기준치는 해당 공장이 입지한 대상 지역을 기준으로 하여 적용한다.
(4) 관련시간대(낮은 8시간, 밤은 3시간)에 대한 측정진동발생시간의 백분율이 25% 미만인 경우 +10dB, 25% 이상 50% 미만인 경우 +5dB을 허용 기준치에 보정한다.
5) 위 표의 지역별 기준에도 불구하고 다음 사항에 해당하는 경우에는 배출허용 기준을 다음과 같이 적용한다.
  가. 「산업입지법」에 따른 산업단지에 대하여는 라목의 허용 기준치를 적용한다.
  나. 정온시설의 부지경계선으로부터 50미터 이내의 지역에 대하여는 해당 정온시설의 부지경계선에서 측정한 진동레벨을 기준으로 가목의 허용 기준치를 적용한다.
  다. 가목에 따른 산업단지와 나목에 따른 정온시설의부지경계선으로부터 50미터이내의 지역이 중복되는 경우에는 특별자치도지사 또는 시장·군수·구청장이 해당 지역에 한정하여 적용되는 배출허용기준을 공장진동 배출허용기준 범위에서 정할 수 있다.

2. 공장 소음·진동의 방지시설

공장 소음·진동 배출시설의 설치·변경을 허가·신고를 한 사업자가 그 배출시설을 설치하거나 변경하려면 그 공장으로부터 나오는 소음·진동을 배출허용기준 이하로 배출되게 하기 위하여 소음·진동 방지시설을 설치해야 한다.

단, 특별자치시장·특별자치도지사·시장·군수·구청장이 배출시설의 기능·공정(工程) 또는 공장의 부지여건상 소음·진동이 항상 배출허용기준 이하로 배출된다고 인정하는 경우와 소음·진동이 배출허용기준을 초과하여 배출되더라도 생활환경에 피해를 줄 우려가 없다고 환경부령으로 방지시설의 설치를 면제하는 경우는 방지시설 설치를 면제한다(소음·진동관리법 제9조).

3. 소음방지시설 설치면제

공장의 부지 경계선으로부터 직선거리 200미터 이내에 주택(사람 미거주 폐가 제외)·상가·학교·병원·종교시설, 공장 또는 사업장, 관광지 및 관광단지, 그 밖에 특별자치시장·특별자치도지사·시장·군수·구청장이 정하여 고시하는 시설 또는 지역이 없을 경우 소음방지시설 설치를 면제한다(소음·진동관리법 시행규칙 제11조).

III. 소음·진동의 배출허용기준 준수의무와 조업정지 명령

1. 공장 소음·진동 배출 허용기준의 준수의무

사업자는 배출시설·방지시설의 설치 또는 변경을 끝내고 배출시설을 가동(稼動)한 때에는 가동 개시일부터 30일 이내에 공장에서 배출되는 소음·진동이 배출허용기준 이하로 처리될 수 있도록 하여야 한다. 그리고 본 기간 동안에는 개선명령, 조업정지명령, 허가의 취소, 300만원 이하의 과태료 부과의 규정을 적용하지 아니한다(소음·진동규제법 제14조)

2. 조업정지 명령

사업자가 관계기관으로부터 개선명령을 받았을 경우 이를 이행하지 않거나 이행을 하여도 배출허용기준을 계속 초과할 때는 배출시설의 전부 또는 일부의 조업정지를 명할 수 있다. 그리고 시간대별 배출허용기준을 초과하는 공장에는 시간대별로 구분하여 조업정지를 명할 수 있다

그리고 관계기관이 건강 상에 위해(危害)와 생활환경의 피해가 급

제5장 공장중개 관련 환경법의 기본적 이해

박하다고 인정하면 즉시 해당 배출시설에 대하여 조업시간의 제한·조업정지 등의 조치를 명할 수 있다(소음·진동규제법 제16조).

Learning Point

○ 소음·진동 환경 용어
- 소음, 진동, 소음배출시설, 진동배출시설, 소음·진동방지시설, 방음시설, 방진시설, ,

○ 공장 소음배출 허용기준
- 지역·지구별 구분
  낮(06:00~18:00), 저녁(18:00~24:00), 밤(24:00~06:00)
  도시준공업지역 : 낮65dB이하, 저녁60dB이하, 밤55dB이하
  도시일반전용공업지역 : 낮70dB이하, 저녁65dB이하, 밤60dB이하

○ 소음방지시설 설치면제
- 공장부지 경계선부터 200미터 이내 : 주택(사람 미거주 폐가 제외)·상가·학교·병원·종교시설, 공장 또는 사업장, 관광지 및 관광단지, 도지사·시장·군수·구청장이 고시하는 시설·지역이 없을 경우

제3편 공장중개의 실전

제1장 공장중개 물건의 확보와 조사확인

제2장 공장중개 물건의 관리와 마케팅

제3장 공장 거래계약의 기본사항

제4장 공장부동산 거래계약의 체결

제3편 공장중개의 실전

제1장 공장중개 물건의 확보와 조사확인

제1절 공장 물건의 확보

공장 물건을 확보하기 위해서는 제조업 업종에 따라 공장설립이 제한되는 경우가 있으므로 구하는 공장 원매자의 희망하는 지역, 거래처와의 거리, 가격대, 제품 유통의 편의성 등의 경제성과 직원의 출·퇴근이 용이할 수 있는 접근성을 따져 보아야 한다.

개별입지와 계획입지를 막론하고 공장설립등의 승인 여부와 규모에 부합하는지가 중요하며, 이는 중개 완성의 필수 조건이라고 할 수 있다. 이와 관련하여 공장 물건의 확보와 조사 확인 내용에 대하여 알아본다.

I. 오프라인 물건확보

1. 의뢰인으로부터 물건 접수

공장 소유자의 워킹 손님에 의한 접수와 지인, 연고자의 의뢰나 소개 그리고 광고 전화번호에 의하여 전화로 접수하는 방법이 있다.

특히 개업공인중개사는 공장매도 관련 다수의 공장을 광고하는 과정에서 대부분 의뢰인으로부터 공장 물건을 접수하게 된다. 그러나 존재하지 않는 물건을 광고하여 유인하는 방법으로 공장 매도매수인은 발견하는 방법은 금지하고 있고, 공인중개사법위반으로 처벌될 수 있으므로 명확하고 정확하게 공장 중개실무에 임하여야 한다.

2. 공동중개 물건 접수

부동산 공동중개는 1개의 중개대상물을 두명 이상의 개업공인중개사가 공동으로 수행하는 중개 행위를 말한다. 공동중개는 일반적으로 실전에서 많이 이루어지는 편이며 매물을 빠르게 확인하고 공동 마케팅의 방법으로 신속하게 처리할 수 있는 장점이 있다.

매물을 공동 물건으로 접수하여 개업공인중개사의 협력 또는 협업에 의한 중개는 상호 도움이 될 뿐만 아니라 공장 중개에 대한 실무지식을 공유하고 해당 중개 물건의 연구, 조언 등을 통하여 상호 도움을 주고받아 중개하는 것이 최상의 중개 방법이라 할 것이다.

3. 경영자단체·관리단체로부터 접수

소상공인·중소기업 단체, 기업 경영자의 학교, 교육 모임 등이나 공단 관리사무소, 공단협의회 등 공장 중개와 컨설팅 관련 홍보로 영업을 통하여 물건을 확보하는 방법이다.

그리고 각종 대학교의 특수대학원, CEO 공개과정 등에 입학하여 상호교류를 통한 공장 매물확보는 많은 도움이 된다.

II. 온라인 물건확보

1. 부실채권 전문회사를 통한 물건확보

금융기관의 기업체 담당 또는 부실채권(NPL-Non Performing Loan)관리 전문회사의 회사 홈페이지를 통하여 경매 예정 물건이나 유입 물건을 찾는 방법이다. 대표적인 부실채권 관리전문회사로는 연합자산관리 주식회사(유암코), 대신AMC, 파인스트리트, 마이에셋자산운용, 농협자산관리, 제이원자산관리, MG신용정보 등이 있다.

2. 경·공매사이트를 통한 물건확보

대법원 경매사이트 또는 한국자산관리공사 공매물건(온비드) 홈페이지를 통하여 물건을 검색 원매자 고객에게 추천하는 방법으로 경·공매 컨설팅의 대상이 되는 물건이다. 또한 법인인 공인중개사가 요건을 갖추면 「공인중개사법」 제14조제3항에서 「민사집행법」에 의한 부동산의 매수신청 또는 입찰신청의 대리 업무를 할 수 있다고 되어 있으므로 경·공매를 활용하여 공장 물건을 다소 확보할 수 있다.

Learning Point

○ 공장 매물 오프라인 확보
- 의뢰인으로부터 물건 접수
- 공동중개 물건 접수
- 소상공인, 경영자단체, 관리단체, 학교, 교육모임 등으로부터 접수

○ 온라인 물건 확보
- 부실채권 전문회사를 통한 물건확보
- 경·공매사이트를 통한 물건확보

제2절 공장중개 물건의 조사확인

I. 조사 확인의 목적

부동산의 중개에 있어 조사확인 내용은 중개대상물의 확인·설명서의 기재사항에 기초 자료가 된다. 특히 공장 중개대상물은 규모가 소형부터 대형 물건까지 존재하고 다양한 업종과 그 형태가 여러 종류인 만큼 중개대상물의 확인·설명 내용외 조사할 사항이 많고 행정규제 그리고 공장설립·등록과 관련한 위반 사항을 미리 발견하여 공장 중개 사고를 미연에 방지하는데 그 목적이 있다.

조사확인 사항은 공부를 통한 토지이용계획확인서, 토지대장, 지적도, 건축물대장과 현황도, 등기사항전부증명서, 신탁원부, 「공장저당법」제6조 목록, 공장등록증명서 등이 있다. 그리고 임장 활동에 의한 조사사항으로는 업체 기초조사로부터 기반시설, 토지의 특성과 건물현황, 기계기구와 시설물 등의 조사 사항이다.

II. 공장 물건의 조사확인

1. 공적장부를 통한 조사확인

1) 토지이용계획확인서

토지이용계획확인서는 소재지, 지목을 비롯하여 개별공시지가 그리고 지역지구 등 지정여부를 조사하여 지역·지구 등 안에서의 행위 제한 내용을 알 수 있고 도로의 구분(소로·중로·대로·1류·2류·3류)과 도시계획의 내용을 확인 할 수 있다.

토지이용계획확인은 인근 관공서에서 발부 받거나 "국토교통부 국토공간정보" 포털사이트(www.nsdi.go.kr) 또는 "이음"(www.eum.go.kr)에서 무료로 열람할 수 있다.

2) 토지대장·지적도

토지대장은 토지의 소재지·지목·면적 그리고 공시지가와 언제 어떤 필지와 분할 또는 합병되었는지, 지목은 언제 변경되었는지 등 토지의 이력을 확인 할 수 있다.

지적도는 공장용지의 위치, 부정형 사다리꼴 등의 형상, 토지의 길이와 도로 폭·길이 등을 확인 할 수 있다.

토지대장과 지적도는 인근 관공서에서 발부받거나 "정부민원24시" 포털사이트(www.gov.kr)에서 열람과 발부를 받을 수 있으며 무료이다.

3) 건축물대장·건물현황도

건축물대장은 총괄표제부와 일반건축물대장이 있으며 건물의 구조, 용도, 면적, 규모, 층수, 사용승인일, 건축물의 명칭, 동수, 건폐율, 용적률, 건축주, 설계자, 감리자, 시공자 등을 확인 할 수 있다.

제3편 공장중개의 실전

    그리고 공장건축물대장에는 공장설립, 증설 등의 날짜와 내용을 확인 할 수 있어 공장 이력을 알 수 있다.

    건물현황도는 배치도와 평면도로 구분하며 배치도는 건물의 배치 형태, 건물 길이 등을 확인 할 수 있으며 평면도는 건물 각층의 평면도를 상세하게 확인 할 수 있다.

    특히 건축물대장에는 위법건축물의 표시가 기재되어 있을 경우가 있으므로 표시된 내용에 위반건축물의 위치와 면적 등을 반드시 확인하여야 한다.

    위반건축물 기재사례로 건축물대장 변동사항 란에 변동일자 20○○.○○.○○. 건축과-○○○○호에 의거 위반건축물 표시(공장 철골조 000㎡, 창고 경량철골조 000㎡ 무단증축하여 건축법 제11조 위반 등으로 기재되어 있다.

    건축물대장과 건물현황도는 중개대상물의 확인·설명 시 위반건축물을 발견하는데 필요한 자료로 활용 할 수 있으므로 반드시 확인하여야 한다. 특히 현황도는 임장 활동 현장에서 용이하게 스케치할 수 있는 공적장부이다.

    아래 그림은 건축물 현황도를 이용 임장 활동을 통하여 현장 조사를 한 사례이다.

[그림 10] 공장 현황(배치)도를 사용한 현황조사 사례

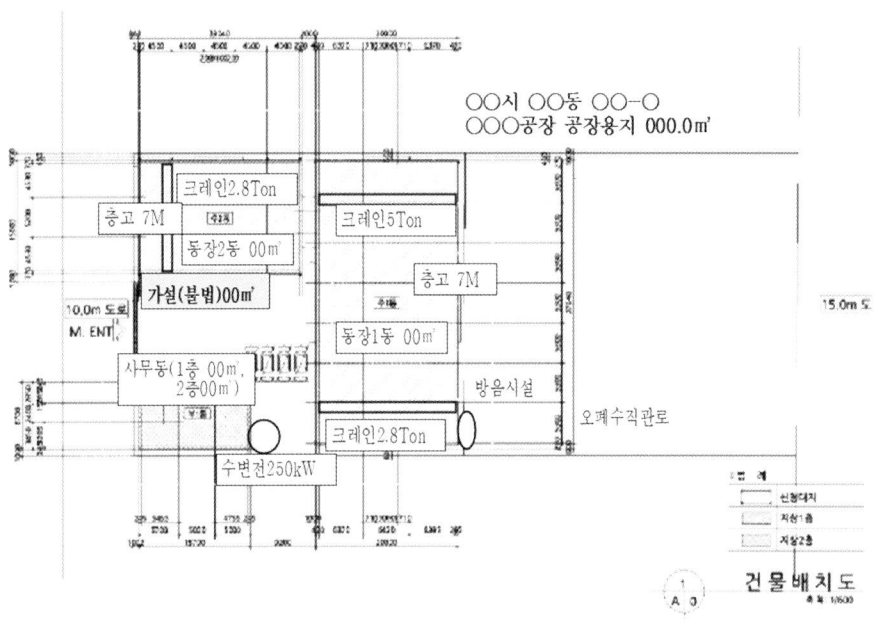

출처 : 저자작성

건축물대장과 건물현황도는 관공서에서 직접 발부 받을 수 있으며 또한 포털사이트 건축행정시스템 세움터(https://cloud.eais.go.kr)에서 무료로 발부 받을 수 있다.

그리고 건축물대장은 포털사이트 "정부24"(https://www.gov.kr)에서 열람 또는 발부를 할 수 있다. 특히, 건축물 배치도는 누구나 발부할 수 있으나 건축물 평면도는 온라인의 경우 본인을 확인하는 공동(금융)인증서가 있어야 발부가 가능하고, 관공서에서 발부 받을 경우 본인이 직접 또는 인감증명서를 첨부한 위임장을 제출하여야 대리인이 발부받을 수 있다.

4) 부동산등기사항전부증명서

부동산(토지·건물)등기사항전부증명서는 토지·건물에 대한 소유권에 관한 사항과 등기 할 수 있는 소유권외의 권리에 관한 사항을 확인할 수 있다. 그리고 부동산 등기사항전부증명서는 법원등기소 또는 포털사이트 대한민국 "법원인터넷등기소"(www.gov.kr)에서 유료로 열람 또는 발급받을 수 있다.

5) 신탁원부

신탁원부는 금융기관이 공장의 토지·건물과 기계기구 등에 대한 담보신탁계약에 의하여 대출을 실행하는 경우가 있다. 그러므로 채권의 금액, 수익자, 기계기구목록 등의 "공장재단" 전부를 일괄하여 신탁의 목적물로 신탁 등기되어 있다. 그러므로 그 내용은 파악하기 위해서는 법원 등기소에서 신탁원부를 직접 발부받아 확인하여야 한다. 또한 공장 매매 또는 임대 계약 시 처분·수익과 관련 동의관계 등의 확인이 필요하다.

6) 「공장저당법」 제6조 목록

"공장재단"이란 공장에 속하는 일정한 기업용 재산으로 구성되는 일단(一團)의 기업재산으로서 소유권과 저당권의 목적이 되는 것을 말한다(공장저당법 제2조제2호).

그러나 공장재단의 보존등기를 경료하지 아니하여도 공장에 속하는 토지나 건물에 대한 저당권설정등기를 신청할 수 있다. 그러므로 그 토지나 건물에 설치된 기계, 기구, 그 밖의 공장의 공용물로서 저당권의 목적이 되는 것의 목록을 제출하여야 하는데 이를 협의의 공장저당이라고 한다. 즉 토지나 건물이 공장에 속한 것임을 증명하는 서면을 제출하여 기계기구목록과 함께 저당권등기를 하여야 한다(공장저당법 제6조제1항, 공장및광업재단 저당등기규칙 제2조).

「공장저당법」제6조 목록을 발부하여 확인하여야 하는 이유는 공장중개 시 부동산과 함께 매매 대상에 포함되는 전기 공급시설의 일종인 수변전설비시설, 옥내와 옥외 크레인 등의 기계기구에 대한 명칭, 구조, 규격, 종류, 제작자, 제작일자, 수량 등을 확인하여 부동산 및 기계기구의 중개대상물 확인·설명과 매매계약서를 정확하게 작성하기 위하여 조사 확인하여야 할 사항이다. 「공장저당법」제6조 목록은 법원 등기소에서 직접 발부 받아야 한다.

7) 법인등기사항전부증명서

상법상 회사(주식회사, 합명회사, 합자회사, 유한회사, 유한책임회사)와 사단법인, 재단법인 등의 정보는 상호, 본점 소재지, 그리고 임원(대표자) 등을 확인하기 위해 열람하여야 한다. 특히, 「지방세특례제한법」제58조의3에 따라 창업중소기업 등에 대한 창업일을 확인할 수 있고, 세금 감면을 포함한 상담 자료나 매매 계약서를 작성할 때, 관련 당사자를 특정하기 위한 필수 정보로 활용하여야 한다.

법인 등기사항전부증명서는 전체 본·지점 또는 본점과 지점을 구분하여 열람 또는 발부 할 수 있고 포털사이트 대한민국 "법원인터넷등기소"(www.gov.kr)에서 유료로 발부 받아야 한다.

8) 공장등록증명서

공장등록증명서는 공장등록 현황과 내용 그리고 공장의 업종과 업종번호(한국표준산업분류), 제조시설, 공정 등을 확인하고 매도 공장의 현황을 파악하여 매수를 원하는 원매자가 있는 경우 업종과 관련하여 이를 참고 할 수 있는 공적장부이다.

공장등록증명서는 포털사이트 "정부24"(www.gov.kr)에서 발부 할 수 있으나 본인을 증명하는 공동(금융)인증서가 필요하다.

2. 임장활동을 통한 조사확인

1) 업체 기초 현황

업체 기초 현황 내용은 생산품명, 업종(한국표준산업분류), 법인등록번호, 사업자등록증 등이 있다. 그리고 환경 등록업체는 환경 관련 허가·등록 유무를 확인하는 등 업체의 기초 현황을 말한다.

2) 기반시설

상·하수도 또는 지하수와 공업용수 인입 사항, 오·폐수 시설(정화조·폐수처리장 연결 등)의 형식 용량, 우수처리 관련 시설 등의 기반시설을 조사 확인하는 것을 말한다.

3) 주변 환경과 접근성

계획입지인 산업단지의 경우 주변 환경이나 접근성이 공장 환경에 양호한 편이나 개별입지 공장의 경우 계획관리지역에서 준공업지역으로 전환 지정된 지역 또는 계획관리지역 등에 혼재하는 경우가 많은 편이므로 주변 환경이나 접근성을 조사 확인하여야 한다.

특히 사도의 경우 진출입 도로에 대한 다툼 여부, 대형 차량 등의 진출입이 가능한지 아니면 소형 차량이라도 몇 톤 정도 차량의 진출입이 가능한지 확인하여야 하고 민가가 있는 경우 민원이 존재하는지 조사 확인을 하여야 한다.

4) 토지 특정과 건물 현황

토지의 형상이나 지세, 이용 상황 그리고 건물의 구조와 증축 여부, 층별 구조 및 용도, 규모, 층수 높이, 부속물(옥외계단 및 현관, 건물바닥 등), 전기시설의 배전반 위치, 소방시설(소화전, 비상벨) 위치를 확인하여 현황도에 기록하여야 한다.

특히 공장은 높이가 높고 큰 물건이 많으므로 육안으로 천정과 벽면에 누수 흔적이 있는지 확인하여야 한다.

5) 기계기구와 시설물의 조사확인

기계기구의 조사는 공장 중개에 있어 중요한 부분으로 각종 기계기구 중 건물에 부착되거나 매매대상에 포함되는 시설을 중점적으로 조사하여야 한다.

전기시설인 수변전시설은 계약용량 KVA, 한전계약용량 kW와 제작일자를 확인하여야 한다.

건물 천정에 설치된 크레인(Crane)은 제작회사, 제작년도, Cap의 Ton, Span · Rail 길이를 확인하여야 하고 기타 설비인 에어샤워기, 집진기 그리고 냉난방 시설 등을 조사 확인하여야 중개하는데 도움이 된다.

Learning Point

○ 공적장부를 통한 조사확인
- 토지이용계획확인서 : 지역지구, 도로, 행위제한, 도시계획
- 토지대장·지적도 : 소재지, 지목, 면적, 토지이력, 토지형상
- 건축물대장·건물현황도 : 건물구조, 면적, 규모, 사용승인일, 동수, 건폐율, 용적률, 설계자, 감리·시공자, 배치형태, 평면형태
- 부동산등기사항전부증명서 : 소유권, 소유권외 권리 등
- 신탁원부 : 담보신탁(위탁자·수탁자), 수익자, 기계기구, 임대차, 매매시 처분·수익·동의관계
- 「공장저당법」 제6조 목록 : 담보기계기구목록, 수량, 구조, 규격, 제작자, 제작일자 등
- 법인등기사항전부증명서 : 상법상 회사, 사단·재단법인의 상호, 본점소재지, 임원사항, 창업일 등
- 공장등록증명서 : 업종, 한국표준산업분류번호, 제조시설, 공정 등

○ 임장활동을 통한 조사확인
- 업체기초현황 : 생산품, 업종, 법인등록번호, 사업자등록번호, 환경업체 인·허가 등록확인 등
- 기반시설 : 상·하수도, 지하수, 공업용수 인입, 오·폐수시설, 우수처리시설, 등
- 주변환경·접근성 : 진출입 접근성, 민가 민원, 지역지구 전환 등
- 토지특정·건물현황 : 토지형상, 건물 구조·불법증축, 전기시설현황, 층수, 높이, 천정·벽면 누수 현황 등
- 기계기구·시설물 : 건물부착 기계기구, 용량, 등 시설 현황 등

제2장 공장중개 물건의 관리와 마케팅

제1절 공장 물건의 관리

공장 물건을 접수하면 기본 정리와 관리를 하여야 하는 것은 필수이다. 일부 개업중개사는 각종 온라인 프로그램 등을 활용한 관리를 진행하고 있으나 이는 온라인 프로그램의 특성상 정보 누설의 위험이 있으므로 한글 프로그램, 마이크로소프트 Word, 엑셀 등의 프로그램을 활용하여 본인의 개성에 맞게 지역별, 규모별, 업종별 물건을 문서로 정리하여 관리 할 수 있어야 한다.

I. 지역별 물건관리

지역별 물건관리는 공장 이전을 위한 매수인이 기업의 거래처와 직원의 출·퇴근이 용이한 지역으로 물색하는데 있어 편리하고 빠른 검색으로 공장 물건을 추천할 수 있는 조건이 된다.

II. 규모별 물건관리

공장 물건은 소형 공장부터 대형 공장 물건까지 복잡·다양하고 규격이 전부 다른 건물이 많으므로 토지·건물 규모, 기계기구의 규모, 공장 건물의 레이아웃 등을 조사 정리하여 관리함으로써 매수인에게 맞춤 추천이 용이한 관리 방법이다.

III. 업종별 물건관리

공장 물건은 다양한 업종만큼 시설 설치와 행정적 규제가 따르기 마련이다. 일반공장부터 환경관련 인·허가 등이 필요한 공장과 같이 업종별 공장을 구분하여 관리하여야 한다. 예를 들어 전자 업종일 경우 건물 높이가 낮고 정밀한 시설이 설치되어 있을 것으로 추정할 수 있고 중장비, 조선기자재 등의 대형 공산품을 생산하는 공장일 경우 공장 높이가 높고 규모가 클 것으로 추정 할 수 있다.

즉, 비슷한 업종의 공장을 추천함으로써 인·허가 관계에 어려움이 없고 빠르고 정확한 중개의 조건을 제시하기 위한 관리 방법이다.

Learning Point

○ 공장 물건의 관리
- 지역별 관리 : 지역물건 검색 편리,
- 규모별 관리 : 맞춤 추천 검색 편리
- 업종별 관리 : 비슷한 업종 추천 검색 편리

제2절 공장 물건의 마케팅

I. S·W·O·T 분석에 의한 마케팅

S·W·O·T 분석은 기업이 전략적 계획을 수립하고 경쟁 기회를 식별하는 데 도움이 되는 분석기법이다.

그리고 조직의 강점과 약점을 분석하여 기회를 최대한 활용하고 위협에 대응하는 전략을 수립하여 비즈니스나 프로젝트의 강점, 약점, 기회, 위협을 식별하는 기법이다.

그래서 이러한 내용을 공장부동산의 마케팅에 활용하여 강점, 약점, 기회, 위협을 분석하고 적용하여 고객에게 방향성을 제시하여 중개 완성에 이르도록 하여야 한다.

1. 강점(Strengths)

강점(Strengths)은 공장부동산의 위치 분석을 통한 진입로 등의 접근성 그리고 교통망을 통한 물류의 적정성과 회사원 즉 사원의 출·퇴근이 용이한 교통 조건 등 공장의 업종에 따른 강점을 조사하여 이러한 내용을 바탕으로 마케팅에 활용하여야 한다.

그리고 공장의 형태나 규모를 이용 가성비를 높이는 경우도 있을 수 있다. 예컨대 공장 건축물의 높이가 너무 높은 강점을 활용하여 중간층을 일부 또는 전부를 증축하는 공사로 기계공장을 전자공장 또는 창고로 활용할 수 있는 방안은 제조공장의 가성비를 올려 줄 수 있다.

다음 그림은 공장의 높은 층고를 활용 2층으로 증축하여 연면적을 넓히고 전자공장 또는 2층 창고 용도를 변경하여 활용하는 방법이다.

[그림 11] 높은 층고의 강점을 활용한 증축 사례

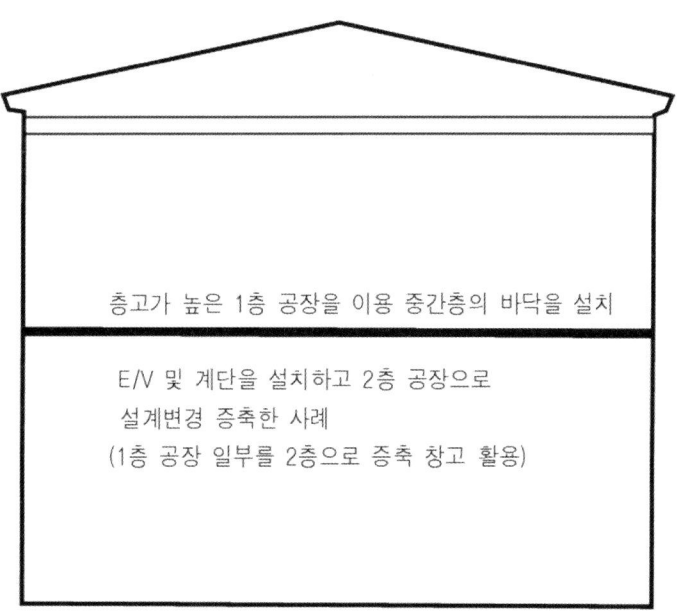

자료 : 저자 작성

제3편 공장중개의 실전

2. 약점(Weaknesses)

약점(Weaknesses)은 공장부동산의 단점 즉 개선이 필요한 부분, 제약사항 등을 조사하여야 하는데 강점에서 나타나는 반대 내용을 개선하여야 할 내용을 살펴보고 오히려 약점을 개선, 강점으로 전환하여 마케팅에 활용할 수 있다. 그리고 약점을 살피는 것은 중개사고의 예방에도 도움이 될 수 있다.

예컨대 도로 한쪽의 법면으로 인하여 진입도로가 좁은 약점이 있을 경우 법면을 콘크리트 옹벽 공사를 하여 진입 도로를 넓혀 공장부동산의 가치를 높이는 마케팅 방법이 있을 수 있다.

다음 그림은 진입도로 일부를 옹벽으로 공사하여 도로를 확장하는 사례의 그림이다.

[그림 12] 진입도로 법면의 약점을 활용한 도로확장 사례

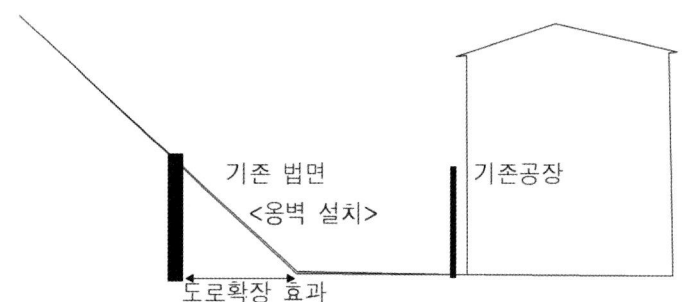

자료 : 저자 작성

그리고 층고가 낮은 공장의 약점을 활용하여 주기둥에 H빔 기둥을 이용 층고를 높여 부동산의 가치를 높이는 마케팅 방법이 있을 수 있다.

[그림 13] 낮은공장 건물 주기둥에 H빔을 이용 층고를 높인 사례

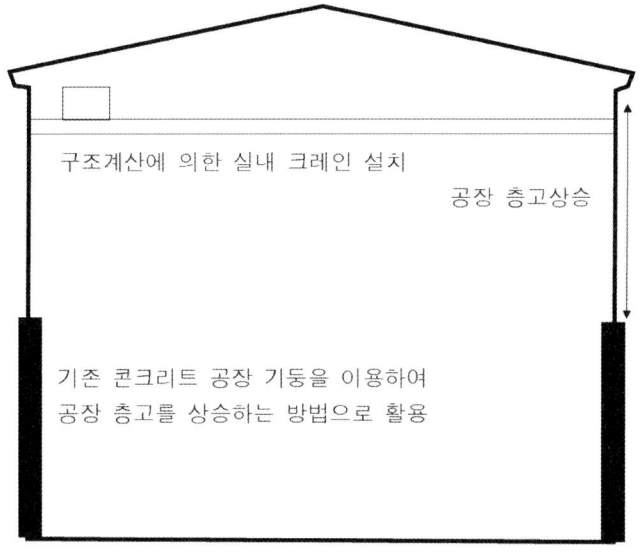

자료 : 저자 작성

또한 규모가 큰 공장의 높은 매매가격의 약점을 분할 매각하는 마케팅 방법으로 중개를 할 수 있다.

3. 기회(Opportunities)

기회(Opportunities)는 공장부동산의 거래에 있어 유리한 조건에 있는 경우로 매도의 회사 사정, 정부정책 자금의 지원, 건설자금의 급상승 등으로 인한 내·외부 요인에 의한 유리한 조건에 공장을 매수할 수 있는 기회를 부각하여 마케팅에 활용할 수 있다.

제3편 공장중개의 실전

　예컨대 매도회사의 급한 사정에 급매도 공장, 매수회사의 정책자금의 지원 기일 만료, 공장은 좋은 편이나 건축비의 상승으로 재조달원가의 상승 폭이 높을 때 공장 건물을 조금만 수리하면 같은 조건이 될 수 있는 기회를 놓치는 것은 아쉬운 결과를 발생하게 할 수 있다.

4. 위험(Threats)

　위험(Threats)은 공장부동산의 중개 위험요인 분석으로 과다 금융실행으로 인한 소유권 이전 불능, 넓은 면적의 불법건축물의 건축으로 인한 철거비용의 과다 지출, 출입 도로의 미확보와 도로 다툼이 있는 공장, 공장 관련 민원의 발생 등 위험이 작용할 수 있으므로 현장 임장분석을 통하여 마케팅에 활용하여야 할 것이다.

　예컨대 공장 소음·진동으로 인한 민원으로 인하여 공장부동산을 저렴하게 매도할 공장이 있는 경우 전자, 조립 등 조용한 공장을 중개에 활용하여 민원을 해결하는 방법은 좋은 사례가 될 것이다.

II. 오프라인 방법에 의한 마케팅

　오프라인 광고의 대표적인 광고 방법으로 일간지 신문, 정보지 게재와 현수막 부착에 의한 광고 그리고 팩스 발송 광고가 있다.
　팩스광고 방법은 고객의 명함을 활용 팩스번호를 수집하여 기업관련 정부 시책 정보 등과 함께 발송하는 방법으로 공장용지 등의 분양 광고에 효과적이다.

　광고 게재 방법으로 우선 소재지, 공장용지 면적, 공장건물 면적(공장 ○○m², 창고○○m² 사무동 ○○m²), 건물제원(건물높이, 레이아웃 등), 기계기구, 접근성, 추천업종, 매매가격 순으로 게재한다.
　그리고「공인중개사법」에 따른 중개대상물의 표시·광고는「부당한 중개대상물 표시·광고행위의 유형 및 기준」[국토교통부고시 제

2020-596호, 2020. 8. 21. 제정]을 준수하여 「공인중개사법」의 중개대상물 표시·광고 규정에 위반되지 않도록 주의하여야 한다.

특히 현수막 부착 광고 시 "공장매매임대"의 단순한 문구로 의미 없는 광고 행위는 전혀 효과가 없을뿐더러 부존재·허위의 표시광고, 거짓·과장의 표시광고, 기만적 표시·광고에 해당되어 과태료 대상이 될 수 있으므로 주의 하여야 한다(공인중개사법 제18조의2, 부당한 중개대상물 표시·광고행위의 유형 및 기준 제4조~제7조).

III. 온라인에 의한 마케팅

한국공인중개사협회가 제작하여 운영하고 있는 한방프로그램과 이 프로그램을 활용한 네이버 광고가 있으며 홈페이지, 블로그, 유튜브를 활용한 방법 등이 있다. 의뢰받은 공장 중개대상물에 대하여 공장재단에 관한 인터넷 표시·광고 명시사항으로 공장재단등기부에 기재된 소재지를 표시하되 읍·면·동·리까지 표시할 수 있고 면적, 가격, 중개대상물 종류, 거래 형태, 거래예정가격 등을 반드시 기재하여 「공인중개사법」의 위반이 없도록 하여야 한다(공인중개사법 제18조의2제2항, 중개대상물의 표시·광고 명시사항 세부기준 제9조).

Learning Point

○ 공장 물건의 마케팅
- S·W·O·T 분석 마케팅
  - 강점(Strengths)   · 약점(Weaknesses)
  - 기회(Opportunities)   · 위험(Threats)
- 오프라인 마케팅
  - 신문   · 일간지
  - 정보지   · 팩스발송
- 온라인 마케팅
  - 한방프로그램 등   · 홈페이지광고
  - 블로그   · 유튜브

제3편 공장중개의 실전

제3장 공장 거래계약의 기본사항

제1절 공장 거래계약의 개념과 특성

I. 공장 거래계약의 개념

일상생활에서 계약의 종류는 전형계약만 하더라도 매매, 증여, 교환, 소비대차, 사용대차, 임대차, 고용, 도급 등 많은 계약이 존재한다.

그러나 공장 관련 부동산의 계약은 규모, 업종, 기계기구, 시설 등이 다양하여 단순한 내용의 계약이 있는 반면 복잡한 내용을 포괄 또는 구분하여 거래 계약하는 것을 말한다.

그러므로 여러 종류의 공장계약서 작성과 관련 계약 전 조사 확인사항과 계약 이후 이행 사항 및 절차를 습득하여 중개사고 예방에 만전을 기하여야 한다.

공장거래계약은 물건내용과 거래방법에 따라 다양하게 체결되고 있다. 그 종류를 분류한다면 일반적 공장매매계약서, 공장의 포괄적매매계약서, 공장재단매매계약서, 공장임대차계약서, 공장전대차계약서, 공장분할계약서, 공장용지(분양)계약서, 공장용지개발 전의 토지매매계약서, 기업양도양수계약서 등이 있으나 이 장에서는 제일 많이 사용도히는 공장매매계약, 공장임대계약, 공장전대차계약에 대한 작성 방법에 대하여 설명하고자 한다.

II. 공장 거래계약의 특성

공장은「산업집적법」과 「통계법」에서 말하는 공장을 비롯하여 「건축법」에서 규정하는 공장 그리고 근린생활시설 중 제조시설과 공장을 건축할 수 있는 공장부지 내지 공장용지로 개발 할 수 있는 농지나 임야 등 그 종류가 다양하고 공장재단 양도양수계약의 경우 기업의 회계정보를 활용할 수도 있다.

또한 공장 부동산의 물건은 대체로 고가이나 정부의 다양한 제조업의 지원으로 인한 금융지원과 보조금 지원이 적극적으로 이루어지고 있어 대출 규제 등에 의한 주거용과 상업용 부동산에 비하여 중개활동이 쉽게 이루어질 수 있다. 그러나 계약의 절차가 다른 용도의 부동산보다 까다롭고 복잡한 점이 그 특성이다.

Learning Point

○ 공장 거래계약의 개념
- 규모, 업종, 기계기구, 시설 등 다양
  단순 내용부터 복잡한 내용의 거래가 많음
  종류 : 일반적공장매매계약서, 공장재단의 포괄적매매계약서, 공장재단매매계약서, 공장대차계약서, 공장전대차계약서, 공장의 분할계약서, 공장용지(분양)계약서, 공장용지개발 전 토지매매계약서, 기업양도양수계약서 등

○ 공장 거래계약의 특징
- 제조업 지원 등으로 쉬운 중개 활동
  소수의 중개 물건과 계약 절차 복잡·다양

제3편 공장중개의 실전

제2절 공장 거래계약 시 확인사항과 절차

I. 공장계약 체결 전 확인사항

1. 계약대상물 조사 확인

계약대상물 주변의 민가위치와 민원사항을 파악하여 확인하고, 진출입 도로의 사도 유무와 공장전경에 의한 건물배치 그리고 건물 내·외부 상태 및 누수흔적 등을 확인하여야 한다. 또한 공장건물과 현황도(배치도·평면도)를 대조하여 위반건축물 조사하고 분배전반의 전기시설과 소방시설, 기계기구 목록 중 거래대상이 되는 수변전설비시설, 옥내·외 크레인 등의 기계기구의 현황을 파악하여 확인하여야 한다.

그리고 물, 대기, 소음·진동 등 환경관련 시설, 상·하수도, 오·폐수의 기반시설, 냉난방기 등의 부대시설 종류와 위치 개수 등 계약대상물 등에 대하여 조사·확인하여야 한다. 이때 필요한 사항은 사진을 촬영하여 사진폴더에 저장하고 중개사무실에서 중개활동 시 설명에 사용하거나 계약서 작성 전 또는 계약서 작성 시 확인·설명에 활용하여야 한다.

2. 법률·행정적 내용 조사 확인

공장물건 확인 사항에서 공적장부로 설명한 토지이용계획확인서로 지역·지구와 행위제한 내용을 확인하여야 한다. 그리고 토지대장으로 공시지가, 지목, 면적을 확인하여야 하고, 건축물대장으로 위반건축물 기재여부, 건물의 구조, 용도, 면적, 규모, 층수, 사용승인일, 건폐율, 용적률 등을 확인하여야 한다.

현황도(배치도)를 확인하여 위반건축물 유무를 확인하여야 하고, 특히 증축 또는 철거로 인하여 건축물대장 내용과 건물등기사항전부증명서의 표제부 내용이 일치하는지 여부를 확인하여 불일치 시 매도인에게 잔금 전 건물등기사항전부증명서의 표제부 변경등기를 경료하게 하여야 한다. 그리고 「공장저당법」 제6조 목록에 의하여 이전할 기계기구를 조사 확인 하여야 한다.

Learning Point

○ 공장계약 체결 전 확인사항
- 계약대상물 조사확인
  민원사항, 도로(진출입), 건물배치, 내·외부상태, 누수흔적, 위반건축물유무, 전기시설, 소방시설, 기계기구(크레인·수변전시설 등), 환경관련시설, 기타시설.
- 법률·행정적 내용 조사확인
  공적장부확인 : 토지이용계획확인원, 토지대장, 건축물대장, 건물현황도(배치도), 등기사항전부증명서, 기계기구목록 등.

II. 공장거래계약 체결 후 절차

1. 금융기관 차입절차 진행

공장부동산이 필요한 기업은 대부분 공장이전, 증설, 신설, 업종변경 등의 사유로 공장을 매수하게 된다. 그러므로 투자금 내지 자본금 중 부동산에 대한 비중이 많은 편이어서 금융기관의 차입으로 공장부동산과 기계기구를 매수하게 된다.

또한 대부분의 기업은 공장매매계약 체결 전 금융기관·중소벤처기업부 또는 지자체에서 지원하는 정책자금에 의하여 공장을 구입하는 것이 통상적이다.

그러므로 개업공인중개사는 공장계약이 완성되면 금융기관 내지 차입기관에 공장매매계약서 사본을 즉시 제출하여야 한다. 그러면 금융기관은 매매계약서에 기재된 계약 대상 부동산을 토지·건물·기계기구로 구분하여 감정평가사에 의하여 담보감정을 진행하고「공장저당법」제6조에 의한 공장저당의 목적이 되는 공장저당목록을 제출하여 저당권설정등기 경료와 동시에 담보율에 의한 금융기관의 대출이 진행된다.

2. 매매대금의 종류별(토지·건물·기계기구) 비례 안분계산

「부가가치세법시행령」제2조는 부가가치세가 과세되는 재화의 범위를 상품, 제품, 원료, 기계, 건물 등 모든 유체물(有體物)과 전기, 가스, 열 등 관리할 수 있는 자연력 그리고 광업권, 특허권, 저작권 등의 재산적 가치가 있는 모든 권리라고 정하고 있다.

그러므로 공장거래계약에서 토지는 부가가치세의 과세범위에 속하지 않으나 건물과 기계기구 등의 동산은 재화의 범위에 속하여 총매매금액에서 토지금액, 건물금액 그리고 공장에 부속된 기계기구의 매매금액을 비례 안분하여 부가세를 납부하여야 한다.

부가가치세법은 공급재화에 대한 과세표준을 토지와 건물등 중에서 어느 하나 또는 모두의 기준시가가 없는 경우로서 감정평가가액이 있는 경우에 그 가액에 비례하여 안분 계산한 금액을 과세표준으로 정하고, 감정평가가액이 없는 경우에는 장부가액(장부가액이 없는 경우에는 취득가액)에 비례하여 안분 계산한 후 기준시가가 있는 자산에 대해서는 그 합계액을 다시 기준시가에 의하여 안분 계산한 금액으로 하여야 한다고 정하고 있다(부가가치세법 시행령 제64조제1항 제2호).

그리고 공장부동산 및 매매대상에 포함된 기계기구의 매매대금에서 종류별로 안분 계산이 필요한 이유는 토지는 계산서, 건물과 기계기구는 부가가치세를 별도 또는 포함하여 세금계산서를 발부하여야 한다. 그리고 기계기구는 회사장부의 회계 계정과목에 고정자산으로 관리되고 있으므로 회계장부의 정리를 하도록하여야 한다.

실무에서는 공장부동산(토지·건물)과 기계기구를 포괄적매매계약서로 작성하고 그 사본을 제출받은 매수인의 차입 금융기관이 담보용으로 부동산 및 기계기구의 감정평가를 실행하게 된다.

개업공인중개사는 이 감정평가서 사본을 입수하여 총 매매대금에서 감정평가 금액에 비례하여 안분 계산한 건물과 기계기구의 금액을 공급재화로 보아 세금계산서를 발부하여 부가가치세를 납부하여야 한다(부가가치세법 시행령 제64조제1항제2호).

또한 위에서 말하는 감정평가서는 재화가 인도되거나 이용이 가능하게 된 때, 즉, 재화의 공급시기에 속하는 과세기간의 직전 과세기간 개시일부터 공급시기가 속하는 과세기간의 종료일까지「감정평가법」에 따른 감정평가법인등이 평가한 감정평가가액을 말한다(부가가치세법 시행령 제28조제1항) 그래서 공장의 포괄적 매매계약 체결에 있어 토지, 건물, 기계기구의 각 종류별 금액을 안분 계산하는 방법으로 2가지 사례를 들 수 있다.

1) 공장등 감정평가서에 의한 비례 안분계산

공장부동산 감정평가서는 실무사례로 볼 때 차입은행에서 실행한 담보용 부동산감정평가서를 활용하며, 매매대금에 대한 토지·건물 및 기계기구의 각 종류별 상세금액의 비례하여 안분금액을 계산한다(부가가치세법 시행령 제64조).

산출계산식은 아래와 같으며 천원 미만의 단수가 있을 때에는 그 단수금액은 버린다.

각 종류별[토지 · 건물 · 기계기구(건물 · 기계기구 부가세 별도)]금액 = 총 매매대금 × (각 종류별 감정평가금액 ÷ 총 감정평가금액)

2) 기준시가에 의한 비례 안분계산

부가가치세법은 감정평가가액이 없는 경우에는 장부가액(장부가액이 없는 경우에는 취득가액)에 비례하여 안분 계산한 후 기준시가가 있는 자산에 대해서는 그 합계액을 다시 기준시가에 의하여 안분 계산한 금액으로 한다고 규정하고 있다(부가가치세법 시행령 제64조제1항제2호).

그러므로 토지금액은 아래 계산식에 의하고

토지공시지가(안분계산 기준금액) = 표준공시지가 × 계약면적(㎡)

건물은 아래 건물기준시가 산정 기본계산식에 의한다.

<표 3> 건물기준시가 산정 기본계산식

건물기준시가 산정 기본계산식

(1) 기준시가 = 평가대상 건물의 면적(㎡) × ㎡당 금액
(2) ㎡당 금액 = 건물신축가격기준액 × 구조지수 × 용도지수 × 위치지수 × 경과연수별잔가율 × 개별건물의 특성에 따른 조정률
1) 연면적을 말하며, 집합건물의 경우 전용면적과 공용면적을 포함한 면적을 말한다.
2) ㎡당 금액은 1,000원 단위 미만은 버린다.
3) 개별건물의 특성에 따른 조정률은 「상속세 및 증여세법」 제61조제1항제2호에 따라 기준시가를 계산하는 경우에만 적용한다.

국세청 건물기준시가 계산방법 고시 제5조 (국세청고시 제2022-33호)

<표 3>의 기본 계산식에 의한 건물기준시가의 계산은 국세청 홈택스(www.hometax.go.kr)사이트에서 자동으로 계산할 수 있다.

국세청 홈택스 → 상담·불복·고충·제보·기타 → 기준시가 조회 → 건물기준시가(양도) 계산하기를 클릭하고 신축연도, 건물면적, 취득년도, 양도년도, 취득당시 건물구조 및 용도, 양도당시 건물구조 및 용도 취득당시 ㎡당 개별공시지가, 양도당시 ㎡ 당 공시지가를 입력하고 조회하여 출력하면 된다.

아래는 국세청 홈택스에서 건물기준시가를 계산한 사례이다.

[그림 14] 국세청 건물기준시가 자동 계산 사례

건물기준시가(양도)

주차장형태 선택	☐ 기계식주차전용빌딩		
신축년도	2011	건물면적	330.66㎡
취득년도	2011	양도년도	2024
취득당시 건물구조	연와조, 시멘트벽돌조, 황토조, 철골조, 스틸하우스조보강콘크리트조, 목조		
취득당시 건물용도	공장및발전-기타 물품의 제조, 가공, 수리에 계속적으로 이용되는 건축물로서 제1종, 제2종 근린생활시설, 위험물저장 및 처리시설, 자동차관련시설, 분뇨 및 쓰레기처리시설		
양도당시 건물구조	연와조,철골조,보강콘크리트조,보강블록조		
양도당시 건물용도	공장-기타 물품의 제조,가공,수리에 계속적으로 이용되는 건축물로서 제1종,제2종 근린생활시설, 위험물저장 및 처리시설, 자동차 관련 시설, 자원순환 관련 시설 등으로 따로 분류되지 아니한 것		
취득당시 ㎡당 개별공시지가	570,000 원/㎡	양도당시 ㎡당 개별공시지가	976,000 원/㎡

기준시가 계산결과

```
건물기준시가 = ㎡ 당 금액 × 평가 대상 건물의 면적 (㎡)
㎡ 당 금액 = 건물신축 가격기준액 × 구조지수 × 용도지수 × 위치지수 × 경과연수별잔가율
2000년 12월 31일 이전 취득 건물기준시가 = 2001년 1월 1일 기준시가 × 산정기준율
```

양도당시 (2024) 건물기준시가 = 453,000 원 / ㎡ X 330.66 ㎡ = 149,788,980 원

㎡ 당 금액 (원)	건물신축가격기준액 (원)	구조지수	용도지수	위치지수	경과연수별잔가율
453,000	830,000	0.97	0.78	1.02	0.7075

취득당시 (2011) 건물기준시가 = 347,000 원 / ㎡ x 330.66 ㎡ = 114,739,020 원

㎡ 당 금액 (원)	건물신축가격기준액 (원)	구조지수	용도지수	위치지수	경과연수별잔가율
347,000	580,000	0.90	0.70	0.95	1.0000

3) 공장건물 시가표준액

공장건물 시가표준액은 정부에서 운영하는 전국지방세 신고·납부서비스의 포털사이트 "위택스"(www.wetax.go.kr)에서 지방세정보, 시가표준액 조회로 확인하고, 공장부동산 중개 시 중개대상물 확인·설명서에 거래예정금액등의 개별공시지가와 건물공시가격을 기재한다.

4) 기계기구의 안분계산

공장의 건축물과 소유권이전 대상이 되는 기계기구는 수변전설비시설(한국전력분담금 포함)과 크레인 그리고 약정에 의한 시설인 집진기, 에어샤워기 등의 여러가지 기계기구가 존재할 수 있다.

그러나 공장부동산의 포괄적매매계약서 작성 후 기계기구의 내용연수 경과 또는 착오 등으로 기계기구의 감정평가를 누락할 경우가 있다. 이럴 경우 공장건물에 설치된 수변전설비시설, 크레인 등의 기계기구를 감정평가에 의하여 안분 할 수 없다.

실무에서는 기계기구는 재생산원가에 감가상각의 방법 또는 거래시세에 의하여 정한다. 그러나 이를 명확하게 할 수 없으므로 기계기구 제작회사 또는 판매회사에 동종의 기계기구 제작·판매금액과 관련하여 견적서를 받아 그 자료를 활용하여 재조달원가를 정한다.

그런 후 재생산원가가 정하여지면 이를 근거로 기계기구는 내용연수를 정액법에 의하여 15년~20년으로 감가상각하여 계산한다.

이러한 기계기구의 금액 산정내역은 견적서 등을 첨부하여 보관하여야 하고 금액계산 내역서를 기업담당회계사무소에 전달하는 것이 좋을 것이다.

또한 포괄적으로 매매계약이 체결된 기계기구 중 내용연수 15년~20년이 경과된 기계기구가 존재 할 경우 기업의 회계장부에 존재하는지 여부를 확인하여야 한다. 왜냐하면 내용연수가 경과한 기계기구라도 부품교체 등의 수리로 인해 내용연수가 연장되어 있을 경우가 있으므로 이럴 경우 기업담당 회계사에게 기계기구의 매도금액을 문의하여야 한다.

그러나 제조년도가 오래되어 내용연수가 경과한 기계기구가 회사장부에 존재하지 않을 경우 건물에 포함하여 소유권을 이전하거나 기계기구 관련 중고판매업체에 견적서를 근거로 하여 그 금액을 정할 수 있을 것이다.

그리고 감정평가사의 감정평가 결과 내용연수의 경과로 감정이 불가한 기계기구가 있을 수 있다. 그러나 내용연수가 경과한 기계기구라 하여도 매매대상에 포함되고 관리가 잘되어 기계작동과 사용에 전혀 문제가 없는 기계기구가 있을 수 있다. 이를 때는 기계기구의 잔존가치에 의한 거래로 동산계약을 체결할 수 있을 것이다.

잔존가치는 기계기구의 중고매매업체의 견적서 또는 온라인 기계기구 판매업체를 검색하여 동종의 기계기구 매매금액을 문의하는 방법으로 합리적인 시세금액을 도출하여 매매금액을 결정하면 될 것이다.

그리고 기계기구 중 감정평가의 대상이 되지 못하고 오래되어 작동불능인 상태로 폐기처분되어야 하는 기계기구가 존재한다면 이를 당사자에게 확인 후 금액을 '0'원으로 처리하여 공장 건물과 함께 이전하여도 무방할 것이다.

실무상 경험으로 볼 때 개인기업의 경우 감정평가서가 존재하지 않는다는 이유로 양도소득세 절세를 위하여 기계기구의 금액을 높게 책정하는 사례가 있으나 이는 잘못된 사안으로 기계기구의 금액이 책정된 근거자료에 의하여 합리적인 매매금액을 정하는 것이 옳다.

그런데 공장의 감정평가서가 존재하지 않아 복잡할 때는 기업은 세무회계 사무실에 세무회계를 위임하고 있으므로 부동산과 기계기구 등의 매매금액의 비례 안분한 금액을 문의하여 부가세를 처리하고 금액 계산 내역은 매매계약서와 함께 보관하여야 한다.

또한 주의할 것은 기계기구를 건물의 부착물로 하여 소유권이전등기를 진행하는 경우가 있으나 이는 기업의 회계장부에 매각된 기계기구가 고정자산으로 계속 존재하고 있다면 오류를 범할 수 있다.
이러한 경우 기계기구의 수량이 많고 금액이 클 때 매수인은 취득세를 과다 납부할 수 있는 등 중개사고로 이어질 수 있으므로 주의를 요한다.

3. 부동산 거래신고

계약체결이 완료된 부동산(토지·건물)과 동산(기계기구)에 대하여 감정평가서 또는 부가가치세법에 의하여 토지·건물 및 기계기구의 비례 안분한 금액이 산출되면 부동산과 기계기구에 대한 변경계약서를 작성하여야 한다.
그런 뒤 부동산과 동산을 구분하는 부동산계약서와 동산계약서를 분리하여 재작성하여야 하고 부동산(토지·건물)계약서의 내용에 의하여 부동산거래관리시스템(https://rtms.molit.go.kr)에 계약일로부터 30일 이내에 거래신고를 완료하여야 한다.

4. 산업용지 및 공장건축물의 처분신고와 임대신고

산업단지의 경우 「산업집적법」 제39조제3항, 같은법 시행령 제50조 및 같은법 시행규칙 제38조에 따라 [별지 제28호서식]에 의하여 처분신고서를 작성하고 양도에 관한 계약서 사본, 양도받을 자의 사업계획서를 첨부하여 관리기관에 제출하여야 한다. 또한 이러한 처분신고는 "공장설립 온라인 지원시스템"(www.femis.go.kr)에서도 신청할 수 있다.

산업용지 또는 공장 등을 양도하고 처분신고를 하지 아니한 자에게는 500만원 이하의 과태료를 부과하며 참고적으로 경매 또는 입주계약이 해지된 기업도 처분신고를 하지 않은 경우도 같은 처벌을 받을 수 있다(산업집적법 제55조).

아래는 처분신고서의 서식으로 신고서에는 양도인과 양수인의 인적사항, 양도내용, 양수자의 사업계획을 작성하고, 양도에 관한 계약서 사본, 양도받을 자의 사업계획서를 첨부하여 관리기관에 신고하여야 한다.

그리고 산업단지의 산업용지 또는 공장등을 임대하려면 임대신고서(전자문서 신고서 포함)에 임대계약서사본(전자문서 포함)을 첨부하여 관리기관에 제출하여야 하고, 아래의 「산업집적법 시행규칙」 [별지 29호] 서식에 의하여 임대인, 임차인, 임대내용, 임차인의 사업계획를 제출하여 임대신고를 하여야 하고 산업단지에 입주 계약을 행하여야 한다(산업집적법 시행령 제48조의3제4항, 같은법 시행규칙 제36조의2).

제3편 공장중개의 실전

[그림 15] 처분신고서

■ 산업집적활성화 및 공장설립에 관한 법률 시행규칙 [별지 제28호서식] <개정 2012.10.5>   공장설립 온라인 지원시스템(www.femis.go.kr)에서도 신청할 수 있습니다.

처 분 신 고 서

※ 바탕색이 어두운 난은 신청인이 적지 않습니다. (앞쪽)

접수번호		접수일		처리기간	7일

양도인	회사명	(전화번호:)
	대표자 성명	생년월일(법인등록번호)
	대표자 주소(법인 소재지)	

양수인	회사명	(전화번호:)
	대표자 성명	생년월일(법인등록번호)
	대표자 주소(법인 소재지)	

양도 내용	공장 소재지		
	용지 면적(㎡)	건축 면적(㎡)	양도 가격(백만 원)
	평가액(백만 원)	대지:	건물 감정평가액:
	양도사유		

양수자의 사업계획	업종 (생산품)	분류번호	용지 면적 (㎡)	건축 면적 (㎡)	가동 예정일

「산업집적활성화 및 공장설립에 관한 법률」 제39조제3항, 같은 법 시행령 제50조 및 같은 법 시행규칙 제38조에 따라 위와 같이 산업용지 및 공장 등을 처분하려고 신고합니다.

년 월 일

신청인   (서명 또는 인)

관리기관   귀하

첨부서류	1. 양도에 관한 계약서 사본 1부 2. 양도받을 자의 별지 제2호의2서식의 사업계획서 1부	수수료 없 음
관리기관 확인사항	토지 또는 건물의 등기사항증명서	

위와 같이 처분신고를 하였음을 확인합니다.

년 월 일

관리기관   직인

출처 : 「산업집적법 시행규칙」 [별지 제28호 서식]

제3장 공장 거래계약의 기본사항

[그림 16] 임대신고서

■ 산업집적활성화 및 공장설립에 관한 법률 시행규칙 [별지 제29호서식] <개정 2012.10.5>

공장설립온라인지원시스템
(www.femis.go.kr)에서도 신청할 수 있습니다.

임대신고서

※ 바탕색이 어두운 난은 신청인이 적지 않습니다. (앞쪽)

접수번호	접수일	처리기간	7일

임대인	회사명		(전화번호:)
	대표자 성명		생년월일(법인등록번호)
	대표자 주소(법인 소재지)		

임차인	회사명		(전화번호:)
	대표자 성명		생년월일(법인등록번호)
	대표자 주소(법인 소재지)		

임대 내용	공장 소재지		
	용지 면적(㎡)	건축 면적(㎡)	임대 가격(백만원)
	임대용지 면적(㎡)	임대건축 면적(㎡)	임대 기간
	임대시설	임대사유	

임대인의 공장등록 변경	구분	용지 면적(㎡)	건축 면적(㎡)	제조시설 면적(㎡)	부대시설 면적(㎡)
	변경 전				
	변경 후				

| 임차인의 사업계획 | 업종 | 분류번호 | 생산품 | 가동 예정일 |

「산업집적활성화 및 공장설립에 관한 법률 시행령」 제48조의3제4항 및 같은 법 시행규칙 제36조의2에 따라 위와 같이 산업용지 및 공장 등을 임대하려고 신고합니다.

년 월 일

신청인 (서명 또는 인)

관리기관 귀하

| 첨부서류 | 임대계약서 사본 1부 | 수수료 없음 |
| 관리기관 확인사항 | 토지 또는 건물의 등기사항증명서 | |

위와 같이 처분신고 하였음을 확인합니다.

년 월 일

관리기관 직인

출처 : 「산업집적법 시행규칙」 [별지 제29호 서식]

5. 공장신설·증설·이전·제조시설설치 승인신청

공장 건축면적이 500㎡ 이상인 공장의 신설·증설 또는 업종변경을 하려는 자는 시장·군수·구청장의 승인을 받아야 한다(산업집적법 제13조제1항), 그리고 공장의 매매계약을 체결하고 시간을 절약하기 위하여 잔금지급 전에도 매도인의 공장사용동의서 내지 공장매매거래계약서 사본을 사용하여 공장신설·증설·이전 승인신청을 진행할 수 있다. 그리고 기계기구를 설치한 후 2개월 내 제조시설설치승인 신청을 하여야 한다.

6. 잔금계획 및 잔금서류 확인

잔금일 전 7~10일 정도의 시점에 잔금일정표를 작성하여 당사자와 관계인 등에게 잔금일정을 통지하여야 한다. 그래서 계약당사자, 근저당권 해지 은행담당자, 자금 차입은행의 대출실행 담당자, 이전등기업무 담당변호사 또는 법무사사무실에 잔금 일정표를 작성하여 팩스·메일·문자 등을 이용하여 잔금일시·장소 및 준비 서류를 통지하여 잔금지급 일정에 소홀함이 없어야 한다.

그리고 건물과 기계기구의 부가세금액, 소유권이전 등기금액을 포함한 잔금지급 금액을 미리 매수인에게 통지하여 잔금 준비에 실수가 없도록 하여야 한다.

7. 세무관련 서류 발급

공장거래의 잔금 지급이 확인되면 매도인은 토지에 대하여 계산서를 발부하고 건물 및 기계기구는 전자세금계산서를 발부하여야 한다.

전자세금계산서는 익월 10일까지 발부하여도 무방하나 잔금 지급일에 즉시 발부하도록 권유하는 것이 좋다.

왜냐하면 토지의 공급에 대한 계산서발부 의무는 없으나 건물 및

기계기구의 세금계산서 발부 지연은 가산세가 부과되므로 유의하여야 하기 때문이다.21)

그런데 계약금을 받기로 한 날의 다음 날부터 재화를 인도하는 날 또는 재화를 이용 가능하게 하는 날까지의 기간이 6개월 이상인 경우, 즉, 부동산 등의 계약금지급일부터 잔금 지급일이 6개월 이상인 경우 계약금, 중도금, 잔금지급 시 지급일 별로 각각 세금계산서를 발부 하여야 한다(부가가치세법 시행령 제28조제3항, 같은법 시행규칙 제18조제1호).

또한 공장매수인이 법인일 경우 공인중개사에게 지급하는 중개보수도 사실상의 취득가격에 해당되어 취득세의 과세표준에 포함된다(지방세법 시행령 제18조제7호). 그러므로 계약 시 협의한 중개보수의 세금계산서를 미리 발부하여 잔금 지급 때 계약당사자와 소유권이전 변호사 또는 법무사사무실 담당자에게 제출하여 취득세 고지서를 발부하게 하여야 한다.

---

21) 국세청 홈텍스 인터넷상담. 2018.10.18.(부가가치세과 답변일 2017-12-10)
[토지 전자계산서 발행의무 질의]
부동산개발사업자가 건물 및 토지를 공급하는 경우 「소득세법시행령」 제211조와 「법인세법」 제164조에 의하여 토지분에 해당하는 전자계산서를 발급할 의무가 없는 것으로 알고 있습니다. 이렇게 의무가 없는 계산서에 대하여 공급기한 익월 10일 이후에 계산서를 발급하는 경우 즉, 발급의무 없는 전자계산서를 지연해서 발급한 경우 지연발급에 가산세가 부과 될 수 있는지 문의합니다.
[국세청 답변]
토지의 공급은 계산서의 발급의무가 없는 것이므로 이를 지연발급한 때에도 가산세는 적용되지 아니하는 것으로 판단됩니다.
법인세과-304, 2009.30.20.
법인이 교부의무가 없는 토지공급분에 대한 계산서를 교부하고 매출처별 계산서합계표에 기재하여 제출한 경우에는 「법인세법」 제76조제9항의 규정에 의한 가산세가 적용되지 않는 것임.

8. 공과금의 정산

공장거래 시 정산할 공과금 중 잔금지급 때 가장 많은 금액의 비율을 차지하는 것은 전기료이다. 그리고 상·하수도, 도시가스 대금 등 공과금 정산은 고지서의 발부 관련기관에 미납금을 확인하여 매도인에게 정리하게 하고 마지막 월고지 금액은 월사용일에 1일로 비례 안분 계산한 금액으로 정리하면 된다.

그리고 지방세(재산세·면허세 등) 내지 국세는 기업의 업종에 따라 계약과 관련된 경우 관련기관에 문의하여 정리하면 된다.

Learning Point

○ 공장계약 체결 후 절차
- 금융기관 차입절차 진행
  ▽
- 종류별(토지·건물·기계기구) 매매대금 비례안분 계산
  ▽
- 부동산 거래신고
  ▽
- 산업용지 및 공장건축물 처분신고
  ▽
- 공장신설·증설·이전·제조시설설치 승인신청(필요한 경우)
  ▽
- 잔금계획 및 잔금서류 확인
  ▽
- 세무관련 서류(세금계산서·계산서) 발급
  ▽
- 공과금 정산(정기요금, 상·하수도, 도시가스, 지방세 납부확인 등)

제3절 온라인프로그램에 의한 계약과 SNS문자 계약의 효력

I. 한방프로그램에 의한 거래계약서 작성

1. 한방프로그램을 이용한 공장거래계약서 작성

한방프로그램에 의한 계약서작성은 개업공인중개사의 대부분이 사용을 하고 있어 구체적인 설명은 하지 않겠다. 그러나 한방프로그램은 부동산의 표시나 계약조항이 약관적인 내용을 내포하고 있어 자유로운 내용을 구사할 수 없으므로 이에 따른 필요한 내용은 특약사항 칸을 활용하여 기재하는 방법을 연구하여야 한다.

그리고 한방프로그램의 특약사항 기본 폼 내용에 공장거래와 관련 유동적이고 추상적으로 입력된 내용을 볼 수 있다. 즉, 현 시설상태에서의 매매계약이며 등기사항증명서를 확인하고 계약을 체결한다, 하자가 있을 경우 하자담보책임과는 별개로 매도인은 이를 수리해 주기로 한다. 등의 내용은 현 시설은 어떠한 시설인지, 하자의 경우 어떠한 내용의 하자인지 구체적인 내용의 언급이 없어 복잡한 공장거래 사례와 비교해 볼 때 더욱 정확한 내용의 특약 내용이 필요하다.

그리고 구체적인 법률적, 행정적 권리와 의무내용을 정확하게 기재하지 않으면 분쟁의 대상이 될 수 있으므로 내용의 정확한 기재는 당연하다 할 것이다. 그리고 한방프로그램의 사용 활성화를 위하여 조금은 불편하나 복잡하고 다양한 내용의 공장거래에는 프로그램의 활용성을 높이는 방안의 연구가 있어야 할 것이다.

2. 한방프로그램의 공장거래계약서 작성 방법

한방프로그램의 경우 부동산의 표시에서 공장 건물이 수개의 동일 경우 정확한 부동산 표시의 기재에 대한 어려움이 있어 보인다. 그리고 공장건물이 수개의 동일 경우 각 동의 건물 내역에 건물구조와 지붕구조, 면적 등의 상세 기록이 되어야 함에도 입력이 어려울 경우 수개동의 내역을 전부를 알아 볼 수 있는 건축물대장의 총괄표제부를 확인하여 전체 동을 합한 연면적을 확인하여 한방프로그램에 입력하는 방법으로 해결하여야 한다.

공장부동산의 경우 기계기구를 포함한 포괄적 거래계약서을 작성해야 할 경우가 있다 그러나 한방프로그램을 사용할 경우 매매대상 기계기구의 내용과 표시는 특약사항 칸을 이용하여 기계기구 목록 내용을 기재하여야 한다. 그런데 기계기구의 목록과 내용이 많을 때는 별지를 사용하여 작성하거나 기계기구 목록을 복사하여 별지로 활용하는 것도 좋을 방법일 것이다.

그런 뒤 공장용지·건물·기계기구 각 용도별 거래금액의 확정으로 인한 변경계약서를 작성할 경우 변경계약서는 한글·엑셀프로그램 등을 이용하여 작성하는 방법으로 해결하여야 한다.

그리고 부동산(토지·건물)매매변경계약서와 동산(기계기구)계약서는 한방프로그램에서는 작성이 불가하므로 해결 방안으로 별도의 한글·엑셀문서 등을 사용하여 미리 양식을 만들어 놓고 기입하는 것이 좋을 것이다.

또한 한방프로그램은 계약당사자의 특정을 법인의 경우 상호만 기재되어 출력되고 대표자의 지위나 성명의 기재 란이 생성이 되지 않으므로 출력 후 대표자의 직위와 성명을 직접 적고 날인하여야 한다.

특히, 법인등기부에 공동대표이사가 2명 이상일 경우 공동대표이사 전부의 직위와 성명을 기재하고 서명 또는 날인을 하여야 하며 계약서작성 시 공동대표이사의 전부 출석이 어려울 경우 다른 공동대표이사는 대표권의 행사를 포괄적으로 위임할 수는 없으므로 반드시 공동대표이사 전부에 대하여 서명·날인을 받아야 계약서의 효력이 발생하므로 유의하여야 한다.[22]

3. 한방프로그램 활용 거래계약 작성 시 특약사항 사례

한국공인중개사협회에서 제공하는 한방프로그램에 의한 거래계약서 작성은 계약서 작성에 있어 편리하다고 하나 중요한 내용을 간과할 수 있다.

그러므로 특약사항 란을 이용하여 충실히 기재 할 수밖에 없으므로 계약 건 마다 그 내용을 달리할 수 있으나 공통된 몇가지 특약사항 내용을 기재한다.

1) 공장매매계약 시 특약 사례

가. 계약부동산의 물리적인 형상, 구조, 배치 등은 매수인이 임장하여 확인하고 설명을 들었으므로 현황 그대로 매매 계약을 체결하며 행정상의 규제, 공장설립등의 인·허가 등은 매수인(매도인)의 책임으로 한다.

---

[22] 대법원 1989. 5. 23. 선고 89다카3677 판결
　주식회사에 있어서의 공동대표제도는 대외 관계에서 수인의 대표이사가 공동으로만 대표권을 행사할 수 있게 하여 업무집행의 통일성을 확보하고, 대표권행사의 신중을 기함과 아울러 대표이사 상호간의 견제에 의하여 대표권의 남용 내지는 오용을 방지하여 회사의 이익을 도모하려는데 그 취지가 있으므로 공동대표이사의 1인이 그 대표권의 행사를 특정사항에 관하여 개별적으로 다른 공동대표이사에게 위임함은 별론으로 하고, 일반적, 포괄적으로 위임함은 허용되지 아니한다.

나. 이 계약과 관련하여 매수인의 업종 C00000(○○○○)의 공장 설립(등록) 승인이 불가 할 경우 이 계약은 무효로 한다.

다. 계약부동산의 옥상(마당)에 설치된 수변전설비시설(OOOKVA), 공장 건물 내 상부에 설치된 오버헤드 더블 크레인 (overhead double crane) 30Ton+10Ton 1대는 매매대상에 포함한다.

라. 건물 및 기계기구의 부가세는 별도로 한다.

마. 매매대금의 토지·건물·기계기구 거래금액의 안분계산은 세법에서 정하는 기간 내 토지·건물·기계기구의 감정평가서가 있는 경우 감정평가 금액에 비례하여 안분 계산한 금액으로 정하며, 감정평가서가 없는 경우 부가가치세법에서 정하는 방법에 의하여 비례 안분 계산한 금액으로 정하고, 기계기구는 거래 시세에 의한다.

  단, 종류별 거래금액의 안분 결정은 계약일로부터 30일 이내 부동산 거래신고에 지장이 없도록 하여야 한다.

바. 매수인의 정책자금 신청과 금융기관의 일정을 고려하여 잔금지급 일을 상호 협의하여 조정할 수 있다.

  단, 잔금일을 기준 14영업일을 초과하지 못하고, 매도인은 잔금 지연에 대한 손해배상을 청구하지 아니한다.

사. 매도인은 잔금 전 매수인이 공장설립등의 승인에 필요한 서류 등이 있을 경우 협조하여야 한다.

아. 매도인과 매수인은 잔금 전 산업단지관리공단에 처분신고를 완료하여야 한다.

자. 전기료, 상·하수도요금 등 공과금의 정산은 잔금일, 인도일, 사용일 중 빠른날을 기준으로 정산한다.

차. 매도인으로 부터 전기배전반 용량은 OOkW로 설치되었음을 매수인은 확인하였고, 증설공사가 필요한 경우 매수인(매도인)의 부담으로 증설공사를 하여야 한다.

2) 공장임대차계약 시 특약 사례

가. 임대차 부동산의 물리적인 형상, 구조, 배치 등을 매수인이 임장하여 확인하고 설명을 들었으므로 현황 그대로 임대차계약을 체결하고, 행정상의 규제, 공장설립등의 인·허가는 임차인(인대인)의 책임으로 한다.

나. 임차인의 한국표준산업분류 업종코드 C00000(○○○○) 공장설립(등록)의 승인과 관련 행정기관의 미승인이 있을 경우 이 계약은 무효로 한다.

다. 임차인의 공장설립 승인이 지연될 경우 당사자가 상호 협의하여 잔금기일을 조정 할 수 있으나 전후 14영업일을 초과할 수 없다.

라. 월세의 부가가치세는 별도로 하고, 임차인은 보증금이 남아 있다는 이유로 월세의 지급을 거절하지 못한다.

마. 임차인은 계약부동산을 공장(제조시설, 창고)용도로 사용하여야 하며 다른 용도로 사용하여서는 안 된다.

바. 임차인은 전기료, 상·하수도요금 등의 공과금은 잔금일, 사용일, 인도일 중 빠른 날을 기준으로 납부하고, 계약종료 시 1개월분의 사용한 날에 비례 안분하여 정산한다.

사. 임차인은 임대인의 동의없이 계약 공장부동산의 구조나 용도를 변경할 수 없으며, 계약 부동산의 전부나 일부를 타인에게 다시 전대하거나 임차권을 양도할 수 없고 보증금 반환채권을 타인에게 양도하거나 질권 기타 담보로 제공할 수 없다.

아. 임차인은 계약부동산에 설치된 수변전설비시설 950KVA, OVER HEAD CRANE 00Ton 1대에 대하여 사용할 수 있으며, 사용 중 고장 시 수리 등의 관리 의무를 가진다. 단, 기계

제3편 공장중개의 실전

　　　　　적인 결함에 의한 경우 임대인이 수리 의무를 진다.
　　　자. 전력수변전설비시설의 관리비는 임차인(임대인)이 소방안전
　　　　　관리비는 임대인(인차인)이 부담한다.
　　　차. 임차인은 계약이 종료되어 반환 시 의무 자신의 비용으로
　　　　　계약 부동산에 설치한 제조시설 등을 철거하고 원래의 상태
　　　　　로 복구하여 임대인에게 반환한다.

II. 공장부동산의 전자계약시스템에 의한 계약

1. 부동산거래 전자계약시스템의 개요

　전자문서란 정보처리시스템에 의하여 전자적 형태로 작성·변환되거나 송신·수신 또는 저장된 정보를 말하며 "정보처리시스템"이란 전자문서의 작성·변환, 송신·수신 또는 저장을 위하여 이용되는 정보처리능력을 가진 전자적 장치 또는 체계를 말한다. 또한 전자문서 작성자란 전자문서를 작성하여 송신하는 자를 말하고 수신자는 전자문서를 송신하는 상대방을 말한다(전자문서법 제2조제1항~제4호). 그리고 부동산거래 전자계약시스템 도입에 따른 기대효과는 아래와 같다.

　첫째, 전자계약시스템에 의한 전자계약은 공인중개사의 신분확인이 철저하게 이루어 질 수 있고 언제 어디서나 계약체결을 체결 할 수 있는 고객 중심의 장소적 제약이 따르지 아니하며 자동연계로 민원서류의 발급을 최소화 할 수 있다. 그리고 실거래 자동신청 및 안심거래담보는 정부의 책임으로 개인정보를 보호할 수 있다.

　둘째, 기업 측면으로 보면 일반 계약인 경우 분산된 정보와 취득 비용을 지출하고, 계약서 위변조와 금융피해 발생의 우려가 있으며

종이문서의 생산·유통·보관·비용이 과중된다. 그리고 나홀로 산업으로 성장에 한계가 있다. 그래서 전자계약시스템에 의한 계약은 정보 통합으로 처리비용이 절감되고 계약서의 진본 확인이 쉽고 부실한 확인·설명을 차단할 수 있으며 종이계약서의 보관이 불필요하고 당사자의 신분확인이 용이하다. 또한 보증·금융 및 ICT융복합산업이 발달된다.

셋째, 정부 측면에서 보면 일반계약은 무자격·무등록과 탈법행위가 상존하고 잘못된 거래관행 및 투기를 단속하여야 하며 탈세·전월세 거래정보 부재로 별도 전월세 및 가격조사를 실시하여야 한다.
그러나 전자계약시스템에 의한 계약은 불법 부동산 중개행위를 차단하고 다운·이중계약 등 탈법행위를 근절할 수 있으며 분쟁예방 및 생산적인 거래정보를 축적 할 수 있고 실시간 DB융·복합 및 부처 간으로 공유가 가능하다.[23]

전자계약은 「전자문서법」에서 전자문서 및 전자거래의 법률관계를 명확히 하고 전자문서 및 전자거래의 안전성과 신뢰성을 확보하며 그 이용을 촉진할 수 있는 기반을 조성함으로써 국민경제의 발전에 이바지함을 목적으로 한다(전자문서법 제1조). 미래에는 전자계약과 동시에 부동산등기로 바로 이어지는 등 업무전환에 의한 활성화가 이루어 질 것으로 보인다.
그러나 현재는 주거용·상업용 부동산의 전자 계약이 일부 이루어지고 있으나 활성화가 되지 않고 있으므로 공장부동산과 기계기구의 포괄적계약 등에 의한 계약의 어려움이 있는 점 등을 감안하여 더욱 프로그램의 개발과 연구가 있어야 할 것으로 보인다.

---

23) 전자계약매뉴얼 참고 16p

2. 공장부동산 전자계약서 작성방안

국토교통부가 구축한 부동산거래 전자계약시스템 소개 및 이용가이드를 살펴보면 부동산 전자계약의 방식과 시스템의 소개 그리고 전자계약 진행절차를 살펴 볼 수 있다. 전자계약은 정보처리시스템에 의하여 전자적인 형태로 작성 변환 송·수신된 정보를 정보처리 장치에 저장하는 것으로 보편적인 형태부터 동영상·사진 등을 포함하는 광의적 개념이다.

부동산의 전자계약 방식은 매매(임대)계약서를 전자문서로 작성하고 당사자가 계약서를 확인하여 휴대폰으로 인정한 다음 공인중개사의 서명으로 계약이 완성된 전자문서를 공인기관에 보관하는 절차를 거친다. 문서의 서식을 살펴보면 한방프로그램에 의한 계약과 비슷한 형태로 작성되고 있어 단순한 공장용지와 건물의 계약은 전자시스템에 의하여 계약서를 작성 할 수 있다.

또한 공장과 공장재단의 일부인 기계기구와 함께 작성하여야 하는 포괄적 공장매매계약서나 허가 조건의 유동적 무효를 원인으로 하는 계약은 더욱 연구가 있어야 할 것으로 보인다.

III. SNS문자 계약의 효력

개업공인중개사는 실무에서 계약 진행을 원활히 하기 위해 매수인 또는 임차인으로 하여금 가계약금 또는 계약금 일부를 매도인 또는 임대인의 은행계좌로 이체하여 선입금을 하고, 이후 계약서를 작성하는 절차를 거치게 되는 경우가 있다.

이 경우 개업공인중개사는 거래 당사자에게 휴대폰 문자로 부동산 내역, 매매대금, 거래 조건 등을 발신하여 계략적인 구두계약의 형식으로 진행하게 된다.

그런데 휴대폰 문자로 계약 사실을 증명하기 위한 입증자료로 활용하거나 그 법적 효력을 인정받기 위해서는 계약 내용 및 조건이 명확하게 표현되어야 한다.

그리고 문자 메시지를 통해 계약 조건에 상대방이 명시적으로 동의한 내용이 표현되어 있어야 하고, 내용을 거부하거나 명확한 의사표시가 없는 경우 계약이 성립되지 않을 수 있다.

그러므로 문자 메시지를 계약의 입증자료로 활용하려면 해당 메시지의 출처와 내용이 변경되지 않았음을 증명할 수 있어야 하므로 문자 메세지의 상대방의 전화번호 등이 반드시 나오도록 하여 캡쳐 후 보관하여 두는 것도 좋은 방법이다.

Learning Point

○ 한방프로그램 계약서 작성
- 특약사항 : 명확한 내용 기재
- 부동산표시 : 건물≫ 총괄표제부의 주구조, 지붕구조, 건물 용도, 연면적 기재
- 기계기구 특정 : 특약사항란에 기재 또는 별지 사용
- 변경·동산 계약서 : 한글, 엑셀 등 프로그램 사용
- 공동대표이사 당사자 특정 : 위임(×) 별지 활용

○ 공장부동산 전자시스템에의한 계약
- 신분확인, 종이문서 단점 대체, 탈법방지 등 긍정측면 많음
- 공장부동산 전자계약 시스템 보완 및 개발 필요

○ SNS문자 계약 효력
- 상대방의 동의 내용 표현되어 있어여야 함.
- 문자 메시지 계약 입증자료 활용 : 해당메시지 출처내용 변경되지 않았음을 증명, 메세지 상대방 전화번호 등 캡쳐 보관

제4절 문서의 공증력 인정과 개인정보보호

I. 계약관련 문서의 확정일자인

1. 계약관련 확정일자인이 필요한 문서 종류

문서의 확정일자인이 있는 사문서는 법원에서 20년간 보존하여 공증력을 인정받을 수 있다. 매매계약서 또는 임대계약서는 계약금이 입금된 통장이나 이체 확인서 등으로 그 문서의 존재를 증명 할 수 있다.

그러나 부동산의 계약서 작성 전후 계약관계가 진행되는 과정에서 어떠한 사유로 확약서, 합의서, 각서 등의 사문서가 존재 할 수 있다. 이러한 문서의 공증력을 갖추기 위해서는 확정일자인이 필요하다.

2. 확정일자인의 법적근거

「민법」은 공증인 또는 법원서기의 확정일자인이 있는 사문서는 그 작성일자에 대한 공증력이 있다고 규정하고 있다. 일자확정의 청구를 받은 공증인 또는 법원서기는 확정일자부에 청구자의 주소, 성명 및 문서명목을 기재하고 그 문서에 기부번호를 기입한 후 일자인을 찍고 장부와 문서에 계인을 하여야 한다. 공정증서에 기입한 일자 또는 공무소에서 사문서에 어느 사항을 증명하고 기입한 일자는 확정일자로 한다(민법 부칙<법률 제471호> 제3조). 또한 사문서의 소지자는 그 문서의 작성명의인이 아닌 경우에도 일자확정청구를 할 수 있으며 일자확정의 청구는 구술로써 한다(사문서의 일자확정 업무처리에 관한 예규 [행정예규 제340호] 제5조제1항).

일자확정을 구하는 사문서는 문서작성인의 서명 또는 기명날인이 있는 문서의 원본이어야 하고 완성된 것이어야 하며 그 일부에 공란이 있는 경우에는 그 부분을 지우고 문서 작성인이 날인한 것이어야 한다. 그리고 관할은 법원 또는 등기소의 관할에 관계없이 접수처리한다(같은예규 제3조~제4조).

II. 개인정보수집과 이용동의

1. SNS이용 계약서 작성과 개인정보수집 이용 동의

한국공인중개사협회가 제공하는 한방프로그램 또는 전자계약 등 SNS를 이용한 계약서를 작성 할 경우 개업공인중개사는 개인정보 수집 및 이용 동의서를 반드시 작성하여 계약서와 함께 보관하여야 한다.

개인정보 수집 및 이용 동의서는 수집하는 개인정보의 항목, 수집방법, 이용목적, 보유 및 보유기관, 위탁처리 등이 명기되어 계약 당사자로 하여금 동의서를 제공 받고 있다. 이는 한방부동산거래정보망 등에 고객정보를 등록 할 경우 개인정보수집 및 이용동의를 받아야 하는 필수적 사항이다.

개인정보란 살아 있는 개인에 관한 정보로서 성명, 주민등록번호 및 영상 등을 통하여 개인을 알아볼 수 있는 정보이고, 이 정보만으로는 특정 개인을 알아볼 수 없더라도 다른 정보와 쉽게 결합하여 알아볼 수 있는 정보이다(개인정보보호법 제2조제1호).

개인정보보호 원칙은 개인정보처리자는 개인정보의 처리 목적을 명확하게 하여야 하고 그 목적에 필요한 범위에서 최소한의 개인정보만을 적법하고 정당하게 수집하여야 하고 목적 외의 용도로 활용하여서는 아니된다.

그리고 목적에 필요한 범위에서 개인정보의 정확성, 완전성 및 최신성이 보장되도록 하여야 하며 안전하게 관리하여야 한다. 그리고 정보주체의 권리를 보장하여야 하여야 하며 사생활 침해를 최소화하는 방법으로 개인정보를 처리하여야 한다(개인정보보호법 제3조), 개인정보처리자는 정보주체의 동의를 받은 경우 개인정보를 제3자에게 제공(공유를 포함한다)할 수 있다(개인정보보호법 제17조제1항제1호).

그러므로 SNS · 한방거래정보망에 의한 계약서 작성 시에는 제3자에게 정보주체의 개인정보를 제공하게 되므로 꼭 개인정보수집 및 이용 동의를 받아야 하며 정보제공자에게 이러한 정보처리 이용목적, 이용기간, 정보 위탁처리에 대하여 설명하여야 한다.

2. 오프라인 프로그램 계약서작성과 개인정보수집 이용 동의

개인정보처리자는 당초 수집 목적과 합리적으로 관련된 범위에서 정보주체에게 불이익이 발생하는지 여부, 암호화 등 안전성 확보에 필요한 조치를 하였는지 여부 등을 고려하여 정보주체의 동의 없이 개인정보를 제공할 수 있다(개인정보보호법 제17제4항).

개인정보처리자는 정보주체의 동의없이 개인정보를 이용 또는 제공하려는 경우에는 당초 수집 목적과 관련성이 있는지 여부, 개인정보를 수집한 정황 또는 처리 관행에 비추어 볼 때 개인정보의 추가적인 이용 또는 제공에 대한 예측 가능성이 있는지 여부, 정보주체의 이익을 부당하게 침해하는지 여부, 가명처리 또는 암호화 등 안전성 확보에 필요한 조치를 하였는지 여부에 대한 사항을 고려하여야 한다.

온라인을 활용한 계약서작성은 그 프로그램의 운영하는 제3자에게 개인정보를 제공하게 되므로 제3자 정보제공에 대한 동의서를 반드시 받아야 한다. 그러나 오프라인의 프로그램 중 한글과 컴퓨터에서 제공하는 한글·한글오피스 또는 마이크로소프트사에서 제공하는 Word, 엑셀 등의 프로그램을 활용하여 계약서 및 중개대상물 확인·설명서를 작성할 경우 수집목적에 관련성이 있으므로 정보주체의 동의 없이 개인정보를 수집 이용 할 수 있다.

그리고 개인정보의 추가적인 이용 또는 제공에 대한 예측 가능성과 정보주체의 이익을 부당하게 침해하는 것을 방지하기 위하여 오프라인 프로그램은 반드시 그 문서에 누출이 되지 못하도록 암호화를 하여야 한다.

III. 녹음(통신)에 의한 계약

개업공인중개사는 실무에서 계약 진행 중 통신에 의한 녹음을 증거로 확보하여 계약할 수 있다. 그러므로 「통신비밀보호법」 규정과 녹음의 증거능력을 이해하여 처벌 대상이 되지 않도록 하여야 한다.

1. 통신의 정의

"통신"이라 함은 우편물 및 전기통신을 말하고, "우편물"이라 함은 「우편법」에 의한 통상우편물과 소포우편물을 말한다. 그리고 "전기통신"이라 함은 전화·전자우편·회원제정보서비스·모사전송·무선호출 등과 같이 유선·무선·광선 및 기타의 전자적 방식에 의하여 모든 종류의 음향·문언·부호 또는 영상을 송신하거나 수신하는 것을 말한다(통신비밀보호법 제2조제1~3호).

2. 통신 및 대화 비밀의 보호

「통신비밀보호법」은 누구든지 형사소송법 또는 군사법원법의 규정에 의하지 아니하고 우편물의 검열·전기통신의 감청 또는 통신사실확인자료의 제공을 하거나 공개되지 아니한 타인 간의 대화를

제3편 공장중개의 실전

녹음 또는 청취하지 못한다(동법 제3조제1항).

그리고 누구든지 공개되지 아니한 타인간의 대화를 녹음하거나 전자장치 또는 기계적 수단을 이용하여 청취할 수 없다(동법 제14조제1항).

그래서 이 규정을 위반하여 우편물의 검열 또는 전기통신의 감청을 하거나 공개되지 아니한 타인 간의 대화를 녹음 또는 청취하거나 알게 된 통신 또는 대화의 내용을 공개하거나 누설한 자는 1년 이상 10년 이하의 징역과 5년 이하의 자격정지에 처한다(동법 제16조제1항).

3. 법률 준수 및 입증자료 활용

「통신비밀보호법」은 대화 참여자가 녹음하면 형사처벌 대상이 되지 아니한다. 그러나 본인이 아닌 타인 간의 대화를 녹음한다면 「통신비밀보호법」에 의하여 형사 처벌을 받게 되므로 주의하여야 한다.

그러므로 대화에 참여하지 않는 상대방의 대화를 허락 없이 녹음하는 것은 처벌되므로 이러한 행위는 금하여야 한다. 즉, 상대방의 음성권을 침해하고 헌법상 기본권을 침해하게 되는 것이다.

개업공인중개사의 부동산 중개활동 중에 휴대폰으로 대화하고 거래 당사자의 대화 내용을 녹음할 경우가 있다. 이는 본인이 직접 대화의 참여자가 되어 처벌 대상이 되지 아니하므로 계약 내용의 입증자료로 활용 할 수 있을 것이다. 그러나 공개석상 다자간의 대화를 녹음할 경우에 반드시 대화 참여자에게 허락을 받고 녹음을 하여야 되고, 잠시라도 대화 자리를 비울 때는 대화를 원래부터 참여하였다고 하더라고 그 취지를 설명하거나 잠시 녹음을 중단하여야 할 것이다.[24]

제3장 공장 거래계약의 기본사항

또한 계약서 작성 전 매수인 또는 임차인이 매도인 또는 임대인의 계좌에 계약금 등을 이체하고 계약서 작성 전 계약 당사자들이 약정 내용의 번복을 예방하는 목적으로 사용할 수 있을 수 있고, 기타 여러 분쟁 예방에 활용하는 것도 좋을 것이다.

Learning Point

○ 문서의 공증력 인정
- 확정일자인이 필요한 문서
  확정일자인 사문서 : 법원 20년간 보존.
  합의서, 확약서, 각서 등 중요 문서

○ 개인정보수집 이용동의
- SNS프로그램계약서 작성 : 정보주체 동의▶개인정보 제3자에게 제공 등 동의, 정보처리 이용목적, 이용기간, 정보 위탁처리 설명
- 오프라인(한글・엑셀등)프로그램 계약서 작성 : 동의서(×) 문서유출방지 암호화 중요

○ 통신(전화) 녹음에 의한 계약
- 본인 참여 대화 녹음 처벌대상(×)
- 타인 간의대화 녹음 처벌대상(○)
- 합법적인 녹음에 의한 증빙자료 활용 가능

---

24) 대법원 2006.10.12. 선고 2006도4981 판결 참조

제3편 공장중개의 실전

제4장 공장부동산 거래계약의 체결

제1절 공장부동산 거래계약서의 작성

I. 공장부동산 계약서 작성의 공통사항

1. 계약서 작성요령과 확인사항

공장거래계약은 체결 전에 확인사항을 면밀히 검토하여 조사사항이 확인되면 계약서를 작성하여야 한다. 계약서 작성에는 그 방식이 자유로운 것은 다 알고 있는 사실이나 온라인상에는 각종 계약서 서식과 유의사항이 설명되고 있다.

특히, 개업공인중개사는 공인중개협회의 한방프로그램에서 제공하는 거래계약서 작성을 많이 선호하고 있다. 그러나 이는 공장거래계약서 작성에 한계가 있어 부족한 내용을 특약사항에 적어 불편을 해소하여야 한다.

또한 국토교통부 부동산거래전자계약시스템을 활용하여 거래계약서를 작성할 수 있다. 그러나 전자계약서의 경우 주택거래계약을 위주로 메뉴얼이 되어 있어 공장거래계약서 작성에 불편은 여전히 남아있다. 그래서 공장거래계약에 맞는 서식이 있다면 한글이나 엑셀 등의 프로그램을 활용하여 직접 작성하는 것이 가장 정확하고 편리하다고 생각된다.

중소기업은 정부지원관련 법령과 규정이 많으므로 이러한 지원을 받을 수 있는 기업에 해당하는지 여부를 확인하여야 한다. 그리고 토지거래계약의 경우 잔금지급 전 공장설립등의 인·허가 관련 사용동의서 등의 서류를 매도인에게 협조하도록 특약사항에 적어 공장설립 업무에 지장이 없도록 하여야한다.

특히, 「중소기업창업법」에 의한 창업기업과 창업기업 중 「지방세특례제한법」에 의한 세액 감면기업에 해당되는지 여부를 확인하여야 한다. 그리고 매도인에게 부속서류의 협조를 구하고, 또한 정부 정책자금 등의 지원신청서 작성에 도움을 요청하여야 한다.

그리고 산업단지의 공장용지 거래계약 시 최초 입주기업일 경우 「지방세특례제한법」에 의한 지방세(취득세 등)감면과 각 시·도 조례에 의한 지방세감면 해당여부를 확인하여야한다.

2. 공장매매(임대)계약서의 구성

1) 전문

거래계약서의 전문내용은 거래계약 당사자인 매도인과 매수인 또는 임대인과 임차인이 누구의 중개로 거래계약을 체결한다는 내용으로 거래계약 체결의 제일 앞부분에 해당하는 글이다.

그리고 전문 앞부분에 당사자의 표시를 '갑', '을', '병' 등으로 표기하여 거래계약서를 작성하는 경우도 있다. 그러나 복잡한 내용의 계약서 작성 외에는 거래당사자를 이와 같이 표기하는 방식을 선호하지 않고, 거래계약서 후문에 당사자를 특정하고 인적사항을 표기하는 방식이 많이 사용된다.

2) 본문

본문의 내용은 거래계약의 목적물인 부동산의 표시, 기계기구의 표시, 기계기구의 관리, 전제조건, 매매금액, 임대차금액, 인도일, 신의성실의무, 계약의 해제, 해지, 제한물건소멸, 공과금의 정산, 특약사항, 중개보수지급, 합의관할 등의 내용을 적는다.

3) 후문

거래계약서의 후문내용은 계약일자 그리고 첨부서류, 당사자 특정을 위한 인적사항을 적어야한다. 그리고 법인이 당사자일 경우 대표자의 구분에 따라 당사자의 특정에 주의하여야 한다.

3. 공장부동산과 기계기구의 표시

1) 공장 부동산의 표시

공장부동산 중 토지의 경우 한필지에서부터 수개의 필지가 존재할 수 있고 공장건축물의 경우도 수개의 동이 존재 할 수 있다.

등기부를 열람하여 토지·건물 부동산의 표시를 등기부의 표제부 중 표시란에 기재된 것과 동일하게 기재하여야 한다.

그러므로 공장토지의 경우 필지별 지번, 지목, 면적을 적어야 하고 공장건축물은 건축물대장총괄표제부를 통해 공장건축물의 동수를 확인하여야 한다. 그리고 동별 건물의 주구조와 지붕구조, 용도와 면적을 적어야 하고 토지·건물등기사항전부증명서와 대조·확인하여 적어야 한다.

다음은 부동산의 표시 사례이다.

<표 16> 공장부동산의 표시 사례

```
부동산의 표시
1. ○○도 ○○시 ○○구 ○○동 123  공장용지 ○○㎡
2. ○○도 ○○시 ○○구 ○○동 124  공장용지 ○○㎡
3. ○○도 ○○시 ○○구 ○○동 145  도로 ○○㎡
4. ○○도 ○○시 ○○구 ○○동 123, 124
[도로명 주소] ○○도 ○○시 ○○구 ○○길 12
         일반철골구조 단열판넬지붕 2층 일반공장
       1층 일반공장 ○○○㎡  2층 일반공장(사무동) ○○㎡
                이       상
```

자료 : 법원 인터넷등기소

그리고 한방 등의 SNS에서 제공하는 프로그램을 사용하여 공장거래계약서를 작성할 경우 토지는 필지를 추가하면 되고, 건물은 구조와 용도 및 연면적을 기재하면 된다.

2) 공장 부동산의 표시변경

공장부동산 토지의 경우 개별입지의 공장용지를 개발하는 과정에서 등록전환 측량을 하고 면적과 지목의 변경 신청을 하지 않은 경우 그리고 개별입지에서 건축 후 지목변경 신청이 늦어지거나 관공서의 촉 등기가 늦어진 경우외 특별한 경우를 제외하고는 부동산의 표시를 변경할 경우가 드물다.

그러나 공장건축물의 경우 건물의 증축·철거, 용도변경 등으로 건축물의 용도와 면적의 변경이 발생한다. 그러므로 공장건축물대장과 건물등기사항전부증명서의 표제부를 대조하여 상이할 경우 건축물대장의 내용을 우선으로 하여 부동산거래계약서의 부동산표시 내용을 작성하여야 하고, 거래계약 후 잔금지급 전이나 잔금 지급일에 부동산표시변경등기를 하여야 한다(부동산등기규칙 제86조제1항·제3항).

3) 공장 기계기구의 표시

소유권의 이전 대상이 되는 기계기구는 건물에 부착된 기계기구나 수변전설비가 주를 이룬다. 기계기구의 표시는 명칭, 규격, 형식, 용량, 제작자, 제작일자(년·월)를 주로 표시한다.

그리고 기계기구의 내용파악이 어려운 경우「공장저당법」 제6조 목록을 관할등기소에서 발부받아 확인하거나 기업담당 회계사무소에 문의하여 작성하는 것이 편리하다.

또한 기재가 불편할 경우 별지를 활용하거나 거래대상에 해당하는 「공장저당법」 제6조 목록의 사본을 별지에 첨부하여도 무방하다.

아래는 거래계약의 계약 대상물 중 기계기구의 표시를 작성한 사례이다.

<표 17> 공장기계기구의 표시 사례

```
기계기구의 표시
1. 수변전설비
   Cap 500KVA, T·R 500KVA×1
   22.9KV/380V/220V, 전주 및 기타 부대시설 포함
   제작회사 : ○○○○  제작일 : 0000년 00월,
2. Over Head Crane
   Cap 5ton, Double Girder, Span 약20m, 주행Rail 약30m
   제작회사 : ○○○○  제작일 : 0000년 00월,
               이    상
```

자료 : 저자작성

4. 계약 당사자의 특정

거래계약의 당사자 간에는 법적분쟁이 발생할 수 있고 「민사소송법」상으로 당사자의 능력이나 소송능력이 없으면 소송에서 부적법으로 각하되기 때문에 당사자의 능력과 소송능력의 당사자를 기재해야 하는 것은 매우 중요할 뿐만 아니라 당연한 것이다.

민법은 자연인과 법인을 권리능력의 주체로 인정하고 법인은 등기를 하였는지 유무에 따라 법인과 비법인으로 구별된다.

여기서는 개인·법인 그리고 비법인에 대하여 설명하기로 한다.

1) 개인기업의 당사자 특정

개인기업일 경우 자연인으로서의 대표자 개인의 인적사항을 당사자로 하여 거래계약서를 작성한다.

개인기업의 당사자의 특정 중 필요적 기재사항은 기업대표자의 성명, 주민등록번호, 주소를 기재하고, 추가로 적어야할 임의적 기재사항은 기업의 상호, 사업자등록번호, 연락처이다.

2) 법인기업의 당사자 특정

법인기업은 법률의 규정에 좇아 정관으로 정한 목적의 범위 내에서 권리와 의무의 주체가 된다(민법 제34조). 법인기업은 이사 기타 대표자가 그 직무에 관하여 타인에게 가한 손해를 배상할 책임이 있다. 또한 이사 기타 대표자는 이로 인하여 자기의 손해배상책임을 면하지 못한다. 그리고 법인의 목적 범위외의 행위로 인하여 타인에게 손해를 가한 때에는 그 사항의 의결에 찬성하거나 그 의결을 집행한 사원, 이사 및 기타 대표자가 연대하여 배상하여야 한다(민법 제35조). 그러므로 법인기업은 등기를 하였는지 유무에 따라 법인과 비법인으로 구별되므로 반드시 법인등기부를 확인하여야 한다.

특히, 주식회사의 대표자는 이사회의 결의로 회사를 대표할 이사를 선정한다. 그러나 정관으로 주주총회에서 선정할 수 있으며 수인의 대표이사가 공동으로 회사를 대표할 것을 정할 수 있다(상법 제389조제2항).

그리고 단독대표이사나 각자대표이사의 전횡을 예방할 수 있도록 2인 이상의 대표이사가 모두 합의를 한 뒤 공동으로 서명해야 의사결정을 내릴 수 있는 공동대표이사가 있다. 그러므로 주식회사의 대표이사는 1인회사의 사내이사, 단독대표이사, 각자대표이사, 공동대표이사가 있다. 주식회사의 경우 당사자 특정의 필요적 기재사항은 상호, 대표자, 법인등록번호, 본점소재지를 적어야 한다. 그리고 임의적 기재사항으로 사업자등록번호, 연락처를 적는다.

그리고 법인등기부등본에 수인의 각자대표이사가 등기되어 있을 경우 권한있는 사원 1인에 대한 의사표시는 그 효력이 발생하여(상법 제208조). 1명의 대표이사를 기재하여도 된다.
그러나 법인등기부등본에 수인의 공동대표이사가 등기되어 있을 경우 한명의 단독행위는 무효가 되므로 반드시 공동대표이사 전부의 성명을 기재하고 공동대표자 모두가 서명 및 법인인감을 날인하여야 한다(상법 제389조제2항).

또한 공장용지 개발에 따른 종중임야의 거래계약 시 법인이 아닌 종중(宗中), 문중(門中)의 대표자나 관리인은 사단이나 재단이 등기권리자 또는 등기의무자가 된다(부동산등기법 제26조).
그러므로 종중, 문중의 대표자나 관리인을 당사자로 특정한다. 그러나 종중이나 문중과 계약할 경우 거래계약체결 전에 종중회의록 등의 필수적인 서류가 필요하므로 미리 등기업무 변호사 또는 법무사 사무실에 문의하여 처리하여야 한다.

5. 법인인감증명서(사용인감계)의 첨부

개인기업 또는 법인기업이 대표자가 부동산관리 직원에게 거래계약의 체결업무를 대리하여 수행 하도록 위임할 경우가 있다. 이때 거래계약서 작성 시 위임장을 작성하고 위임장에 위임인 란에 개인 또는 법인회사의 인감증명서와 수임인의 신분증사본을 첨부한다.

개인기업의 경우 대표자의 개인인감증명서와 개인인감도장을 날인하면 되나 법인일 경우 법인인감증명서 또는 법인사용인감계를 위임장에 첨부하여 위임인의 법인인감도장 또는 법인사용인감계도장을 날인한다 .

법인사용인감계는 수임인이 거래계약 시 법인인감도장을 지참하기 어려울 때 사용한다. 그러므로 법인기업의 거래계약 수임인이 법인인감도장을 지참할 수 없어 곤란 할 경우를 대비하여 개업공인중개사는 법인사용인감계를 메일 또는 팩스 등으로 수임인에게 발송하여 법인인감도장을 날인하고 사용인감도장을 지참하게 하여야 한다.

다음 양식은 법인사용인감계 작성의 사례이다.

제3편 공장중개의 실전

<표 18> 법인사용인감계 작성 사례

사 용 인 감 계

법인인감	사용인감	주식회사 ○○○○
(인감도장)	(사용도장)	법인등록번호 : 000000-0000000 사업자등록번호 : 000-00-00000 본점소재지 : ○○도 ○○시 ○○구 ○○길 12 T. 000)000-0000 F. 000)000-0000

　위 사용인감은 당사에서 사용하는 인감으로서 아래 목적으로만 사용하며 인감 사용으로 인한 모든 행위에 대하여 당사의 책임 질 것을 확약하며 이 사용인감계를 제출 합니다.

사용목적 : ○○도 ○○시 ○○구 ○○동 123외 2필지
　　　　　 토지 · 건물 및 기계기구 일체의 매매계약 체결

첨부서류 : 법인인감증명서 1통

0000년 00월 00일

　　　　　주식회사 ○○○○
　　　　　대표이사 ○　○　○　(법인인감도장)

서식자료 : 저자작성

제4장 공장부동산 거래계약의 체결

Learning Point

○ 공장계약서 작성 공통사항
- 작성전 필요적 확인사항
  창업기업의 세액감면회사인지 여부
  산업단지 : 지방세감면, 시·도조례에 의한 지방세 감면 여부
  공장 설립관련 승인 가능 여부
- 매매(임대)계약서의 구성
  전문 : 매도인, 매수인, 임대인, 임차인 등 계약당사자와 개업중개
  　　　사 체결 관계
  본문 : 부동산 표시, 기계기구 표시, 기계기구 관리, 전제조건, 매매
  　　　금액, 임대차금액, 인도일, 신의성실의무, 계약의 해제, 해지,
  　　　제한물건소멸, 공과금의 정산, 특약사항, 합의관할 등
  후문 : 첨부서류, 당사자의 특정, 인적사항
- 부동산의 표시 : 건축물대장, 건물등기사항전부증명서 확인
  　　　　　　　불일치 : 표제부변경등기
- 기계기구 표시 : 명칭, 규격, 형식, 용량, 제작자, 제작일자(년·월)
- 계약당사자의 표시
  개인기업 필요적기재사항 : 성명, 주민등록번호, 주소
  　　　　 임의적기재사항 : 상호, 사업자등록번호, 연락처
  법인기업 필요적기재사항 : 상호, 대표자, 법인등록번호, 본점소재지
  　　　　 임의적기재사항 : 사업자등록번호, 연락처
  　　　　 단독·각자대표이사 : 대표자 1명 기재
  　　　　 공동대표이사 : 모두 기재
  종중·문중 : 대표자, 관리인

II. 공장거래계약서의 작성

1. 공장매매계약서

공장의 일반적인 매매계약서의 작성은 공장재단 중 거래대상에 포함되는 기계기구나 동산이 없고 단순히 토지·건물만으로 구성되어 있는 공장의 매매계약서를 작성하는 것이다.

앞서 설명한 공장부동산의 매매대금을 종류별(토지·건물)로 안분계산하여 산출된 토지와 건물의 금액을 확정하여 공장매매변경계약서를 작성하고 원 공장매매계약서 말미에 첨부하여야 한다.

매매계약서는 한번 작성 후 다시 내용을 수정하여 재작성하는 경우가 있는데 이는 하자있는 절차에 해당되므로 원계약서에 이유를 설명한 변경계약서를 작성하는 것이 옳을 것이다.

공장매매계약서 작성 시 주의사항은,

첫째, 부동산의 표시를 건축물대장과 건물등기사항전부증명서를 대조·확인하여 작성하되 내용이 상이 할 경우 반드시 건축물 대장을 우선으로 기재하고 계약서작성 후 표제부변경등기를 경료하여야 한다(부동산등기규칙 제86조제1항·제3항).

둘째, 건물은 일반적으로 부가세 별도로 적어하여야 하나 이를 간과하여 명시적인 약정이 없는 경우 금액의 110분의 100을 곱한 금액을 공급가액으로 보아 부가세가 포함된 금액으로 정하므로 부가세 별도 약정 내을 기재하여야 한다(부가가치세법 제29조제7항).

그러므로 건물 금액은 감정평가금액에 비례하여 계산한 금액으로 정하여야 한다. 또한 감정평가서가 존재하지 않을 시 앞서 설명한 바와 같이 부가가치세법에서 정하는 바에 따라 계산한 금액으로 하여야 한다. 그리고 안분 계산이 어려울 경우 기업담당 세무회계사에 문의 및 확인하여 잔금지급 시 세금계산서를 발부하여야 한다(부가가치세법 시행령 제64조제1항제1호).

셋째, 위법 증축건축물 등 현장 조사를 통해 확인한 정보로 장래 다툼이 될 수 있는 내용을 미리 발견하여 계약 당사자가 그에 합당한 합의를 구하고 특약사항에 적어야 한다.

다음은 매매대상에 기계기구가 존재하지 않는 공장의 일반매매계약서의 작성사례는 다음과 같다.

제3편 공장중개의 실전

<표 19> 부동산(공장)매매계약서 작성사례

부동산(공장)매매계약서

매도인 ㈜○○○와 매수인 ㈜○○○는 공인중개사 ○○○의 중개로 아래 표시 부동산에 관하여 다음 계약 내용과 같이 합의하여 매매계약을 체결한다.

부 동 산 의 표 시	1. ○○도 ○○시 ○○구 ○○동 123 공장용지 000㎡ 2. ○○도 ○○시 ○○구 ○○동 124 공장용지 000㎡ 3. ○○도 ○○시 ○○구 ○○동 145 도로 000㎡ 4. ○○도 ○○시 ○○구 ○○동 123, 124 　[도로명 주소] ○○도 ○○시 ○○구 ○○길 12 　일반철골구조 샌드위치판넬지붕 2층 일반공장 　1층 일반공장 000㎡ 2층 일반공장(사무실) 000㎡ 　　　　　　　이　　　상

제1조(계약의 전제조건) 계약부동산의 물리적인 형상, 구조, 배치 등은 매수인이 임장하여 확인하고 설명을 들었으므로 현황 그대로 매매계약을 체결하며 행정상의 규제, 공장설립등의 승인은 매수인의 책임으로 하고 기타 상세 내용은 특약사항으로 정한다.

제2조(매매대금 및 지급시기) 매도인과 매수인은 매매대금과 지불시기를 다음과 같이 약정한다.

매매대금	금○○○○○○○원정(₩0,000,000,000원)
계 약 금	금000,000,000원은 계약 시 아래계좌로 지급한다. 　　　　[영수인 ㈜○○○ 대표이사　　　　㊞]
중 도 금	금000,000,000원은 0000년00월00일 아래계좌로 지급한다.
잔 금	금000,000,000원은 0000년00월00일 아래계좌로 지급한다.

매도인 계좌번호 ○○은행 000-00000-00 [예금주 : ㈜○○○]

제3조(소유권이전) 매도인은 매매대금의 잔금을 수령함과 동시에 매수인에게 소유권 이전등기에 필요한 모든 서류를 교부하고 위 부동산을 인도하여야 한다.

제4조(제한권 물권 등 소멸) 매도인은 계약부동산에 설정된 저당권, 지상권, 임차권 등 소유권의 행사를 제한하는 사유가 있거나 권리의 하자 및 부담 등을 제거하여 완전한 소유권을 이전하여야한다.

제5조(제세공과금) ① 계약부동산에 관하여 발생한 수익과 조세공과금 등의 부담금은 잔금 일을 기준으로 하여 그 전일까지의 것은 매도인에게 그 이후의 것은 매수인에게 각각 귀속된다.
　② 전기료, 상·하수도요금 등 공과금의 정산은 잔금일, 인도일, 사용일 중 빠른날을 기준으로 정산한다.

제6조(계약의 해제) 매수인이 매도인에게 중도금(중도금 약정이 없을 때에는 잔금)을 지불하기 전까지는 매도인은 계약금을 배액으로 상환하고, 매수인 또한 계약금을 포기하고 이 계약을 해제할 수 있다.

제7조(채무불이행과 손해배상) ① 매도인 또는 매수인에게 본 계약상의 채무불이행이 있었을 경우에는 그 상대방은 불이행을 한 자에 대하여 서면으로 이행을 최고하고 계약을 해제 할 수 있다.
② 계약이 해제된 경우 매도인과 매수인은 각각 상대방에 대하여 손해배상을 청구 할 수 있다.

제8조(건물 부가세 등) ① 건물 부가세는 별도로 한다.
② 매매대금의 토지·건물 금액의 안분 계산은 세법에서 정하는 기간 내 토지·건물 감정평가서가 있는 경우 매매대금을 감정평가 금액에 비례하여 안분 계산한 금액으로 정하고, 감정평가서가 없는 경우 부가가치세법에서 정하는 방법에 의하여 비례 안분 계산한 금액으로 정하며 기계기구는 거래 시세에 의한다.
단, 종류별 거래금액의 안분 결정은 계약일로부터 30일 이내 부동산 거래신고에 지장이 없도록 하여야 한다.

제9조(특약 사항) ① 매수인의 정책자금 신청과 금융기관의 일정을 고려하여 잔금 지급일을 상호 협의하여 조정할 수 있다.
단, 잔금일 기준 14영업일을 초과하지 못하고, 매도인은 잔금 지연에 대한 손해배상을 청구하지 아니한다.
② 계약부동산에 점유 사용·수익 중인 임차인(○○○ 보증금 금○○백만원 월차임 금○○백만원)의 임차권에 대한 권리와 의무는 매수인이 승계하고 매수인은 잔금 지급 시 보증금을 제외한 금액을 지급한다.
③ 매도인은 계약 시 전항의 임대차계약 내역에 대한 계약서 사본을 제출하고 잔금 시 원본계약서를 제출하여야 한다.
④ 매도인은 잔금 전 매수인이 공장설립등의 승인에 필요한 서류등이 있을 경우 협조하여야 한다.
⑤ 매도인과 매수인은 잔금 전 산업단지관리공단에 처분신고를 완료하여야 한다.
⑥ 매도인으로 부터 전기배전반 용량은 00kW로 설치되었음을 매수인은 확인하였고, 증설공사가 필요한 경우 매수인(매도인)의 부담으로 증설공사를 하여야 한다.

제10조(중개보수) ① 개업공인중개사는 매도인 또는 매수인의 이 계약 불이행에 대하여 책임을 지지 않는다. 또한 중개 보수는 계약 당사자 쌍방이 각각 지불하며, 개업공인중개사의 고의나 과실 없이 이 계약이 무효, 취소 또는 해제 되어도 중개보수는 지급한다.
② 공동중개인 경우에 임대인과 임차인은 자신이 중개 의뢰한 개업공인중개사에게 각각 중개보수를 지급한다.

제11조(중개대상물확인설명서교부) 개업공인중개사는 중개대상물 확인설명서를 작성하고 업무보증관계증서(공제증서) 사본을 첨부하여 거래당사자 쌍방에게 교부한다.

제12조(분쟁 및 관할법원) ① 이 계약의 내용해석 상 이견이 있는 경우 상호 협의조정

하며, 조정이 여의치 않을 경우 제법령 및 일반 상 관례에 따른다.
② 이 계약으로 발생하는 당사자 간의 소송은 물건 소재지 관할법원으로 한다.

이 계약을 증명하기 위하여 계약 당사자가 이의 없음을 확인하고 각각 기명 또는 서명 날인한다.

0000년 00월 00일

매도인 상　　호 : 주식회사 ○○○
　　　　대 표 자 : 대표이사 ○ ○ ○　　　(인)
　　　　법인등록번호 : 123456-1234567
　　　　사업자등록번호 : 123-12-12345
　　　　본점소재지 : ○○도 ○○시 ○○구 ○○길 12
　　　　연 락 처 : 010-0000-0000

매수인 상　　호 : 주식회사 ○○○
　　　　대 표 자 : 사내이사 ○ ○ ○　　　(인)
　　　　법인등록번호 : 123456-1234567
　　　　사업자등록번호 : 123-12-12345
　　　　본점소재지 : ○○도 ○○시 ○○구 ○○길 23
　　　　연 락 처 : 010-0000-0000

개업공인중개사 상　　호 : ○○○공인중개사사무소
　　　　　　　　대 표 자 : ○ ○ ○　　　(서명 및 날인)
　　　　　　　　중개업등록번호 : 000-000000-00
　　　　　　　　소 재 지 : ○○도 ○○시 ○○구 ○○길 245-12
　　　　　　　　연 락 처 : 010-0000-0000

서식자료 : 저자작성

2. 공장포괄(부동산·기계기구) 매매계약서

1) 부동산등(부동산·기계기구)매매계약서

공장의 포괄적 매매계약서는 부동산(토지·건물)과 「공장저당법」에 의한 저당권의 목적이 되는 기계기구 중 부동산과 분리하지 않고 소유권이전 거래대상이 되는 기계기구를 포함하여 계약하는 포괄적 계약이다.

그러나 거래계약 후 잔금 전에 「부가가치세법」에 의하여 토지, 건물, 기계기구를 각 종류별로 감정평가금액 등에 비례하여 안분 계산한 금액을 확정하여야 한다. 이러한 이유는 재화공급에 해당하는 건물과 기계기구를 「부가가치세법」에 의하여 과세금액을 정하기 위함이다(부가가치세법 제2조제1항, 같은법 시행령 제64조제1항제2호).

공장부동산(토지·건물)과 함께 포괄적으로 거래계약 할 수 있는 기계기구의 시설은 수변전설비, 건물 천정에 부착되어 운용되는 옥내오버드크레인(Over Head Crane), 공장야드(yard)에 설치되는 옥외갠트리크레인(Gantry Crane)과 옥외세미갠트리크레인(Semi-Gantry Crane) 등이 있다. 그리고 환경정화시설장치인 집진기, 실내에서 공기를 내뿜어 출입자의 의류 등을 소독하는 장치인 에어샤워기 등의 시설이 있다.

포괄적인 공장거래계약을 체결한 뒤 총 매매금액을 토지, 건물, 기계기구의 각 종류별로 구분하여 안분 계산한 금액을 확정하고 부동산과 동산계약서로 금액을 분리하는 공장부동산등(부동산·기계기구)변경계약서를 작성하여야 한다. 그래서 이때 변경계약서 내용에 각 종류별 금액을 산출한 근거를 제시하는 내용을 기재하여야 한다.

제3편 공장중개의 실전

또한 매도인 측에서 보면 기업이 기계장치를 분리하지 않고 소유권이전등기를 경료하면 기업회계 계정의 명확성에 오류가 발생할 수 있고, 매수인 측에서 보면 기계기구 등의 동산은 취득세, 지방교육세, 농어촌특세를 납부할 필요가 없음에도 부동산과 동산에 포함하여 소유권이전등기를 경료하여 취득세의 과다납부로 절세의 기회를 놓치고 재산상의 손해를 보게 된다.

포괄적 공장매매계약서의 작성의 진행과정은 중개를 완성한 공장부동산을 최초 계약 시 토지, 건물, 기계기구의 금액을 안분 계산할 근거자료와 계산할 방법이 없으므로 먼저 포괄(부동산·기계기구) 매매계약서를 작성한다.
그런 뒤 앞서 서술한 바와 같이 감정평가금액 또는 부가가치세법에서 정하는 방법에 의하여 비례 안분하여 계산한 각 종류별 매매 금액을 산출하여 정한다. 그런 뒤 각 종류별 산출금액의 근거 등을 기재한 부동산등(공장·기계기구)매매변경계약서를 작성한다.

최종 부동산(토지·건물)계약서와 동산(기계기구)계약서를 분리작성하고 부동산계약서를 근거로 하여 부동산거래관리시스템(https://rtms.molit.go.kr)에 부동산거래신고를 계약일로부터 30일 이내에 하여야 한다.

다음은 부동산등(공장·기계기구)매매계약서 작성사례이다.

제4장 공장부동산 거래계약의 체결

<표 20> 부동산등(공장·기계기구) 매매계약서 작성사례

부동산등(공장·기계기구)매매계약서

매도인 ㈜○○○와 매수인 ㈜○○○는 공인중개사 ○○○의 중개로 아래 표시 부동산 및 기계기구에 관하여 다음 계약 내용과 같이 합의하여 매매계약을 체결한다.

매매목적물의 표시	부동산의 표시 1. ○○도 ○○시 ○○구 ○○동 123 공장용지 000㎡ 2. ○○도 ○○시 ○○구 ○○동 124 공장용지 000㎡ 3. ○○도 ○○시 ○○구 ○○동 145 도로 000㎡ 4. ○○도 ○○시 ○○구 ○○동 123, 124 　　[도로명 주소] ○○도 ○○시 ○○구 ○○길 12 　　일반철골구조 샌드위치판넬지붕 2층 일반공장 　　1층 일반공장 000㎡　2층 일반공장(사무실) 000㎡ 　　　　　　　　　이　　상 기계기구의 표시 1. 수변전설비 　Cap 500KVA, T·R 500KVA×1 　22.9KV/380V/220V, 전주 및 기타 부대시설 포함 　제작회사 : ○○○○　제작일 : 0000년 00월 2. Over Head Crane 　Cap 5ton, Double Girder, Span 약20m, 주행Rail 약30m 　제작회사 : ○○○○　제작일 : 0000년 00월 　　　　　　　　　이　　상

제1조(계약의 전제조건) 계약부동산의 물리적인 형상, 구조, 배치 등은 매수인이 임장하여 확인하고 설명을 들었으므로 현황 그대로 매매계약을 체결하며 행정상의 규제, 공장설립등의 승인은 매수인의 책임으로 하고 기타 상세 내용은 특약사항으로 정한다.

제2조(매매대금 및 지급시기) 매도인과 매수인은 매매대금과 지불시기를 다음과 같이 약정한다.

매매대금	금○○○○○○○원정(₩0,000,000,000원)
계 약 금	금000,000,000원은 계약 시 아래계좌로 지급한다. 　　　　[영수인 ㈜○○○ 대표이사　　　　㊞]
중 도 금	금000,000,000원은 0000년00월00일 이래계좌로 지급한다.
잔　　금	금000,000,000원은 0000년00월00일 아래계좌로 지급한다.

매도인 계좌번호 ○○은행 000-00000-00 [예금주 : ㈜○○○]

제3조(소유권이전) 매도인은 매매대금의 잔금을 수령함과 동시에 매수인에게 소유권이전등기에 필요한 모든 서류를 교부하고 위 부동산을 인도하여야 한다.

제4조(제한권 물권 등 소멸) 매도인은 계약부동산에 설정된 저당권, 지상권, 임차권 등 소유권의 행사를 제한하는 사유가 있거나 권리의 하자 및 부담 등을 제거하여 완전한 소유권을 이전하여야한다.

제3편 공장중개의 실전

제5조(제세공과금) ① 계약부동산에 관하여 발생한 수익과 조세공과금 등의 부담금은 잔금 일을 기준으로 하여 그 전일까지의 것은 매도인에게 그 이후의 것은 매수인에게 각각 귀속된다.
② 전기료, 상·하수도요금 등 공과금의 정산은 잔금일, 인도일, 사용일 중 빠른날을 기준으로 정산한다.

제6조(계약의 해제) 매수인이 매도인에게 중도금(중도금 약정이 없을 때에는 잔금)을 지불하기 전까지는 매도인은 계약금을 배액으로 상환하고, 매수인 또한 계약금을 포기하고 이 계약을 해제할 수 있다.

제7조(채무불이행과 손해배상) ① 매도인 또는 매수인에게 본 계약상의 채무불이행이 있었을 경우에는 그 상대방은 불이행을 한 자에 대하여 서면으로 이행을 최고하고 계약을 해제 할 수 있다.
② 계약이 해제된 경우 매도인과 매수인은 각각 상대방에 대하여 손해배상을 청구 할 수 있다.

제8조(건물·기계기구 부가세 등) ① 건물 및 기계기구의 부가세는 별도로 한다.
② 매매대금의 토지·건물 및 기계기구 금액의 안분 계산은 세법에서 정하는 기간 내 토지·건물 감정평가서가 있는 경우 매매대금을 감정평가금액에 비례하여 안분 계산한 금액으로 정하고, 감정평가서가 없는 경우 부가가치세법에서 정하는 방법에 의하여 비례 안분 계산한 금액으로 정하며, 기계기구는 거래 시세에 의한다.
단, 종류별 거래금액의 안분 결정은 계약일로부터 30일 이내 부동산 거래신고에 지장이 없도록 하여야 한다.

제9조(특약 사항) ① 이 계약과 관련하여 매수인의 업종 C00000(○○○○)의 공장 설립(등록) 승인이 불가 할 경우 이 계약은 무효로 한다.
② 매수인의 정책자금신청과 금융기관의 일정을 고려하여 잔금지급일을 상호 협의하여 조정할 수 있다. 단, 잔금일을 기준 14영업일을 초과하지 못하고, 매도인은 잔금 지연에 대한 손해배상을 청구하지 아니한다.
③ 매도인은 잔금 전 매수인이 공장설립등의 승인에 필요한 서류등이 있을 경우 협조하여야 한다.
④ 매도인과 매수인은 잔금 전 산업단지관리공단에 처분신고를 완료하여야 한다.
⑤ 매도인은 잔금 전 매수인이 공장설립등의 승인에 필요한 서류등이 있을 경우 협조하여야 한다.
⑥ 매도인으로 부터 전기배전반 용량은 00kW로 설치되었음을 매수인은 확인하였고, 증설공사가 필요한 경우 매수인(매도인)의 부담으로 증설공사를 하여야 한다.

제10조(중개보수) ① 개업공인중개사는 매도인 또는 매수인의 이 계약 불이행에 대하여 책임을 지지 않는다. 또한 중개 보수는 계약 당사자 쌍방이 각각 지불하며, 개업공인중개사의 고의나 과실 없이 이 계약이 무효, 취소 또는 해제 되어도 중개보수는 지급한다.
② 공동중개인 경우에 임대인과 임차인은 자신이 중개 의뢰한 개업공인중개사에게 각각 중개보수를 지급한다.

제11조(중개대상물확인설명서교부) 개업공인중개사는 중개대상물 확인설명서를 작성하고 업무보증관계증서(공제증서) 사본을 첨부하여 거래당사자 쌍방에게 교부한다.

제12조(분쟁 및 관할법원) ① 이 계약의 내용해석 상 이견이 있는 경우 상호 협의조정하며, 조정이 여의치 않을 경우 제법령 및 일반 상 관례에 따른다.
② 이 계약으로 발생하는 당사자 간의 소송은 물건 소재지 관할법원으로 한다.

이 계약을 증명하기 위하여 계약 당사자가 이의 없음을 확인하고 각각 기명 또는 서명 날인한다.

0000년 00월 00일

매도인 　상　　호 : 주식회사 ○○○
　　　　 대 표 자 : 대표이사 ○ ○ ○　　　　(인)
　　　　 법인등록번호 : 123456-1234567
　　　　 사업자등록번호 : 123-12-12345
　　　　 본점소재지 : ○○도 ○○시 ○○구 ○○길 12
　　　　 연 락 처 : 010-0000-0000

매수인 　상　　호 : 주식회사 ○○○
　　　　 대 표 자 : 사내이사 ○ ○ ○　　　　(인)
　　　　 법인등록번호 : 123456-1234567
　　　　 사업자등록번호 : 123-12-12345
　　　　 본점소재지 : ○○도 ○○시 ○○구 ○○길 23
　　　　 연 락 처 : 010-0000-0000

개업공인중개사 　상　　호 : ○○○공인중개사사무소
　　　　 대 표 자 : ○ ○ ○　　　　(서명 및 날인)
　　　　 중개업등록번호 : 000-000000-00
　　　　 소 재 지 : ○○도 ○○시 ○○구 ○○길 245-12
　　　　 연 락 처 : 010-0000-0000

서식자료 : 저자작성

제3편 공장중개의 실전

2) 공장등(공장·기계기구)매매 변경계약서

최초 공장 포괄적 매매계약의 공장등(공장·기계기구)매매계약서의 작성 후 부동산(토지·건물)과 기계기구의 비례 안분하여 산출된 각 종류별 매매금액이 확정되면 산출된 내역의 근거를 기재한 공장등(공장·기계기구)매매변경계약서를 작성한다.

다음은 공장등(공장·기계기구)매매 변경계약서의 작성 사례이다.

<표 21> 부동산등(공장·기계기구)매매 변경계약서 작성사례

부동산등(공장·기계기구)매매 변경계약서

매도인 ㈜○○○와 매수인 ㈜○○○은 공인중개사 ○○○의 중개로 0000년 00월 00일 체결한 000도 00군 00면 00리 001-1외 2필지 토지·건물 및 기계기구의 매매계약(이하 '원계약' 이라한다.)에 대하여 잔금 前 아래 내용을 변경한다.

1. 원계약서 제8조제2항을 근거하여 매매대금 금○○○○○○○원정(₩0,000,000,000원)을 감정평가금액에 비례하여 안분 계산한 토지·건물 및 기계기구의 각 종류별 매매금액을 아래와 같이 정한다.
   감정평가회사 : ㈜○○○감정평가법인
   감정 의뢰인 : ○○은행
   감정의 종류 : 담보 감정
   감정기준시점 : 0000. 00. 00.

(단위 : 원)

| 구 분 | 토지 금액 | 건물 금액 | 기계기구 | | 합 계 |
			수변전설비 (500KVA)	Over Head Crane (5ton)	
감정금액	000,000,000	000,000,000	00,000,000	00,000,000	000,000,000
안분금액	000,000,000	000,000,000	00,000,000	00,000,000	000,000,000
부가가치세		00,000,000	0,000,000	0,000,000	00,000,000

2. 원계약 내용을 아래와 같이 변경한다.

원계약 내용	제8조(건물 부가세 등) ② 매매대금의 부동산(토지·건물) 및 기계기구 금액의 안분 계산은 ....비례하여 안분 계산한 금액으로 정한다.
변 경 내 용	제8조 ② 토지·건물 및 기계기구의 각 종류별 매매대금은 감정평가 금액의 안분 계산에 의하여 토지금액은 금000,000,000원정, 건물금액은 금000,000,000원, 기계기구의 금액은 금00,000,000원으로 한다.

3. 이 변경 계약의 참고자료인 감정평가서 내용 중 공장 토지·건물 및 기계기구의 감정평가명세표를 계약서 말미에 첨부한다.

4. 이 변경 계약에서 명시적으로 변경한 사항 이외에는 원계약서에서 규정한 바에 따른다.

이 계약 변경 내용을 증명하기 위하여 계약 당사자가 이의 없음을 확인하고 각각 기명 또는 서명 날인한다.

첨부서류 : 감정평가명세표

0000년 00월 00일

매도인   상   호 : 주식회사 ○○○
               대 표 자 : 대표이사 ○ ○ ○   (인)
               법인등록번호 : 123456-1234567
               사업자등록번호 : 123-12-12345
               본점소재지 : ○○도 ○○시 ○○구 ○○길 12
               연 락 처 : 010-0000-0000

매수인   상   호 : 주식회사 ○○○
               대 표 자 : 사내이사 ○ ○ ○   (인)
               법인등록번호 : 123456-1234567
               사업자등록번호 : 123-12-12345
               본점소재지 : ○○도 ○○시 ○○구 ○○길 23
               연 락 처 : 010-0000-0000

개업공인중개사   상   호 : ○○○공인중개사사무소
                        대 표 자 : ○ ○ ○   (서명 및 날인)
                        중개업등록번호 : 000-000000-00
                        소 재 지 : ○○도 ○○시 ○○구 ○○길 245-12
                        연 락 처 : 010-0000-0000

서식자료 : 저자작성

3) 동산(기계기구) 매매계약서

동산(기계기구)매매계약서는 앞서 설명한 바와 같이 거래계약 물건을 포괄적으로 거래계약을 체결하고 토지, 건물, 기계기구의 감정평가금액 또는 부가가치세법에서 정하는 방법으로 비례하여 안분 계산한 방법에 의한 금액이 산출되면 동산 매매계약서를 작성하여 소유권을 이전하여야 한다.

동산인 기계기구의 확정된 금액에 의하여 계약서를 작성하는 경우 동산(기계기구)매매계약서의 작성 사례는 다음과 같다.

제4장 공장부동산 거래계약의 체결

<표 22> 동산(기계기구)매매계약서 작성사례

동산(기계기구)매매계약서

아래 동산(기계기구)은 ○○도 ○○시 ○○구 ○○동 123외 2필지 지상 및 공장건물에 설치되어 소재하는 것으로 매도인 ㈜○○○와 매수인 ㈜○○○은 합의하여 다음과 같이 매매계약을 체결한다.

1. 동산(기계기구)표시 및 매매금액 (단위 : 원)

명칭·용량·규격	수량	금액	부가세	합계
수변전설비 Cap 500KVA, T·R 500KVA×1 22.9KV/380V/220V, 제작회사 : ○○○○ 제작일 : 0000년 00월 전주 및 기타 부대시설 포함	1식	00,000,000	0,000,000	00,000,000
Over Head Crane Cap 5ton, Double Girder, Span 약20m, 주행Rail 약30m 제작회사 : ○○○○ 제작일 : 0000년 00월	1식	00,000,000	0,000,000	00,000,000

2. 지급시기 및 방법

　매매대금 : 금○○○○○○원정(₩00,000,000원) 부가세 별도
　계 약 금 : 일시불
　잔　　금 : 금00,000,000원정은 0000년 00월 00일 부동산 잔금 시 지불한다.

이 계약을 증명하기 위하여 계약당사자는 이의 없음을 확인하고 아래에 각자 기명 날인한다.

0000년 00월 00일

　　　　매도인　　상　　호 : 주식회사 ○○○
　　　　　　　　　대 표 자 : 대표이사 ○ ○ ○　　　　(인)
　　　　　　　　　법인등록번호 : 123456-1234567
　　　　　　　　　사업자등록번호 : 123-12-12345
　　　　　　　　　본점소재지 : ○○도 ○○시 ○○구 ○○길 12
　　　　　　　　　연 락 처 : 010-0000-0000

　　　　매수인　　상　　호 : 주식회사 ○○○
　　　　　　　　　대 표 자 : 사내이사 ○ ○ ○　　　　(인)
　　　　　　　　　법인등록번호 : 123456-1234567
　　　　　　　　　사업자등록번호 : 123-12-12345
　　　　　　　　　본점소재지 : ○○도 ○○시 ○○구 ○○길 23
　　　　　　　　　연 락 처 : 010-0000-0000

　　개업공인중개사　상　　호 : ○○○공인중개사사무소
　　　　　　　　　대 표 자 : ○ ○ ○　　　　(서명 및 날인)
　　　　　　　　　중개업등록번호 : 000-000000-00
　　　　　　　　　소 재 지 : ○○도 ○○시 ○○구 ○○길 245-12
　　　　　　　　　연 락 처 : 010-0000-0000

서식자료 : 저자작성

3. 공장종류별 구분계약서

앞에서 공장토지, 건물, 기계기구의 각 종류별 금액이 확정된 자료가 없어 포괄적인 매매거래계약을 체결하고 잔금지급 전 감정평가서 등으로 각 종류별 금액을 산출하여 부동산과 동산계약을 구분하는 매매거래계약을 체결하였다.

그러나 반대로 거래계약 목적물에 대한 최근 감정평가서 등이 존재하여 각 종류별 금액이 산출되었다면 부동산(토지·건물)과 동산(기계기구)을 구분하여 거래계약서를 체결한다. 그래서 중개대상물 확인·설명서에 거래예정금액 란에는 부동산과 동산의 금액을 구분하여 적고 중개보수에 관한 사항에는 부동산금액과 기계기구 금액을 모두 기재하여 합한 금액에 의한 중개보수를 적어 확인·설명하여야 한다.

기계기구의 동산중개에 대한 중개보수의 청구 근거는 기계기구는 중개대상물의 범위인 「공장저당법」에 따른 공장재단에 속하는 동산으로 법적 근거로서 충분하다 할 것이다(공인중개사법 시행령 제2조 제3호).

그리고 공장(토지·건물)계약서와 동산(기계기구)계약서의 작성요령과 사례는 앞에서 설명한 부동산과 동산거래계약서의 서식을 참고하면된다.

4. 공장임대차계약서

1) 공장(창고)임대차의 「상가임대차법」 적용여부

공장(창고)의 임대차는 단순히 상품의 보관·제조·가공 등 사실행위만으로 이루어지는 사실관계에 따라 원칙은 「상가임대차법」에 적용이 되지 아니한다.

그러나 실질적인 현황 용도에 비추어 영리를 목적으로 영업 활동이 이루어진다고 하면 건축물대장의 공부상 표시의 형식과는 상관없이 「상가임대차법」에 적용 대상이 될 수 있다.

판례는 건물 1층 중 약20평의 일부만을 임차하여 사업자등록을 마친 후 임차 부분에서 도금작업을 하는 사실 행위가 있었으나 임차 건물 인접지에 컨테이너박스를 세워두고 작업 주문을 받으며 완성된 제품을 인도하여 수수료를 받는 등 영업 활동을 하였다고 하여 건물과 컨테이너박스를 하나의 사업장으로 보고 실질적인 영리목적의 영업 활동에 사용하는 것으로 판단하여 「상가임대차법」이 적용되는 상가건물에 해당한다고 판시하였다.[25]

---

25) 대법원 2011. 7. 28. 선고 2009다40967 판결
<판시사항>
[1] 「상가임대차법」 적용대상인 '상가건물 임대차'의 의미 및 이러한 '상가건물'에 해당하는지에 관한 판단 기준
[2] 임차인이 상가건물의 일부를 임차하여 도금작업을 하면서 임차부분에 인접한 컨테이너 박스에서 도금작업의 주문을 받고 제품을 인도하여 수수료를 받는 등 영업활동을 해 온 사안에서, 위 임차부분은 「상가임대차법」이 적용되는 상가건물에 해당한다고 한 사례
<판결요지>
[1] 「상가임대차법의 목적과 같은법 제2조 제1항 본문, 제3조 제1항에 비추어 보면, 「상가임대차법」이 적용되는 상가건물 임대차는 사업자등록 대상이 되는

제3편 공장중개의 실전

따라서 공장임대차계약 시 이러한 내용으로 「상가임대차법」에 적용되는 사업체인지를 확인하여야 한다.

그러나 공장 건물의 경우 「상가임대차법」의 적용에 대한 판례는 존재하나 실체적 진실에 의한 내용의 영업을 전제로 하는 업종으로 생각되며, 사업자등록증에 도·소매업의 업태를 등록해 놓고 실제는 영업 활동을 하지 않고 기업 전체의 매출에서 미미한 영업을 업으로 하는 업체일 경우 「상가임대차법」의 적용에 관한 판례가 계속 이어질 것으로 생각된다.

2) 공장임대차거래계약 시 중요 확인사항

공장은 임대차계약은 공장건축면적이 500㎡ 이상인 공장을 임차하여 이전하거나 신설·증설할 경우 타인 소유의 토지 및 건축물의 사용권을 증명할 수 있는 서류(임대차 계약서), 사업계획서를 첨부하여 「산업집적법 시행규칙」[별지 제5호] 서식에 의하여 이전·신설·증설승인 신청을 하여야 한다.

건물로서 임대차 목적물인 건물을 영리를 목적으로 하는 영업용으로 사용하는 임대차를 가리킨다. 그리고 「상가임대차법」이 적용되는 상가건물에 해당하는지는 공부상 표시가 아닌 건물의 현황·용도 등에 비추어 영업용으로 사용하느냐에 따라 실질적으로 판단하여야 하고, 단순히 상품의 보관·제조·가공 등 사실행위만이 이루어지는 공장·창고 등은 영업용으로 사용하는 경우라고 할 수 없으나 그곳에서 그러한 사실행위와 더불어 영리를 목적으로 하는 활동이 함께 이루어진다면 「상가임대차법」 적용대상인 상가건물에 해당한다.

[2] 임차인이 상가건물의 일부를 임차하여 도금작업을 하면서 임차부분에 인접한 컨테이너 박스에서 도금작업의 주문을 받고 완성된 도금제품을 고객에 인도하여 수수료를 받는 등 영업활동을 해 온 사안에서, 임차부분과 이에 인접한 컨테이너 박스는 일체로서 도금작업과 더불어 영업활동을 하는 하나의 사업장이므로 위 임차부분은 「상가임대차법」이 적용되는 상가건물에 해당한다고 보아야 하는데도, 그와 같은 사정은 고려하지 않고 임차의 주된 부분이 영업용이 아닌 사실행위가 이루어지는 공장으로서 「상가임대차법」의 적용대상이 아니라고 본 원심판단에는 법리오해의 위법이 있다고 한 사례.

그리고 이전·신설·증설승인 등을 받은 후 제조시설설치 시 2개월 이내 제조시설설치 승인을 받아야 한다.

또한 임차한 공장의 건축면적이 500㎡ 미만인 경우 공장설립등의 승인 대상외의 공장으로 타 법률에 제한이 없는 업종은 공장설립등의 승인을 받지 아니하고 제조업을 영위할 수 있다. 그러나 공장설립등의 승인대상 외의 점유자는 산업통상자원부령으로 정하는 바에 따라 공장 등록을 신청할 수 있다(산업집적법 제16조제2항).

대체로 임차공장으로 사업을 영위하는 기업은 정부지원과 제조물품의 발주에 입찰을 위해서는 공장등록필증이 필요하다. 그런데 공장임대차계약 시 공장건축물의 불법 증축건축물이 있는 경우 공장등록이 제한되므로 이를 확인하고 설명하여야 한다. 그리고 계약목적물이 산업단지나 지식산업센터인 경우 계약 전에 한국산업분류에 의한 업종코드를 확인하여 입주가능 여부를 확인하여야 한다.

3) 공장임대차계약서 작성사례

공장임대차계약서는 앞서 서술한 공장매매계약서를 참고하여 작성하면 좋을 것이다. 계약서 작성 시 특별사항으로 수변전설비, 호이스트, 크린룸시설 등 기존 시설의 내용과 사용 여부를 정하고 관리의무를 명시하여야 한다.

또한 공장 건물은 전력의 소모량이 중요하므로 한전부담금 및 기본요금에 따른 부담 그리고 전력용량이 부족할 경우 전력증설에 따른 부담 여부에 대하여 협의내용을 적어야 한다.

또한 계약종료 시 원상복구 의무 등을 적어야 하며 공장건물의 일부를 임차할 경우 거래계약서에 건물 현황도 중 배치도를 활용하여

제3편 공장중개의 실전

도면을 첨부하면 사업자등록과 공장등록 시 유용하게 사용된다.
부동산(공장)임대차계약서 작성 사례는 다음과 같다.

<표 23> 부동산(공장)임대차매매계약서 작성사례

부동산(공장)임대차계약서

임대인 ㈜○○○와 임차인 ㈜○○○는 공인중개사 ○○○의 중개로 아래 표시 부동산에 관하여 다음 계약 내용과 같이 합의하여 임대차계약을 체결한다.

부동산의 표시	1. ○○도 ○○시 ○○구 ○○동 123 공장용지 000㎡ 2. ○○도 ○○시 ○○구 ○○동 123, 124 [도로명 주소] ○○도 ○○시 ○○구 ○○길 12 일반철골구조 샌드위치판넬지붕 2층 일반공장 1층 일반공장 000㎡ 2층 일반공장(사무실) 000㎡ 이 상

제1조(계약의 전제조건) 이 계약은 임대차계약 부동산의 물리적인 형상, 구조, 배치 등을 매수인이 임장하여 확인하고 설명을 들었으므로 현황 그대로 임대차계약을 체결하고, 행정상의 규제, 공장설립등의 인·허가는 임차인의 책임으로 하며 기타 상세 내용은 특약사항으로 정한다.

제2조(보증금 및 월차임 지급시기) 임대인과 임차인은 보증금과 월차임의 지불시기를 다음과 같이 정한다.

보 증 금	금○○○○○○○원정(₩0,000,000,000원)
계 약 금	금000,000,000원은 계약 시 아래 계좌로 지급한다. 　　　　　　　　[영수인 ㈜○○○ 대표이사　　　　㊞]
중 도 금	금000,000,000원은 0000년00월00일 이래계좌로 지급한다.
잔 금	금000,000,000원은 0000년00월00일 아래계좌로 지급한다.
월 차 임	금○○○○원정(₩0,000,000,000원)은 매월 00일 선불로 지급한다.

임대인 계좌번호 ○○은행 000-00000-00 [예금주 : ㈜○○○]

제3조(부가세 등) 월세의 부가가치세는 별도로 하고, 임차인은 보증금이 남아 있다는 이유로 월세의 지급을 거절하지 못한다.

제4조(부동산의 인도 및 임대차기간 등) ① 임대차기간은 0000년 00월 00일부터 0000년 00월 00일(00개월)까지로 한다.
② 임대인은 계약 부동산을 임대차의 목적대로 사용 또는 수익할 수 있는 상태로 0000년 00월 00일에 임차인에게 인도하여야 한다.
③ 임차인은 계약 부동산을 공장(제조시설) 용도로 사용하여야 하며 다른 용도로 사용하여서는 안 된다.

제5조(계약의 해제) 임차인이 임대인에게 중도금(중도금 약정이 없을 때에는 잔금)을 지불하기 전까지는 임대인은 계약금을 배액으로 상환하고, 임차인은 계약금을 포기하고 이 계약을 해제할 수 있다.

제6조(공과금 등) ① 임차인은 전기료, 상·하수도요금 등의 공과금은 점유일, 사용일, 인도일 중 빠른 날을 기준으로 납부하고, 계약종료 시 1개월분의 사용한 날에 비례 안분하여 정산한다.
② 전항의 공과금 및 월세 이외에 부담하는 관리비는 없다.

제7조(구조 또는 용도의 변경·양도 등의 금지) 임차인은 임대인의 동의없이 계약 부동산의 구조나 용도를 변경할 수 없으며, 계약 부동산의 전부나 일부를 타인에게 다시 전대하거나 임차권을 양도할 수 없고 보증금 반환채권을 타인에게 양도하거나 질권 기타 담보로 제공할 수 없다.

제8조(기계기구의 관리의무 등) ① 임차인은 계약부동산에 설치된 수변전설비시설 950KVA, OVER HEAD CRANE 00Ton 1대는 사용 중 고장 시 수리 등의 관리 의무를 가진다. 단, 기계적인 결함에 의한 경우 임대인이 수리할 의무를 진다.
② 전력수변전설비시설의 관리비는 임차인(임대인)이 소방안전 관리비는 임대인(임차인)이 부담한다.

제9조(계약해지권) 임대인 또는 임차인이 이 계약에서 정한 의무를 이행하지 아니하는 경우 그 상대방은 이 계약을 해지할 수 있다.

제10조(특약 사항) ① 임차인의 한국표준산업분류 업종코드 C00000(○○○○) 공장설립(등록)의 승인과 관련 행정기관의 미승인이 있을 경우 이 계약은 무효로 한다.
② 전항과 관련하여 공장설립 승인이 지연될 경우 당사자가 상호 협의하여 잔금기일을 조정 할 수 있으나 전후 14영업일을 초과 할 수 없다.
③ 임대인은 잔금 전 ○○관리공단에 임대신고를 하여야 한다.

제11조(계약 종료 시 의무) ① 임차인은 자신의 비용으로 계약 부동산에 설치한 제조시설 등을 철거하고 원래의 상태로 복구하여 임대인에게 반환한다.
② 보증금 반환은 임대차에 따른 임차인의 월세, 공과금 등의 모든 채무를 공제한 금액으로 한다.

제12조(중개보수) ① 개업공인중개사는 임대인 또는 임차인의 이 계약 불이행에 대하여 책임을 지지 않는다. 또한 중개 보수는 계약 당사자 쌍방이 각각 지불하며, 개업공인중개사의 고의나 과실 없이 이 계약이 무효, 취소 또는 해제 되어도 중개보수는 지급한다.
② 공동중개인 경우에 임대인과 임차인은 자신이 중개 의뢰한 개업공인중개사에게 각각 중개보수를 지급한다.

제3편 공장중개의 실전

제13조(중개대상물확인설명서교부 등) 개업공인중개사는 중개대상물 확인설명서를 작성하고 업무보증관계증서(공제증서) 사본을 첨부하여 거래당사자 쌍방에게 교부한다.

제14조(분쟁 및 관할법원) ① 이 계약의 내용해석 상 이견이 있는 경우 상호 협의 조정하며, 조정이 여의치 않을 경우 제 법령 및 일반 상 관례에 따른다.
② 이 계약으로 발생하는 당사자 간의 소송은 물건 소재지 관할법원으로 한다.

  이 계약을 증명하기 위하여 계약 당사자가 이의 없음을 확인하고 각각 기명 또는 서명 날인한다.

0000년 00월 00일

임대인   상   호 : 주식회사 ○○○
              대 표 자 : 대표이사 ○ ○ ○   (인)
              법인등록번호 : 123456-1234567
              사업자등록번호 : 123-12-12345
              본점소재지 : ○○도 ○○시 ○○구 ○○길 12
              연 락 처 : 010-0000-0000

임차인   상   호 : 주식회사 ○○○
              대 표 자 : 사내이사 ○ ○ ○   (인)
              법인등록번호 : 123456-1234567
              사업자등록번호 : 123-12-12345
              본점소재지 : ○○도 ○○시 ○○구 ○○길 23
              연 락 처 : 010-0000-0000

개업공인중개사   상   호 : ○○○공인중개사사무소
              대 표 자 : ○ ○ ○   (서명 및 날인)
              중개업등록번호 : 000-000000-00
              소 재 지 : ○○도 ○○시 ○○구 ○○길 245-12
              연 락 처 : 010-0000-0000

서식자료 : 저자작성

5. 공장전대차계약서

1) 공장전대차계약의 의의

「상가임대차법」에서 전대차거래 관계에 대한 적용은 계약갱신요구권, 차임연체와 해지, 차임의 증감청구권, 월차임 전환 시 산정률의 제한은 전대인(轉貸人)과 전차인(轉借人)의 전대차관계에 적용한다. 임대인의 동의를 받고 전대차계약을 체결한 전차인은 임차인의 계약갱신요구권 행사기간 이내에 임차인을 대위(代位)하여 임대인에게 계약갱신요구권을 행사할 수 있다(상가임대차법 제13조).

공장의 전대차거래계약은 대부분 임대인이 공장건물의 분할에 의한 임대차계약의 경우가 있다. 그러나 일부 임대인은 공장전체를 임대하고 한 기업에 임료를 받는 관리·경영상의 편리를 위하여 비슷한 업종이나 연관된 수개의 기업 중에 대표로 한 기업과 임대차거래계약을 체결하고 다른 기업은 임차인과 전대차거래계약의 체결하는 방법을 선호하는 임대인이 있다.

이러한 경우 전차인은 임차인과 전대차계약을 체결하고 임대인의 동의를 받아야 한다. 동의서가 없을 경우 「산업집적법」에 따른 공장등록과 「부가가치세법」에 따른 사업자등록에 제한을 받는다.

2) 공장전대차계약서 작성사례

공장의 전대차계약서의 작성할 때 임대인의 동의사항을 별도의 서식에 동의서를 작성하여 전대차계약서 말미에 첨부하거나 전대차계약서의 내용에 임대인의 동의사항을 적어서 서명날인을 받으면 된다. 이때 임대인의 신분증 사본이 필요하고 전대차거래부분의 도면을 작성하여 사업자등록 시 제출하여야 한다.

제3편 공장중개의 실전

공장전대차계약서의 작성사례는 다음과 같다.

<표 24> 부동산(공장)전대차매매계약서 작성사례

부동산(공장)전대차계약서

전대인 ㈜○○○와 전차인 ○○○는 임대인 ○○○의 동의를 얻어 공인중개사 ○○○의 중개로 아래 표시 부동산에 관하여 다음 계약 내용과 같이 합의하여 전대차계약을 체결한다.

부동산 의 표시	1. ○○도 ○○시 ○○구 ○○동 123 공장용지 000㎡ 2. ○○도 ○○시 ○○구 ○○동 123, 124 [도로명 주소] ○○도 ○○시 ○○구 ○○길 12 일반철골구조 샌드위치판넬지붕 2층 일반공장 1층 일반공장 000㎡ 중 000㎡ 이 상

제1조(임대차계약 내용확인) ① 임대차보증금 금00,000,000원, 월차임 금0,000,000원, 임대차기간은 0000. 0. 00.부터 0000. 00. 00.까지이다.
  ② 계약부동산의 임대차계약서를 전차인에게 확인케 하고 사본은 이 전대차 계약 말미에 첨부한다.

제2조(전대차보증금 및 월차임 지급시기)

보 증 금	금○○○○원정(₩00,000,000원)
계 약 금	금0,000,000원은 계약 시 아래계좌로 지급한다. [영수인(전대인) ㈜○○○ 대표이사 ㊞]
중 도 금	없 음
잔 금	금00,000,000원은 0000년00월00일 아래계좌로 지급한다.
월 차 임	금○○○○원정(₩0,000,000,000원)은 매월 00일 선불로 지급한다.

전대인 계좌번호 ○○은행 000-00000-00 [예금주 : ○○○]

제2조(전대할 부분) 공장 A동 1층 2분의 1 동쪽 부분을 사용하고 위치는 도면과 같다.
  [도면 생략]

제3조(부가세 등) 월차임의 부가가치세는 별도로 하고, 전차인은 보증금이 남아 있다는 이유로 월차임의 지급을 거절하지 못한다.

제4조(부동산의 인도 및 전대차 존속기간) ① 전대차기간은 0000년 00월 00일부터 0000년 00월 00일(00개월)까지로 한다.
   단, 전대인이 임대인(소유자)와 체결한 임대차 기간을 초과하지 못한다.
  ② 전대인은 계약 부동산을 전대차의 목적대로 사용·수익할 수 있는 상태로 0000년 00월 00일에 임차인에게 인도하여야 한다.
  ③ 전차인은 계약 부동산을 공장(제조시설) 용도로 사용하여야 하며 다른 용도로 사

용하여서는 안 된다.

제5조(계약의 해제) 전차인이 전대인에게 중도금(중도금 약정이 없을 때에는 잔금)을 지불하기 전까지는 전대인은 계약금을 배액으로 상환하고, 전차인은 계약금을 포기하고 이 계약을 해제할 수 있다.

제6조(공과금 등) ① 전차인은 전기료, 상·하수도요금 등의 공과금은 점유일, 사용일, 인도일 중 빠른 날을 기준으로 납부하고, 계약종료 시 1개월분의 사용한 날에 비례 안분하여 정산한다.
② 전항의 공과금 및 월차임 이외에 부담하는 관리비는 없다.

제7조(구조 또는 용도의 변경·양도 등의 금지) 전차인은 전대인의 동의없이 계약 부동산의 구조나 용도를 변경할 수 없으며, 계약 부동산의 전부나 일부를 타인에게 다시 전전대하거나 전차권을 양도할 수 없고, 보증금 반환채권을 타인에게 양도하거나 질권 기타 담보로 제공할 수 없다.

제8조(기계기구의 관리의무 등) ① 전차인은 계약부동산에 설치된 수변전설비시설 950KVA, OVER HEAD CRANE 00Ton 1대는 공동사용하고, 사용 중 고장 시 수리 등의 관리 의무를 가진다. 단, 기계적인 결함에 의한 경우 전대인이 임대인과 협의하여 수리할 의무를 진다.
② 전력수변전설비시설의 관리비는 전대인과 전차인이 소방안전 관리비는 임대인이 부담한다.

제9조(계약해지권) 전차인이 이 계약에서 정한 의무를 이행하지 아니하는 경우 그 상대방은 이 계약을 해지할 수 있다.

제10조(특약 사항) ① 전차인은 계약의 이견이 있는 경우 원 임대차계약의 내용을 우선으로 적용한다.
② 전기요금은 한국전력에 모자 계약기를 신청하여 각 고지서에 따라 개별 납부하고, 계량기 설치 비용은 계약당사자가 공동비용으로 부담한다.
③ 임시 사무실(컨테이너)은 계약당사자가 공동 사용한다.

제11조(계약 종료 시 의무) ① 전차인은 자신의 비용으로 계약 부동산에 설치한 제조시설 등을 철거하고 원래의 상태로 복구하여 임대인에게 반환한다.
② 보증금 반환은 전대차에 따른 전차인의 월세, 공과금 등의 모든 채무를 공제한 금액으로 한다.

제12조(중개보수) ① 개업공인중개사는 임대인 또는 임차인의 이 계약 불이행에 대하여 책임을 지지 않는다. 또한 중개 보수는 계약 당사자 쌍방이 각각 지불하며, 개업공인중개사의 고의나 과실 없이 이 계약이 무효, 취소 또는 해제 되어도 중개보수는 지급한다.
② 공동중개인 경우에 임대인과 임차인은 자신이 중개 의뢰한 개업공인중개사에게 각각 중개보수를 지급한다.

제3편 공장중개의 실전

제13조(중개대상물확인설명서교부) 개업공인중개사는 중개대상물 확인설명서를 작성하고 업무보증관계증서(공제증서) 사본을 첨부하여 거래당사자 쌍방에게 교부한다.

제14조(분쟁 및 관할법원) ① 이 계약의 내용해석 상 이견이 있는 경우 원 임대차계약의 내용을 우선으로 하고, 상호 협의 조정하며, 조정이 여의치 않을 경우 제 법령 및 일반 상 관례에 따른다.
② 이 계약으로 발생하는 당사자 간의 소송은 물건 소재지 관할법원으로 한다.

  이 계약을 증명하기 위하여 계약 당사자가 이의 없음을 확인하고 각각 기명 또는 서명 날인한다.

첨부서류 : 임대차 계약서 사본
          임대인(소유자) 동의서 및 신분증 사본

0000년 00월 00일

전대인   상   호 : 주식회사 ○○○
            대 표 자 : 대표이사 ○ ○ ○   (인)
            법인등록번호 : 123456-1234567
            사업자등록번호 : 123-12-12345
            본점소재지 : ○○도 ○○시 ○○구 ○○길 12
            연 락 처 : 010-0000-0000

전차인   상   호 : 주식회사 ○○○
            대 표 자 : 사내이사 ○ ○ ○   (인)
            법인등록번호 : 123456-1234567
            사업자등록번호 : 123-12-12345
            본점소재지 : ○○도 ○○시 ○○구 ○○길 23
            연 락 처 : 010-0000-0000

개업공인중개사   상   호 : ○○○공인중개사사무소
                    대 표 자 : ○ ○ ○   (서명 및 날인)
                    중개업등록번호 : 000-000000-00
                    소 재 지 : ○○도 ○○시 ○○구 ○○길 245-12
                    연 락 처 : 010-0000-0000

서식자료 : 저자작성

3) 전대차계약 임대인동의서 작성사례

다음은 공장 전대차거래 계약 시 임대인의 동의서 작성 사례이다.

<표 25> 전대차계약 임대인동의서 작성사례

전대차계약 동의서

부 동 산 의 표 시	1. ○○도 ○○시 ○○구 ○○동 123 공장용지 000㎡ 2. ○○도 ○○시 ○○구 ○○동 123, 124 　[도로명 주소] ○○도 ○○시 ○○구 ○○길 12 　일반철골구조 샌드위치판넬지붕 2층 일반공장 　1층 일반공장 000㎡ 중 000㎡ 이　　　　상

동의인은 위 전대 부동산의 소유자 겸 임대인으로 임차인(전대인) 주식회사 ○○○와 전차인 ○○○의 계약에 대하여 다음의 내용을 동의합니다.

다　　　음

1. 임차인(전대인) 주식회사○○○와 전차인 ○○○가 체결한 전대차계약
2. 전차인의「부가가치세법」에 따른 사업자등록
3. 전차인의「산업집적법」에 따른 공장등록

첨부서류 : 임대인(소유자) 신분증사본

0000년 00월 00일

소유자(임대인)　상　　호 : 주식회사 ○○○
　　　　　　　　대 표 자 : 대표이사 ○ ○ ○　　　　(인)
　　　　　　　　법인등록번호 : 123456-1234567
　　　　　　　　사업자등록번호 : 123-12-12345
　　　　　　　　본점소재지 : ○○도 ○○시 ○○구 ○○길 12
　　　　　　　　연 락 처 : 010-0000-0000

임차인(전대인) 주식회사 ○○○ 대표이사 ·전차인 ○○○ 귀하

서식자료 : 저자작성

공장의 전대차계약의 임대인에 대한 동의는 필수이다. 그러나 전대차 거래계약 시 임대인의 동의를 위하여 계약서 작성 사무실에 참석이 어려울 것이므로 미리 임대인에게 전대차의 동의를 받기 위하여 이 임대인의 동의서 서식을 사용하여야 한다.

6. 신탁공장 매매(임대)계약서

공장부동산의 차입 금액의 규모가 클 때 채권자인 차입 금융기관은 수탁자인 신탁회사에 소유권을 이전하고 우선수익권증서로 채권을 담보하는 경우이다.

부동산신탁등기가 경료된 공장의 매매계약서를 작성할 때는 앞에서 서술한 일반(포괄)공장매매계약서의 내용을 참고하여 작성하되 신탁원부의 부동산담보신탁계약서를 확인하여야 하고, 이 경우 주의 사항은 다음과 같다.

첫째, 등기사항전부증명서의 신탁을 등기원인으로 하는 소유권란에 기재된 신탁원부를 등기소에서 발부받아 부동산담보신탁계약서에 기재된 신탁재산의 범위, 신탁부동산의 관리의무, 우선수익자, 특약사항 등의 내용을 확인하여야 하고, 계약 관련 처분과 신탁 계약 해지 조건, 임대 절차, 보증금과 월차임 지불조건 등 계약조건을 확인하여야 한다.

둘째, 신탁 계약의 내용은 임대차 계약의 체결, 담보 설정과 처분 행위를 하고자 할 때 수탁자 및 수익자의 서면동의를 받아야 한다고 되어 있으므로 계약서 작성 시 반드시 동의서를 받아야 하고, 매매(임대차)계약서 내용에 수탁자와 수익자의 동의 관계를 기재하여 계약서 말미에 동의인의 인감증명서를 첨부하거나 별도의 동의서를 작성하여 동의인의 인감을 날인하고 인감증명서를 첨부하여야 한다.

III. 공장중개대상물 확인·설명서 작성

중개대상물 확인·설명은 이 책에서 공업용부동산의 매매·교환용으로 우선 중점적으로 설명하고 공장용지의 확인·설명은 중요사항만 작성하므로 이를 참고하기 바란다.

1. 기본확인·설명 자료

공장의 확인·설명 자료는 기본 자료인 등기권리증(등기필증), 등기사항증명서, 토지대장, 건축물대장, 지적도, 토지이용계획서가 있으나 그 밖의 설명 자료로 건축물현황도, 법인등기부등본, 사업자등록증사본, 공장등록증 등이 있다.

특히, 사업자등록증사본은 세금계산서 발부와 공장등록에 첨부하여야 할 서류이고, 매도인 또는 임대인의 공장등록증은 매수인이 창업기업일 경우 매도인의 공장업종과 매수인의 공장업종의 이종이라는 증명과 취득세 등의 지방세감면에 필요한 서류로 사용되므로 확인하여야 할 서류이다.

2. 중개대상물의 기본사항

1) 대상물건의 표시

토지는 여러필지일 경우 소재지 작성 후 지번을 전부 작성하여야 하고 공장건축물이 수개의 동일 경우 건축물대장의 총괄표제부를 열람하여 공장의 전체 연면적을 적어야 하며 건축물의 구조는 수개의 동일 경우 동별 구조를 전부 작성한다.

내진설계여부와 내진능력은 건축물대장 내용을 그대로 작성하여야 하며 건축물의 위반이 있을 경우 건축물대장에 위반건축물로 등재되었을 경우 이를 근거로 그대로 작성한다. 그리고 건축물대장에 위반

건축물이 미등재되어 있을 경우 계략적인 면적과 위치를 적어야 한다. 또한 증축된 공장이 건축물대장에는 기재되어있으나 건물등기사항정부증명서의 표제부에 미등기되어 있을 경우 확인·설명서 옆 란에 증축공장 미등기라는 내용을 기재하고 잔금 전에 소유권보존등기를 경료하고 소유권을 이전하여야 한다.

2) 권리관계와 토지이용제한

권리관계는 소유권에 관한 사항과 소유권 이외의 권리사항을 퇴지·건물등기사항전부증명서의 기재내용 그대로 작성한다. 그리고 토지이용계획이나 공법상 제한내용은 지구단위계획지역인 계획입지에서는 입주가능한 한국표준산업분류의 5단위 중 앞 2단위를 기재하면 좋을 것이다. 그러나 개별입지의 경우 지구단위계획지역이 미지정된 지역이 대부분이므로 기업의 개별업종을 분석하여 가능여부를 확인·설명하여야 한다.

3. 물건의 세부 확인사항

실제 권리관계와 공시되지 않은 물건의 권리사항으로 수변전설비시설, 옥내 오버헤드크레인(overhead crane), 외부에 설치되어 있는 옥외크레인(Outside the factory crane) 등의 시설이 포함된다는 내용과 필요한 경우 자료파악을 위하여 연락이 가능한 매도인 기업 담당 회계세무사무소의 연락처를 기재하여 두면 좋을 것이다.

그리고 증축한 위법건축물의 내용을 기재하여야 하며 공장 등의 대형시설에 설치되어 있는 배전반과 분전반의 동력을 확인하고 설명하여야 차후 전기시설에 대한 분쟁을 사전에 예방 할 수 있다.

수도, 소방, 승강기, 배수 등은 확인결과를 토대로 적어야 하고 취사용 가스는 공장으로 미취사, 난방방식은 공장이므로 해당 없음이라고 적어도 무방하다.

제4장 공장부동산 거래계약의 체결

특히, 누수부분은 공장의 높은 지붕으로 누수부분의 확인이 어려우므로 공장내부를 육안으로 확인하고 사실 그대로 '공장 내 육안으로 누수부분은 미확인하였으나 지붕과 벽면의 고위로 우천 시 외 확인불가 함' 등의 사실 그대로 적어면 된다.

Learning Point

○ 공장거래계약서의 작성
- 공장매매계약서
  · 동산(기계기구) 포함되지 않는 부동산(토지·건물)의 매매계약
  · 건물부가세 ▶ 감정평가서에 의한 비례안분 우선
    　　　　　　　부가가치세법에 의한 비례안분
- 공장등(부동산·기계기구)매매계약서
  · 토지, 건물, 기계기구 포괄적 계약
  · 건물·기계기구 부가세 ▶ 감정평가서에 의한 비례안분 우선
    　　　　　　　　　　　부가가치세법에 의한 비례 안분
    　　　　　　　　　　　변경계약서 작성 후 부동산·동산계약서 작성
- 공장임대차계약서 : 「상가임대차법」 적용여부
  　　판례 : 영업의 사실행위　단순제조·창고 : 적용되지 않음
- 공장전대차계약서 : 임대인의 동의 필요
  　　동의 내용 · 전대차계약 체결 동의
  　　　　　　　· 전차인의 「부가가치세법」에 따른 사업자등록
  　　　　　　　· 전차인의 「산업집적법」에 따른 공장등록

○ 공장중개대상물 확인·설명서 작성
- 기본확인·설명자료
  사업자등록증, 법인등기사항전부증명서, 공장등록증 등
- 세부 확인·사항
  수변전설비시설, 옥내외 크레인 등 기계기구, 설비

제2절 공장의 중개사고 예방

I. 공장 중개사고의 유형

1. 법률·행정 관련 유형

1) 법률 관련 유형

법률적 중개사고의 유형으로 고객의 신분증 위·변조에 의한 거래계약을 체결하여 사기를 당한 경우이다. 그리고 법인대표자의 권한이 없는 자와 거래계약을 체결하여 법인대표자가 잠적한 경우가 있다.

2) 행정 관련 유형

행정적 중개사고의 유형으로 계약 후 잔금 전 관리기관에 처분신고, 임대신고를 소홀히 하거나 기계기구 설치 등 제조시설설치완료 후 2개월 내 승인신청을 하지 않아 과태료 처분을 받는 경우이다.

그리고 산업단지 지구단위계획지역 중 지원시설지역에 제2종근린생활시설(제조시설)의 건축물을 공장등록 대상으로 생각하여 계약 후 공장등록이 불능인 경우가 있을 수 있다..

2. 금융·세무 관련 유형

1) 금융 관련 유형

금융 관련 중개사고의 유형으로 수개의 공장재단이 공동으로 담보된 매도인이 거래 공장부동산의 저당권 일부 말소가 가능한 상환금액의 미확인으로 인하여 잔금지급 시 저당권의 일부해지 불능으로 계약이 해제되어 위약금과 계약금을 반환받지 못하는 경우가 있다.

2) 세무 관련 유형

그리고 세무 관련 중개사고 유형으로 신축 공장건축물의 소유권보존등기 시 기계기구 내역을 포함하고 취득세 과세물건으로 신고하여 취득세를 초과 납부한 경우, 경매낙찰 공장부동산의 소유권이전등기 시 기계기구 내역을 포함하여 과세물건으로 신고하여 취득세를 초과 납부한 경우, 유휴 공장용지를 매각하면서 공장입지기준면적을 계산하지 않고 매각하여 비업무용 토지로 중과세 처분을 받은 경우이다.

3. 거래계약서작성 관련 유형

공장 거래계약서작성 관련 중개사고 유형으로 거래계약서에 건물과 기계기구의 '부가세별도' 내용을 기재하지 않아 분쟁이 발생한 경우, 매수인의 공장설립등의 인·허가 불능 시 무효조항의 조건부 특약사항을 기재하지 않아 계약금을 반환받지 못하는 경우, 매매금액의 한글금액을 잘못 기재하여 다툼이 생긴 경우, 공장 부동산임에도「상가임대차법」이 적용되는 기업체임을 확인하지 않거나 임대차계약서 내용에 "단순 제조·창고" 사용 용도의 미기재로 계약갱신의 분쟁이 발생한 경우가 있다.

그리고 공장 건물 또는 생산설비가 멸실·훼손된 부분의 책임여부를 정하지 않아 분쟁이 생긴 경우, 불법 공장건축물의 승계에 관한 협의가 없어 분쟁이 생긴 경우, 기계기구의 동산을 건물에 포함하여 소유권을 이전하여 초과 취득세 납부와 기업회계에 문제가 발생한 경우, 대리인 계약 시 인감증명서의 본인 발급여부를 확인하지 않아 계약 진위여부의 분쟁이 생긴 경우, 매매대금을 당사자의 은행계좌와 다른 계좌로 이체하게 하여 분쟁이 생긴 경우, 공장임대차 계약 시 권리금을 확인하지 않아 분쟁이 생긴 경우 등이 있다.

4. 중개대상물 확인·설명 관련 유형

중개대상물 확인·설명과 관련된 유형으로 공장용지허가 전 임야의 중개 시 등록전환 측량결과 면적감소를 설명하지 않아 다툼이 생긴 경우, 공장부지 법면의 경계를 확인·설명하지 않아 경계분쟁이 생긴 경우, 공장기계기구의 종류·수량·상태의 확인·설명의 부족으로 금액확정에 대한 분쟁이 생긴 경우, 현장임장을 하지 않고 건축물대장의 공적장부에 의한 건물높이를 오인하여 설명함으로서 제조시설의 건물높이가 낮아 중개사의 책임이 발생한 경우가 있다.

그리고 공장부지 진입로가 사도인 경우 사도에 대한 소유권과 사용권에 대한 확인·설명을 하지 않아 분쟁이 발생한 경우, 전기증설에 대한 전기배전반의 용량확인 및 설명의 미비로 분쟁이 발생한 경우, 건물누수 부분과 불법건물 증축부분의 확인·설명 부재로 분쟁이 생긴 경우이다.

II. 공장 중개사고의 예방

1. 법률·행정 관련 중개사고 예방

1) 신분증 위·변조 관련 사고예방

부동산 범죄로 인한 신분증 위·변조에 의한 거래는 공인중개사의 잠시 소홀한 틈을 이용하여 발행할 수 있는 사례이다.

계약당사자가 의심스러울 경우 신분증의 진위여부를 반드시 확인하여야 하고 주민등록증은 "정부24"(www.gov.kr) 포털사이트의 서비스->주민등록증 진위확인을 클릭하여 진위여부를 확인하여야 한다. 자동차운전면허증은 "안전운전통합민원"(www.safedriving.or.kr)포털사이트에서 운전면허증 정보조회->면허증진위여부조회를 클릭하여 진위여부를 확인하여야 한다.

2) 대표권한 없는 대표자와 계약 사고예방

사장, 부사장, 전무, 상무 기타 회사를 대표할 권한이 있는 것으로 인정될 만한 명칭을 사용한 이사의 행위에 대하여는 그 이사가 회사를 대표할 권한이 없는 경우에도 회사는 선의의 제3자에 대하여 그 책임을 진다(상법제395조). 즉, 표현대표이사의 행위는 선의의 제3자에게 회사의 책임이다.

이럴 경우 법인등기부등본 발부와 대표자 신분증을 대조하여 동일성 여부를 확인하여야 한다. 이와 다르게 소상공인 내지 소기업의 경우 대표이사로 등기된 대표자로서의 권한은 있으나 주식회사의 주주, 즉, 소유자가 아닌 경우가 있다. 일명 '바지사장'의 경우로 주주는 신의를 믿고 회사의 경영을 맡긴 경우이다. 그런데 회사의 경영 또는 바지사장 개인의 사정이 어려워 질 경우 대표자는 기업의 부동산을 매각하고 잠적할 수 있을 수 있다. 드문 경우이나 의심이 갈 경우는 "K-REPORT"(www.kreport.co.kr), 모바일 앱 SMART기업 등의 포털사이트를 활용, 기업검색을 하여 기업신용도, 주주현황 등을 확인하면 된다.

3) 제조시설설치완료 승인신청 사고예방

미리 업종을 특별히 정하지 아니하고 공장설립등의 승인을 받아 건축된 공장건축물, 등록이 취소된 공장건축물로서 공장건축면적 500㎡ 이상인 공장건축물의 전부 또는 일부에 제조시설등을 설치하여 제조업을 하려면 법령으로 정하는 바에 따라 시장·군수 또는 구청장의 승인을 받아야 한다(산업집적법 제14조의3제1항).

이 경우 위반자는 3년이하의 징역 또는 3천만원의 이하의 벌금에 해당되어 형사처분을 받게 된다(같은법 제52조제2호). 그러므로 개업공인중개사는 제조시설설치완료 승인신청에 대한 확인·설명을 하고, 고객의 사후관리를 통하여 고객서비스에 최선을 다하여야 한다.

4) 산업단지 공장 임대신고의 사고예방

산업단지 내의 공장을 임대 할 경우 관리기관에 임대신고를 하여야 한다. 공장의 임차기업은 산업단지 지구단위계획의 배치계획에 의한 업종이 입주하도록 되어 있다. 그래서 임차공장기업은 배치계획에 어긋난 기업일 경우 공장임대차 계약을 맺었음에도 불구하고 사업을 영위 할 수 없다.

그러므로 임대를 하고자하는 기업은 「산업집적법 시행규칙」 제36조의2에 따른 [별지 제29호서식]의 임대신고서를 작성하여 임대계약서사사본, 토지·건물등기사항증명서를 첨부하여 관리기관에 임대신고를 하여야 한다. 이를 위반할 경우 500만원 이하의 과태료를 부과한다(산업집적법 제55조). 개업공인중개사는 공장임대차계약 시 이러한 내용을 확인·설명하여 중개사고의 예방을 하여야 한다.

5) 산업단지 공장의 처분신고의 사고예방

산업단지 내의 기업은 공장을 매도할 경우 처분신고를 하여야 한다(산업집적법 제39조제3항). 산업용지와 공장등을 양도신고를 하지 아니한 위반자는 500만원 이하의 과태료를 부과한다(같은법 제55조제1항제2호). 그러므로 매도인은 「산업집적법 시행규칙」 [별지 제28호서식]의 처분신고서를 작성하여 양도에 관한 계약서사본, 양도받을 자는 같은법 시행규칙 [별지 제2호의2서식]의 사업계획서를 첨부하여 관리기관에 신고하여야 한다. 개업공인중개사는 공장매매거래 시 이러한 내용을 확인·설명하고 중개사고의 예방을 하여야 한다.

2. 금융·세무 관련 중개사고 예방

1) 저당권 일부해지 관련 중개사고 예방

기업은 공장을 1공장, 2공장, 3공장 등의 지역별 현장공장으로 경영을 할 수 있다. 즉, 거래처나 원재료구입 등의 유통비 절감 등을 위해서이다. 그리고 기업은 각 지역공장을 지점으로 등기하고 단위과세사업자로 경영을 하면서, 각 지역공장별로 공장재단을 금융기관에 저당하여 차입하는 경우도 있으나 채권은행은 기업전체의 공장부동산과 기계기구를 「공장저당법」 제6조에 따라 담보를 설정하고 대출을 실행한다.

그런데 경영악화 등으로, 예를 들어 3공장을 매각하고자 할 때 3공장에 대한 근저당권의 일부를 해지하여야 한다. 그러나 신용보증에 의한 차입, 공장기계의 할부금 차입 등과 연계한 과다차입금으로 인하여 3공장 근저당권의 일부해지가 필요한 상환금액이 3공장의 매매가격보다 많을 경우가 있다. 이를 경우 정확한 확인 없이 매도인을 믿고 3공장의 거래계약을 체결한다면, 잔금지급 시 근저당의 일부해지 불능으로 소유권이전이 실행될 수 없게 된다.

이때 매도인의 경영악화와 맞물려 매수인은 위약금은 물론이고 계약금조차 반환받지 못하는 우려가 있다. 그러므로 이러한 결과를 예방하기 위하여 개업공인중개사는 매매거래계약 전 사전에 매도인의 허락을 구하고 금융기관에 직접 확인하여 사고를 미연에 방지하여야 한다.

2) 신축 공장건축물 취득가액 초과신고 관련 사고예방

공장용지의 거래계약과 소유권이전을 하고 공장건축물을 신축할 경우 시공자로부터 건축도급계약을 체결한다. 기업은 건축공사의 편리를 위하여 기계기구등을 포함하여 건축도급계약서를 체결하고, 공장건축물 완공 후 사용승인을 받은 후 건축물대장에 의하여 건물소유권보존등기를 신청하게 된다.

그래서 관할관청에 취득세등의 취득과액 과세표준에 건축도급계약서를 그대로 첨부하여 취득세고지서를 교부받게 된다. 그러나 건축도급계약서에는 기계기구의 공사비가 포함되어 있음에도 불구하고, 즉, 기계기구등에 대한 취득세납부의 근거가 없음에도 이를 납부하여 취득세를 초과납부하게 된다. 그러므로 시공사는 건축도급계약의 견적서에 이미 기계기구의 내용이 포함되어 있더라도 건축물의 건축에 대한 도급계약과 기계기구의 도급계약을 분리작성하여 사전에 초과취득세를 납부가 되지 않도록 하여야 한다.

3) 경매낙찰공장의 취득가액 초과신고 관련 사고예방

공장재단 부동산의 경매낙찰물건의 경우 공장부동산과 기계기구를 전부 함께 낙찰하게 된다. 그런데 기계기구의 경우 취득세의 과세범위에 해당되는 대형옥외 크레인이라도 취득세율은 1,000분의 30에 불과함에도, 부동산과 기계기구의 낙찰가 전부를 취득가액으로 신고하여 취득세고지서를 교부받아 초과납부를 하게 된다. 그러므로 경매대리·알선 또는 컨설팅을 업무를 하는 개업공인중개사는 부동산과 기계기구의 감정평가금액을 낙찰가에 비례하여 안분 계산하고 부동산만을 취득가액으로 신고하여 취득세의 초과 납부를 예방하여야 한다.

4) 유휴 공장용지 분할매각에 따른 중과세 사고예방

지상에 공장건물이 있는 공장용지를 분할하여 매각할 경우 공장입지기준면적을 초과한 공장용지의 양도는 비업무용하여 중가세를 납부하여야 한다.

공장 부동산 중 야드(마당)를 많이 사용하는 기업의 경우 최초 건축 후 철거 등으로 공장입지기준 이하로 된 공장이 있다. 이러한 기업 또는 이를 매수한 기업이 필요 없는 공장 야드를 분할하여 매도할 경우에 해당한다.

이럴 경우 토지분할을 보류하고 건축물을 먼저 건축한 뒤 차후 공장용지를 분할 매도하여 절세를 위한 연구와 예방이 필요하다.

3. 계약서작성 관련 중개사고 예방

1) 부가가치세 약정에 따른 사고예방

부동산 거래계약을 체결하면서 한방계약서를 활용하여 작성 할 경우, 사정이 급하게 계약서를 작성 할 경우에 건물과 기계기구의 부가세 약정을 누락할 경우가 있다.

이를 경우 현행 세법에서는 대가로 수수한 금액에 부가가치세가 포함되어 있는지 불분명한 경우 거래금액 또는 영수한 금액의 10/110에 상당하는 금액을 부가가치세로 본다고 해석한다. 공장은 건물금액이 높은 관계로 부가세 약정에 대한 분쟁의 소지가 많으므로 반드시 거래계약서에 별도 항내지 특약사항에 약정내용을 적어 분쟁을 예방하여야 한다(부가가치세법 제29조제7항).

2) 공장설립등 인·허가 불능에 따른 사고예방

공장부동산은 계획입지 또는 개별입지를 기업의 업종에 따라 관계기관의 각 업무부서의 협의에 의하여 인·허가를 득하게 된다. 그러나 공장설립등의 인·허가와 관련하여 민원, 환경 등으로 인하여 허가가 반려 될 경우가 있다.

그러면 매수인은 거래계약한 공장이 필요 없게 된다. 즉, 계약을 해제하여야 하고 계약금을 반환받아야 한다. 그런데 거래계약 체결 시 이러한 근거가 있어야 함에도 거래계약서 내용에 약정 내용을 적지 않아 분쟁이 발생하게 된다. 개업공인중개사는 이러한 경우를 대비하여 항상 거래계약서에 공장 설립등 인·허가와 관련하여 약정 내용을 기재하여 사고 예방을 하여야 한다.

3) 매매대금등의 불성실한 기재로 인한 사고예방

매매대금 등 금액에 대한 기재사항은 계약서의 필요적 기재사항이고 그 중요성은 말 할 것도 없다. 매매대금의 금액 작성 시 한글을 기재하고 괄호에 아바리아숫자를 기재하여 거래계약서를 작성한다. 한방계약서 또는 기타 프로그램에 의한 계약서 작성 시 아무런 의미 없이 아라비아 숫자에 대한 인식만 하고 한글에 의한 금액을 간과하여 한글금액을 잘못 기재하는 경우가 있다. 또한 거래당사자도 매매금액은 한글로 작성한 부분을 지나쳤다가 차후에 발견되는 경우가 있다. 그리고 거래계약서 내용을 '현황대로 한다' 등의 추상적인 문구로 작성하여 정확한 내용과 사안을 확정할 수 없게 된다. 이 경우 거래계약 후 거래금액 내용 그리고 거래계약서의 추상적인 약정내용으로 분쟁의 소지가 있을 수 있으므로 거래계약서 작성 시 소홀함이 없어야 할 것이다.

4) 「상가임대차법」의 적용 가능 업종의 미확인

소형공장 거래계약일 경우 「상가임대차법」이 적용되는 기업이 있을 수 있다. 사업자등록증의 내용에 도매 및 소매업이라는 업태의 기재사항이 존재하는 것이다. 즉, 제조와 동시에 영업으로 도·소매업을 병행 하는 업종인 경우이다. 이는 임대인에게 이에 대한 확인·설명이 필요하고 임차인의 업태·업종에 대한 도·소매의 규모를 계약서에 명기하여 「상가임대차법」에 따른 계약갱신에 대한 분쟁을 사전에 없애야 할 것이다.

앞서 이 책 임대차계약서에서 서술한 바와 같이 영업을 전제로 하는 공장일 경우 「상가임대차법」의 적용에 대한 판례가 존재하여 설명한 바가 있다. 그러나 우리 법은 '실체적 진실 발견주의'에 입각하여 기업의 실체적 적인 내용에 의한 영업을 전제로 하는 업종이어야 한다고 생각되며, 사업자등록증에만 도·소매업의 업태를 등록해 놓고 실제는 영업활동을 하지 않는 업체, 즉, 기업의 전체매출 중 도·소매 거래내역이 미미한 매출의 경우라면 「상가임대차법」의 적용에 대한 분쟁과 판례가 이어질 것으로 생각된다.

또한 산업단지의 임차공장의 경우 관리기관의 입주 인·허가에 따라 임대차계약의 성립유무가 정해진다. 산업단지 내 공장임차인은 「상가임대차법」에 해당되는 업체가 있을 수 있으나 「산업집적법」에 의한 임차기업은 최소 5년간의 임대차 계약이 보장되고 있다. 그리고 임차인은 5년 이하의 계약기간을 요구 할 수 있다(산업집적법 38조의2제2항). 이러한 내용은 공장임대차계약 체결 시 설명되어야 할 것이다.

그리고 임대차 공장의 기계기구 또는 생산설비가 존재 할 수 있다. 이러한 시설에 대한 멸실 또는 훼손의 책임여부와 관리의무의 기준을 정하고 거래계약서에 기재하여 분쟁을 해소하여야 할 것이다.

5) 불법건축물의 승계 관련 분쟁 예방

공장건축물의 경우 위법하게 확장한 건축물이 존재할 수 있다. 위법한 건축물의 승계에 대한 내용은 건축물 철거비용의 부담문제로 분쟁의 소지가 있으므로 매수인이 승계하는 조건, 매도인이 잔금 전 철거하는 조건 등의 약정내용을 기재하고 중개대상물 확인·설명서에 기재하여야 한다.

6) 대리인계약 시 첨부서류 관련 사고예방

부동산거래계약 시 대리인에 의한 거래계약을 체결할 경우가 있다. 대리인 거래계약의 경우 계약위임장에 거래계약 본인의 위임장에 인감증명서를 첨부하게 된다. 그러나 법인인감증명서는 대리인의 발급여부가 기재되지 아니하나 개인인감증명서는 대리인의 인감증명서 발부 여부가 기재된다. 즉, 거래계약 본인의 계약에 대하여 대리인이 인감증명서를 발부받아 대리인이 계약을 체결하는 것이다. 이는 거래계약대리의 진위를 알 수 없고 분쟁사유가 되므로 본인의 인감증명서 발부여부를 확인하여 계약관련 분쟁을 예방하여야 한다.

7) 매매대금·보증금 수령 관련 사고예방

거래계약의 본인 또는 대리인의 거래계약을 막론하고 계약금, 중도금, 잔금 그리고 보증금 월세는 본인의 은행계좌에 이체가 되도록 하여야 한다. 매도인과 임대인이 수인의 공동명의의 경우 계약서 내용에 이체계좌 한명외 다른 공동명의인의 대금이체 관련 동의내용을 '이 계약의 매매대금을 공유자○○○의 은행계좌로 수령함에 동의합니다' 라고 적고 서명 및 날인 받아야 한다. 그리고 임대차계약의 경우는 보증금과 월세를 공유자 중 1명의 계좌에 이체가 되도록 약정을 하였다면 다른 공유자에게 '이 계약의 보증금과 월세를 공유자○○○의 은행계좌로 수령함에 동의합니다' 라고 적어 공유자가 매매대금 대금수령에 이의를 제기할 수 없도록 거래계약서를 작성하여야 하여 대금 수령관련 사고를 예방하여야 한다.

8) 공장임차인의 권리금 관련 사고예방

공장 임대차계약은 권리금이 거의 발생하지 않는다. 그러나 임차인이 임대인의 동의를 받아 임차공장의 전력증설이나 설비를 설치하였다면 문제가 달라진다. 이럴 경우 임차인이 신규임차인에게 권리금을 요구 할 수 있고, 신규임차인이 증설한 전력이나 시설이 필요하다면 시설에 대한 권리금을 약정하여야 한다. 그런데 개업공인중개사는 공장임대인의 말만 믿고 임대차계약을 체결한다면 차후 현임차인가 신규임차인의 권리금 분쟁으로 이어지게 된다. 그러므로 임대인으로부터 공장임대를 접수 받았다면 공장을 점유하여 사용·수익 중인 임차인이 존재한다면 권리금의 존재를 확인하여야 할 것이다.

4. 중개대상물 확인·설명 관련 중개사고 예방

1) 임야중개 관련 사고예방

공장용지 중개의 경우 개별입지의 허가를 득하고 개발 중인 공장용지를 중개하여 거래계약을 체결할 수 있다. 허가를 득한 공장용지의 수개의 필지 중에 임야가 존재할 경우 공장용지를 토목공사 후 등록전환측량을 신청하여야 한다. 이때 임야는 면적의 가감이 발생하게 된다. 즉, 면적이 늘어날 경우는 문제가 없으나 면적이 적어질 경우 매매대금의 문제로 분쟁이 일어나게 된다. 그러므로 거래계약서에 임야의 필지계약의 의미와 면적의 가감발생의 원인을 확인·설명하여야 하고 차후 면적이 감소하더라도 매매대금은 변동이 없다는 내용을 거래계약서에 적어야 한다.

그리고 공장 건축허가 시 공장용지의 개발 전 임야가 속해 있을 경우에 는 건축물착공 전 등록전환측량을 우선 실시하여야 한다. 건축완료 후 등록전환측량을 신청하여 실시할 경우 많은 면적감소가 있을 경우 건폐율 초과문제로 사용승인이 불가 할 수 있기 때문이다.

2) 공장용지 경계 관련 사고예방

개별입지의 공장용지는 개발과정에서 법면이 많이 발생할 수 있다. 공장의 법면은 실사용이 되지 않더라도 공장건축물 설계 시 건폐율이 적용되는 부지로 공장마당이 좁아진다는 의미이다.

그러나 법면이 있는 공장용지 거래계약 시 법면의 경계에 대한 확인·설명의 미비로 분쟁이 일어나는 이유는 매수인이 차후 사용할 수도 없는 법면을 돈을 주고 매수하였다는 오인으로 다툼이 일어나게 된다. 즉, 쓸모없는 토지를 돈을 지급하였다는 이유이다. 이 경우 개업공인중개사는 법면을 이유로 매매가격이 적게 책정됐다는 이유를 확인·설명할 필요가 있다. 그리고 거래계약서 내용에 경계지점의 그림을 삽입하거나 도면을 첨부하여 거래계약서를 작성하고 사진을 보관하는 방법으로 분쟁을 예방을 하여야 한다.

3) 공장기계기구 관련 사고예방

공장중개는 부수적으로 기계기구를 포함하여 계약을 하는 경우가 있다. 그러므로 공장건물 내 소유권이전에 필요한 기계기구의 종류·수량·상태·제조년월을 확인하고 수량을 정확히 확정해야 할 필요가 있다.

그러나 공장거래계약 후 잔금지급일 전에 기계기구의 고장이 발생하거나 기계기구의 작동 불능, 수량부족 등에 의한 분쟁이 일어 날 수 있다. 그러므로 담당회계사무소의 장부에 기재된 기계기구목록 또는 「공장저당법」에 의한 기계기구 목록을 참고하여 기계기구의 수량과 작동상태 등을 확인하여 설명하고 설치된 기계기구의 사진을 촬영하여 보관하는 방법으로 분쟁을 예방하여야 한다.

4) 공적장부의 공장높이 관련 사고예방

공적장부인 건축물대장은 건축물의 높이를 기재한다. 즉, 높이의 기재는 최고의 높이를 기재하는 것이다. 제조시설의 공장과 사무동이 연결되어 1개의 동으로 되어 있는 공장건축물대장은 꼭 현장 확인을 하여야 한다. 이러한 이유는 사무동이 수개의 층으로 건축되어 있을 경우는 제조시설 공장보다 더 높게 건축될 수 있기 때문이다. 즉, 건축물대장에 기재된 건물높이는 사무동의 높이이고 제조시설의 공장높이라고 볼 수 없다. 그러므로 건축물대장의 건물높이를 맹신하지 말고 반드시 현장확인을 통하여 확인·설명하여야 한다.

5) 진입도로 관련 사고예방

개별입지의 경우 공장출입구의 진입도로는 타인의 소유 또는 수인의 공동소유가 있다. 진입도로가 타인소유로 되는 사례는 전소유자로부터 매매계약을 체결하면서 공장부지만 소유권을 이전하고 도로의 소유권은 미이전하는 실수를 범하는 경우이다. 이 경우 매수인에게 확인·설명을 충분히 하여야 하고 사도로 인한 분쟁 방지를 위하여 전소유자와 협의를 하여 소유권을 이전하는 방법으로 분쟁을 예방하여야 한다.

6) 공장 전력 증설로 인한 사고예방

공장중개는 전력사용에 대한 확인·설명이 중요하다. 전력 증설은 한전불입금과 증설에 대한 비용문제가 발생하고 또한 배전반과 건물 전체의 전기선을 교체해야 등의 전기공사가 수반 될 수 있다.

이러한 경우를 대비하여 수변전설비시설의 전기용량과 전기배전반의 사용가능 전기용량을 미리 확인하여 설명하여야 하고 거래계약서의 내용에 배전반의 용량을 기재하는 방법으로 분쟁을 미연에 방지하는 것이 좋다.

7) 건물 누수부분 관련 사고예방

공장건축물은 층고가 높고 대형인 경우가 많다. 높은 위치에 있는 지붕·천정이나 벽면의 누수부분은 육안으로도 확인이 어렵다. 잔금 지급 전후 우천 시 누수가 발견되는 경우가 있으므로 개업공인중개사는 확인 없는 설명은 아니되며, 확인·설명서 기재 시 막연히 '누수 없음' 체크를 하면 책임을 물을 수 있으므로 사실 그대로 '육안으로 확인 결과 누수의 흔적은 발견 못하였으나 우천 시 확인 요함', '층고가 높아 지붕과 높은 벽면을 확인하지 못하였고 우천 시 확인이 필요 함' 등의 사실 그대로를 적어야 한다. 그래서 확인·설명과 관련 누수에 대한 책임을 면할 수 있다.

제4장 공장부동산 거래계약의 체결

Learning Point

○ 공장 중개사고 예방
- 법률·행정 관련 유형
  신분증 위·변조, 법인대표자 권한, 처분신고, 임대신고
- 금융·세무관련 유형
  수개의 공장재단 공동담보 일부 저당 말소 미확인
  기계기구 내역 포함 보존등기
  경매매입 공장 기계기구 포함 취득세 납부
  공장 부속토지 매각 시 기준면적 초과 면적 비업무용 중과세
- 거래계약서 작성 관련유형
  건물·기계기구 부가세 조항 미기재
  공장설립 인·허가 불능 시 무효조항 미기재
  기계기구 설비 멸실·훼손 분쟁 관련 미기재
  개인인감증명서 발부자 본인·대리인 미확인
  공장 전임차인 시설권리금 미확인
- 중개대상물 확인·설명 관련 유형
  공장용지 등록전환 면적 감소
  기계기구 수량 미확인
  진입도로 사도 미확인 설명
  전기 배전반 용량 미설명
  불법 건축물 미설명·확인에 의한 비용 부담

부록

부 록

통계청 고시 제2024-2호

1. 2017년 통계청 고시 제2017-13호로 10차 개정한 바 있는 한국표준산업분류를 통계법 제22조에 근거하여 전면 개정하고 통계청 고시 제2024-2호(2024.1.1.)로 개정·고시한다.

2. 이번 고시 범위는 한국표준산업분류 11차 개정의 총설, 분류 항목표, 분류항목 명칭 및 내용 설명이다.

2024. 1. 1.

통 계 청 장

부 칙

제1조(시행일) 이 고시는 2024년 7월 1일부터 시행한다.
제2조(재검토기한) 통계청장은 이 고시에 대하여 2024년 1월 1일 기준으로 매3년이 되는 시점(매 3년째의 12월 31일까지를 말한다)마다 그 타당성을 검토하여 개선 등의 조치를 하여야 한다.

제조업 산업분류 코드번호
C 제조업(10 ~ 34)
Manufacturing

10	**식료품 제조업**	10701	도시락류 제조업
101	도축, 육류 가공 및 저장 처리업	10709	기타 식사용 가공처리 조리식품 제조업
1011	도축업	108	기타 식품 제조업
10111	육류 도축업(가금류 제외)	1081	설탕 제조업
10112	가금류 도축업	10810	설탕 제조업
1012	육류 가공 및 저장 처리업	1082	면류, 마카로니 및 유사식품 제조업
10121	가금류 가공 및 저장 처리업	10820	면류, 마카로니 및 유사식품 제조업
10122	육류 포장육 및 냉동육 가공업 (가금류 제외)	1083	조미료 및 식품 첨가물 제조업
10129	육류 기타 가공 및 저장처리업 (가금류 제외)	10831	식초, 발효 및 화학 조미료 제조업
102	수산물 가공 및 저장 처리업	10832	천연 및 혼합조제 조미료 제조업
1021	수산동물 가공 및 저장 처리업	10833	장류 제조업
10211	수산동물 훈제, 조리 및 유사 조제식품 제조업	10839	기타 식품 첨가물 제조업
10212	수산동물 건조 및 염장품 제조업	1089	기타 식료품 제조업
10213	수산동물 냉동품 제조업	10891	커피 가공업
10219	기타 수산동물 가공 및 저장 처리업	10892	차류 가공업
1022	수산식물 가공 및 저장 처리업	10893	수프 및 균질화식품 제조업
10220	수산식물 가공 및 저장 처리업	10894	두부 및 유사식품 제조업
103	과실, 채소 가공 및 저장 처리업	10895	인삼식품 제조업
1030	과실, 채소 가공 및 저장 처리업	10896	건강보조용 액화식품 제조업
10301	김치류 제조업	10897	건강기능식품 제조업
10302	과실 및 그 외 채소 절임식품 제조업	10899	그 외 기타 식료품 제조업
10309	기타 과실·채소 가공 및 저장 처리업	109	동물용 사료 및 조제식품 제조업
104	동·식물성 유지 및 낙농제품 제조업	1090	동물용 사료 및 조제식품 제조업
1041	동물성 및 식물성 유지 제조업	10901	반려동물용 사료 제조업
10411	동물성 유지 제조업	10902	배합 사료 제조업
10412	식물성 유지 제조업	10903	단미 사료 및 기타 사료 제조업
10413	식용 정제유 및 가공유 제조업	11	**음료 제조업**
1042	낙농제품 및 식용빙과류 제조업	111	알코올음료 제조업
10421	액상시유 및 기타 낙농제품 제조업	1111	발효주 제조업
10422	아이스크림 및 기타 식용빙과류 제조업	11111	탁주 및 약주 제조업
105	곡물가공품, 전분 및 전분제품 제조업	11112	맥아 및 맥주 제조업
1051	곡물 가공품 제조업	11119	기타 발효주 제조업
10511	곡물 도정업	1112	증류주 및 합성주 제조업
10512	곡물 제분업	11121	주정 제조업
10513	곡물 혼합분말 및 반죽 제조업	11122	소주 제조업
10519	기타 곡물 가공품 제조업	11129	기타 증류주 및 합성주 제조업
1052	전분제품 및 당류 제조업	112	비알코올음료 및 얼음 제조업
10520	전분제품 및 당류 제조업	1120	비알코올 음료 및 얼음 제조업
106	떡, 빵 및 과자류 제조업	11201	얼음 제조업
1060	떡, 빵 및 과자류 제조업	11202	생수 생산업
10601	떡류 제조업	11209	기타 비알코올 음료 제조업
10602	빵류 제조업	12	**담배 제조업**
10603	과자류 및 코코아 제품 제조업	120	담배 제조업
107	도시락 및 식사용 조리식품 제조업	1200	담배 제조업
1070	도시락 및 식사용 조리식품 제조업	12000	담배제품 제조업

부 록

코드	업종명
13	**섬유제품 제조업; 의복제외**
131	방적 및 가공사 제조업
1310	방적 및 가공사 제조업
13101	면 방적업
13102	모 방적업
13103	화학섬유 방적업
13104	연사 및 가공사 제조업
13109	기타 방적업
132	직물직조 및 직물제품 제조업
1321	직물 직조업
13211	면직물 직조업
13212	모직물 직조업
13213	화학섬유직물 직조업
13219	특수 직물 및 기타 직물 직조업
1322	직물제품 제조업
13221	침구 및 관련제품 제조업
13222	자수제품 및 자수용재료 제조업
13223	커튼 및 유사제품 제조업
13224	천막, 텐트 및 유사 제품 제조업
13225	직물포대 제조업
13229	기타 직물제품 제조업
133	편조원단 제조업
1330	편조원단 제조업
13300	편조원단 제조업
134	섬유제품 염색, 정리 및 마무리 가공업
1340	섬유제품 염색, 정리 및 마무리 가공업
13401	솜 및 실 염색가공업
13402	직물, 편조원단 및 의복류 염색 가공업
13403	날염 가공업
13409	섬유제품 기타 정리 및 마무리 가공업
139	기타 섬유제품 제조업
1391	카펫, 마루덮개 및 유사제품 제조업
13910	카펫, 마루덮개 및 유사제품 제조업
1392	끈, 로프, 망 및 끈 가공품 제조업
13921	끈 및 로프 제조업
13922	어망 및 기타 끈 가공품 제조업
1399	그 외 기타 섬유제품 제조업
13991	세폭직물 제조업
13992	부직포 및 펠트 제조업
13993	특수사 및 코드직물 제조업
13994	표면처리 및 적층 직물 제조업
13999	그 외 기타 분류 안된 섬유제품 제조업
14	**의복, 의복 액세서리 및 모피제품 제조업**
141	봉제의복 제조업
1411	겉옷 제조업
14111	남자용 겉옷 제조업
14112	여자용 겉옷 제조업
1412	속옷 및 잠옷 제조업
14120	속옷 및 잠옷 제조업
1413	한복 제조업
14130	한복 제조업
1419	기타 봉제의복 제조업
14191	셔츠 및 블라우스 제조업
14192	근무복, 작업복 및 유사의복 제조업
14193	가죽의복 제조업
14194	유아용 의복 제조업
14199	그 외 기타 봉제의복 제조업
142	모피제품 제조업
1420	모피제품 제조업
14200	모피제품 제조업
143	편조의복 제조업
1430	편조의복 제조업
14300	편조의복 제조업
144	의복 액세서리 제조업
1441	편조의복 액세서리 제조업
14411	스타킹 및 기타 양말 제조업
14419	기타 편조의복 액세서리 제조업
1449	기타 의복 액세서리 제조업
14491	모자 제조업
14499	그 외 기타 의복액세서리 제조업
15	**가죽, 가방 및 신발 제조업**
151	가죽, 가방 및 유사제품 제조업
1511	모피 및 가죽 제조업
15110	모피 및 가죽 제조업
1512	핸드백, 가방 및 기타 보호용 케이스 제조업
15121	핸드백 및 지갑 제조업
15129	가방 및 기타 보호용 케이스 제조업
1519	기타 가죽제품 제조업
15190	기타 가죽제품 제조업
152	신발 및 신발 부분품 제조업
1521	신발 제조업
15211	구두류 제조업
15219	기타 신발 제조업
1522	신발 부분품 제조업
15220	신발 부분품 제조업
16	**목재 및 나무제품 제조업; 가구 제외**
161	제재 및 목재 가공업
1610	제재 및 목재 가공업
16101	일반 제재업
16102	표면 가공 목재 및 특정 목적용 제재목 제조업
16103	목재 보존, 방부처리, 도장 및 유사 처리업
162	나무제품 제조업
1621	박판, 합판 및 강화 목제품 제조업
16211	박판, 합판 및 유사 적층판 제조업
16212	강화 및 재생 목재 제조업
1622	건축용 나무제품 제조업
16221	목재문 및 관련제품 제조업
16229	기타 건축용 나무제품 제조업
1623	목재 상자, 드럼 및 적재판 제조업
16231	목재 깔판류 및 기타 적재판 제조업

제조업 산업분류 코드번호

16232	목재 포장용 상자, 드럼 및 유사용기 제조업
1629	기타 나무제품 제조업
16291	목재 도구 및 주방용 나무제품 제조업
16292	장식용 목제품 제조업
16299	그 외 기타 나무제품 제조업
163	코르크 및 조물 제품 제조업
1630	코르크 및 조물 제품 제조업
16300	코르크 및 조물제품 제조업
17	**펄프, 종이 및 종이제품 제조업**
171	펄프, 종이 및 판지 제조업
1710	펄프, 종이 및 판지 제조업
17101	펄프 제조업
17102	신문용지 제조업
17103	인쇄용 및 필기용 원지 제조업
17104	골판지 원지 제조업
17105	크라프트지 및 기타 상자용 판지 제조업
17106	위생용 원지 제조업
17109	기타 종이 및 판지 제조업
172	골판지, 종이 상자 및 종이 용기 제조업
1721	골판지 및 골판지 가공제품 제조업
17211	골판지 제조업
17212	골판지 상자 및 가공제품 제조업
1722	종이포대, 판지상자 및 종이용기 제조업
17221	종이 포대 및 가방 제조업
17222	판지 상자 및 용기 제조업
17223	식품 위생용 종이 상자 및 용기 제조업
17229	기타 종이 상자 및 용기 제조업
179	기타 종이 및 판지 제품 제조업
1790	기타 종이 및 판지 제품 제조업
17901	문구용 종이제품 제조업
17902	위생용 종이제품 제조업
17903	벽지 및 장판지 제조업
17904	적층, 합성 및 특수표면처리 종이 제조업
17909	그 외 기타 종이 및 판지 제품 제조업
18	**인쇄 및 기록매체 복제업**
181	인쇄 및 인쇄관련 산업
1811	인쇄업
18111	경 인쇄업
18112	스크린 인쇄업
18113	오프셋 인쇄업
18119	기타 인쇄업
1812	인쇄관련 산업
18121	제판 및 조판업
18122	제책업
18129	기타 인쇄관련 산업
182	기록매체 복제업
1820	기록매체 복제업
18200	기록매체 복제업
19	**코크스, 연탄 및 석유정제품 제조업**
191	코크스 및 연탄 제조업
1910	코크스 및 연탄 제조업
19100	코크스 및 연탄 제조업
192	석유 정제품 제조업
1921	원유 정제처리업
19210	원유 정제처리업
1922	석유 정제물 재처리업
19221	윤활유 및 그리스 제조업
19229	기타 석유 정제물 재처리업
20	**화학물질 및 화학제품 제조업; 의약품 제외**
201	기초 화학물질 제조업
2011	기초 유기 화학물질 제조업
20111	석유화학계 기초 화학물질 제조업
20112	바이오매스계 기초 화학물질 제조업
20119	기타 기초 유기 화학물질 제조업
2012	기초 무기 화학물질 제조업
20121	수소 제조업
20122	산소, 질소 및 기타 산업용 가스 제조업
20129	기타 기초 무기 화학물질 제조업
2013	무기안료, 염료 유연제 및 기타 착색제 제조업
20131	무기안료용 금속 산화물 및 관련 제품 제조업
20132	염료, 조제 무기안료, 유연제 및 기타 착색제 제조업
202	합성고무 및 플라스틱 물질 제조업
2020	합성고무 및 플라스틱 물질 제조업
20201	합성고무 제조업
20202	합성수지 및 기타 플라스틱 물질 제조업
20203	혼성 및 재생 플라스틱 소재 물질 제조업
203	비료, 농약 및 살균, 살충제 제조업
2031	비료 및 질소화합물 제조업
20311	질소화합물, 질소 인산 및 칼리질 화학비료 제조업
20312	복합비료 및 기타 화학비료 제조업
20313	유기질 비료 및 상토 제조업
2032	살균·살충제 및 농약 제조업
20321	화학 살균살충제 및 농업용 약제 제조업
20322	생물 살균살충제 및 식물보호제 제조업
204	기타 화학제품 제조업
2041	잉크, 페인트, 코팅제 및 유사제품 제조업
20411	일반용 도료 및 관련제품 제조업
20412	요업용 도포제 및 관련제품 제조업
20413	인쇄잉크 및 회화용 물감 제조업
2042	세제, 화장품 및 광택제 제조업
20421	계면활성제 제조업
20422	치약, 비누 및 기타 세제 제조업
20423	화장품 제조업
20424	표면광택제 및 실내가향제 제조업
2049	그 외 기타 화학제품 제조업
20491	감광재료 및 관련 화학제품 제조업
20492	가공 및 정제염 제조업
20493	접착제 및 젤라틴 제조업
20494	화약 및 불꽃제품 제조업
20495	바이오 연료 및 혼합물 제조업

부 록

코드	업종명	코드	업종명
20499	그 외 기타 분류 안된 화학제품 제조업	2229	기타 플라스틱제품 제조업
205	화학섬유 제조업	22291	플라스틱 접착처리 제품 제조업
2050	화학섬유 제조업	22292	플라스틱 적층, 도포 및 기타 표면처리 제품 제조업
20501	합성섬유 제조업	22299	그 외 기타 플라스틱 제품 제조업
20502	재생섬유 제조업	**23**	**비금속 광물제품 제조업**
21	**의료용 물질 및 의약품 제조업**	231	유리 및 유리제품 제조업
211	기초 의약 물질 제조업	2311	판유리 및 판유리 가공품 제조업
2110	기초 의약 물질 제조업	23111	판유리 제조업
21100	기초 의약 물질 제조업	23112	안전유리 제조업
212	의약품 제조업	23119	기타 판유리 가공품 제조업
2121	완제 의약품 제조업	2312	산업용 유리 제조업
21211	생물 의약품 제조업	23121	1차 유리제품, 유리섬유 및 광학용 유리 제조업
21212	합성의약품 및 기타 완제 의약품 제조업	23122	디스플레이 장치용 유리 제조업
2122	한의약품 제조업	23129	기타 산업용 유리제품 제조업
21220	한의약품 제조업	2319	기타 유리제품 제조업
2123	동물용 의약품 제조업	23191	가정용 유리제품 제조업
21230	동물용 의약품 제조업	23192	포장용 유리용기 제조업
213	의료용품 및 기타 의약 관련제품 제조업	23199	그 외 기타 유리제품 제조업
2130	의료용품 및 기타 의약 관련제품 제조업	232	내화, 비내화 요업제품 제조업
21301	체외 진단 시약 제조업	2321	내화 요업제품 제조업
21309	그 외 기타 의료용품 및 의약 관련제품 제조업	23211	정형 내화 요업제품 제조업
22	**고무 및 플라스틱제품 제조업**	23212	부정형 내화 요업제품 제조업
221	고무제품 제조업	2322	비내화 일반도자기 제조업
2211	고무 타이어 및 튜브 제조업	23221	가정용 및 장식용 도자기 제조업
22110	고무 타이어 및 튜브 제조업	23222	위생용 및 산업용 도자기 제조업
2219	기타 고무제품 제조업	23229	기타 일반 도자기 제조업
22191	고무패킹류 제조업	2323	건축용 비내화 요업제품 제조업
22192	산업용 그 외 비경화 고무제품 제조업	23231	점토 벽돌, 블록 및 유사 비내화 요업제품 제조업
22193	고무 의류 및 기타 위생용 비경화 고무제품 제조업	23232	타일 및 유사 비내화 요업제품 제조업
22199	그 외 기타 고무제품 제조업	23239	기타 건축용 비내화 요업제품 제조업
222	플라스틱제품 제조업	233	시멘트, 석회, 플라스터 및 그 제품 제조업
2221	1차 플라스틱제품 제조업	2331	시멘트, 석회 및 플라스터 제조업
22211	플라스틱 선, 봉, 관 및 호스 제조업	23311	시멘트 제조업
22212	플라스틱 필름 제조업	23312	석회 및 플라스터 제조업
22213	플라스틱 시트 및 판 제조업	2332	콘크리트, 레미콘 및 기타 시멘트, 플라스터 제품 제조업
22214	플라스틱 합성피혁 제조업	23321	비내화 모르타르 제조업
2222	건축용 플라스틱제품 제조업	23322	레미콘 제조업
22221	벽 및 바닥 피복용 플라스틱제품 제조업	23323	플라스터 혼합제품 제조업
22222	설치용 및 위생용 플라스틱제품 제조업	23324	콘크리트 타일, 기와, 벽돌 및 블록 제조업
22223	플라스틱 창호 제조업	23325	콘크리트 관 및 기타 구조용 콘크리트 제품 제조업
22229	기타 건축용 플라스틱 조립제품 제조업	23326	인조대리석 제품 제조업
2223	포장용 플라스틱제품 제조업	23329	그 외 기타 콘크리트 제품 및 유사제품 제조업
22231	플라스틱 포대, 봉투 및 유사제품 제조업	239	기타 비금속 광물제품 제조업
22232	포장용 플라스틱 성형용기 제조업	2391	석제품 제조업
2224	기계장비 조립용 플라스틱제품 제조업	23911	건설용 석제품 제조업
22241	운송장비 조립용 플라스틱제품 제조업	23919	기타 석제품 제조업
22249	기타 기계장비 조립용 플라스틱 제품 제조업	2399	그 외 기타 비금속 광물제품 제조업
2225	플라스틱 발포 성형제품 제조업	23991	아스팔트 콘크리트 및 혼합제품 제조업
22251	폴리스티렌 발포 성형제품 제조업	23992	연마재 제조업
22259	기타 플라스틱 발포 성형제품 제조업	23993	비금속광물 분쇄물 생산업

제조업 산업분류 코드번호

23994	암면 및 유사제품 제조업
23995	탄소섬유 제조업
23999	그 외 기타 분류 안된 비금속 광물제품 제조업
24	**1차 금속 제조업**
241	1차 철강 제조업
2411	제철, 제강 및 합금철 제조업
24111	제철업
24112	제강업
24113	합금철 제조업
24119	기타 제철 및 제강업
2412	철강 압연, 압출 및 연신제품 제조업
24121	열간 압연 및 압출 제품 제조업
24122	냉간 압연 및 압출 제품 제조업
24123	철강선 제조업
2413	철강관 제조업
24131	주철관 제조업
24132	강관 제조업
24133	강관 가공품 및 관 연결구류 제조업
2419	기타 1차 철강 제조업
24191	도금, 착색 및 기타 표면처리강재 제조업
24199	그 외 기타 1차 철강 제조업
242	1차 비철금속 제조업
2421	비철금속 제련, 정련 및 합금 제조업
24211	동 제련, 정련 및 합금 제조업
24212	알루미늄 제련, 정련 및 합금 제조업
24213	연 및 아연 제련, 정련 및 합금 제조업
24219	기타 비철금속 제련, 정련 및 합금 제조업
2422	비철금속 압연, 압출 및 연신제품 제조업
24221	동 압연, 압출 및 연신제품 제조업
24222	알루미늄 압연, 압출 및 연신제품 제조업
24229	기타 비철금속 압연, 압출 및 연신 제품 제조업
2429	기타 1차 비철금속 제조업
24290	기타 1차 비철금속 제조업
243	금속 주조업
2431	철강 주조업
24311	선철주물 주조업
24312	강주물 주조업
2432	비철금속 주조업
24321	알루미늄주물 주조업
24329	기타 비철금속 주조업
25	**금속가공제품 제조업; 기계 및 가구 제외**
251	구조용 금속제품, 탱크 및 증기발생기 제조업
2511	구조용 금속제품 제조업
25111	금속 문, 창, 셔터 및 관련제품 제조업
25112	구조용 금속 판제품 및 공작물 제조업
25113	육상 금속 골조 구조재 제조업
25114	수상 금속 골조 구조재 제조업
25119	기타 구조용 금속제품 제조업
2512	산업용 난방보일러, 금속탱크 및 유사 용기 제조업
25121	산업용 난방보일러 및 방열기 제조업
25122	금속탱크 및 저장용기 제조업
25123	압축 및 액화 가스용기 제조업
2513	핵반응기 및 증기 보일러 제조업
25130	핵반응기 및 증기보일러 제조업
252	무기 및 총포탄 제조업
2520	무기 및 총포탄 제조업
25200	무기 및 총포탄 제조업
259	기타 금속 가공제품 제조업
2591	금속 단조, 압형 및 분말야금 제품 제조업
25911	분말 야금제품 제조업
25912	금속 단조제품 제조업
25913	자동차용 금속 압형제품 제조업
25914	그 외 금속 압형제품 제조업
2592	금속 열처리, 도금 및 기타 금속가공업
25921	금속 열처리업
25922	도금업
25923	도장 및 기타 피막처리업
25924	절삭가공 및 유사처리업
25929	그 외 기타 금속가공업
2593	날붙이, 수공구 및 일반철물 제조업
25931	날붙이 제조업
25932	일반철물 제조업
25933	비동력식 수공구 제조업
25934	톱 및 호환성 공구 제조업
2594	금속파스너, 스프링 및 금속선 가공제품 제조업
25941	볼트 및 너트류 제조업
25942	그 외 금속파스너 및 나사제품 제조업
25943	금속 스프링 제조업
25944	금속선 가공제품 제조업
2599	그 외 기타 금속가공제품 제조업
25991	금속 캔 및 기타 포장용기 제조업
25992	수동식 식품 가공기기 및 금속 주방용기 제조업
25993	금속 위생용품 제조업
25994	금속 표시판 제조업
25995	피복 및 충전 용접봉 제조업
25999	그 외 기타 분류 안된 금속 가공 제품 제조업
26	**전자부품, 컴퓨터, 영상, 음향 및 통신장비 제조업**
261	반도체 제조업
2611	전자집적회로 제조업
26111	메모리용 전자집적회로 제조업
26112	비메모리용 및 기타 전자집적회로 제조업
2612	다이오드, 트랜지스터 및 유사 반도체소자 제조업
26121	발광 다이오드 제조업
26129	기타 반도체소자 제조업
262	전자부품 제조업
2621	표시장치 제조업
26211	액정 표시장치 제조업
26212	유기발광 표시장치 제조업
26219	기타 표시장치 제조업
2622	인쇄회로기판 및 전자부품 실장기판 제조업

부 록

26221	인쇄회로기판용 적층판 제조업	27211	레이더, 항행용 무선기기 및 측량기구 제조업
26222	경성 인쇄회로기판 제조업	27212	전자기 측정, 시험 및 분석기구 제조업
26223	연성 및 기타 인쇄회로기판 제조업	27213	물질 검사, 측정 및 분석기구 제조업
26224	전자부품 실장기판 제조업	27214	속도계 및 적산계기 제조업
2629	기타 전자부품 제조업	27215	기기용 자동측정 및 제어장치 제조업
26291	전자축전기 제조업	27216	산업처리공정 제어장비 제조업
26292	전자저항기 및 전자카드 제조업	27219	기타 측정, 시험, 항해, 제어 및 정밀기기 제조업
26293	전자코일, 변성기 및 기타 전자 유도자 제조업	2722	시계 및 시계부품 제조업
26294	전자감지장치 제조업	27220	시계 및 시계부품 제조업
26299	그 외 기타 전자부품 제조업	273	사진장비 및 광학기기 제조업
263	컴퓨터 및 주변장치 제조업	2730	사진장비 및 광학기기 제조업
2631	컴퓨터 제조업	27301	광학렌즈 및 광학요소 제조업
26310	컴퓨터 제조업	27309	기타 광학기기 및 사진기 제조업
2632	기억장치 및 주변기기 제조업	**28**	**전기장비 제조업**
26321	기억장치 제조업	281	전동기, 발전기 및 전기 변환·공급·제어 장치 제조업
26322	컴퓨터 모니터 제조업	2811	전동기, 발전기 및 전기 변환장치 제조업
26323	컴퓨터 프린터 제조업	28111	전동기 및 발전기 제조업
26329	기타 주변기기 제조업	28112	변압기 제조업
264	통신 및 방송 장비 제조업	28113	에너지 저장장치 제조업
2641	유선 통신장비 제조업	28119	기타 전기 변환장치 제조업
26410	유선 통신장비 제조업	2812	전기 공급 및 제어장치 제조업
2642	방송 및 무선 통신장비 제조업	28121	전기회로 개폐, 보호장치 제조업
26421	방송장비 제조업	28122	전기회로 접속장치 제조업
26422	이동전화기 제조업	28123	배전반 및 전기 자동제어반 제조업
26429	기타 무선 통신장비 제조업	282	일차전지 및 이차전지 제조업
265	영상 및 음향기기 제조업	2820	일차전지 및 이차전지 제조업
2651	텔레비전, 비디오 및 기타 영상기기 제조업	28201	일차전지 제조업
26511	텔레비전 제조업	28202	운송장비용 이차전지 제조업
26519	비디오 및 기타 영상기기 제조업	28209	기타 이차전지 제조업
2652	오디오, 스피커 및 기타 음향기기 제조업	283	절연선 및 케이블 제조업
26521	라디오, 녹음 및 재생 기기 제조업	2830	절연선 및 케이블 제조업
26529	기타 음향기기 제조업	28301	광섬유 케이블 제조업
266	마그네틱 및 광학 매체 제조업	28302	기타 절연선 및 케이블 제조업
2660	마그네틱 및 광학 매체 제조업	28303	절연 코드세트 및 기타 도체 제조업
26600	마그네틱 및 광학 매체 제조업	284	전구 및 조명장치 제조업
27	**의료, 정밀, 광학기기 및 시계 제조업**	2841	전구 및 램프 제조업
271	의료용 기기 제조업	28410	전구 및 램프 제조업
2711	방사선 장치 및 전기식 진단 기기 제조업	2842	조명장치 제조업
27111	방사선 장치 제조업	28421	운송장비용 조명장치 제조업
27112	전기식 진단 및 요법 기기 제조업	28422	일반용 전기 조명장치 제조업
2719	기타 의료용 기기 제조업	28423	전시 및 광고용 조명장치 제조업
27191	치과용 기기 제조업	28429	기타 조명장치 제조업
27192	치과기공물 제조업	285	가정용 기기 제조업
27193	치과용 임플란트 제조업	2851	가정용 전기기기 제조업
27194	정형외과용 및 신체보정용 기기 제조업	28511	주방용 전기기기 제조업
27195	안경 및 안경렌즈 제조업	28512	가정용 전기 난방기기 제조업
27196	의료용 가구 제조업	28519	기타 가정용 전기기기 제조업
27199	그 외 기타 의료용 기기 제조업	2852	가정용 비전기식 조리 및 난방 기구 제조업
272	측정, 시험, 항해, 제어 및 기타 정밀기기 제외 광학기기 제외	28520	가정용 비전기식 조리 및 난방 기구 제조업
2721	측정, 시험, 항해, 제어 및 기타 정밀기기 제조업	289	기타 전기장비 제조업

제조업 산업분류 코드번호

2890	기타 전기장비 제조업
28901	전기경보 및 신호장치 제조업
28902	전기용 탄소제품 및 절연제품 제조업
28903	교통 신호장치 제조업
28909	그 외 기타 전기장비 제조업
29	**기타 기계 및 장비 제조업**
291	일반 목적용 기계 제조업
2911	내연기관 및 터빈 제조업; 항공기용 및 차량용 제외
29111	내연기관 제조업
29119	기타 기관 및 터빈 제조업
2912	유압기기 제조업
29120	유압기기 제조업
2913	펌프 및 압축기 제조업; 탭, 밸브 및 유사장치 제조 포함
29131	액체 펌프 제조업
29132	기체 펌프 및 압축기 제조업
29133	탭, 밸브 및 유사장치 제조업
2914	베어링, 기어 및 동력전달장치 제조업
29141	구름베어링 제조업
29142	기어 및 동력전달장치 제조업
2915	산업용 오븐, 노 및 노용 버너 제조업
29150	산업용 오븐, 노 및 노용 버너 제조업
2916	산업용 트럭, 승강기 및 물품취급장비 제조업
29161	산업용 트럭 및 적재기 제조업
29162	승강기 제조업
29163	컨베이어장치 제조업
29169	기타 물품 취급장비 제조업
2917	냉각, 공기조화, 여과, 증류 및 가스발생기 제조업
29171	산업용 냉장 및 냉동 장비 제조업
29172	가정용 및 산업용 공기 조화장치 제조업
29173	운송장비용 공기 조화장치 제조업
29174	산업용 송풍기 및 배기장치 제조업
29175	기체 여과기 제조업
29176	액체 여과기 제조업
29177	증류기, 열교환기 및 가스발생기 제조업
2918	사무용 기계 및 장비 제조업
29180	사무용 기계 및 장비 제조업
2919	기타 일반 목적용 기계 제조업
29191	용기 세척, 포장 및 충전기 제조업
29192	분사기 및 소화기 제조업
29193	동력식 수지공구 제조업
29199	그 외 기타 일반목적용 기계 제조업
292	특수 목적용 기계 제조업
2921	농업 및 임업용 기계 제조업
29210	농업 및 임업용 기계 제조업
2922	가공 공작기계 제조업
29221	전자 응용 절삭기계 제조업
29222	디지털 적층 성형기계 제조업
29223	금속 절삭기계 제조업
29224	금속 성형기계 제조업
29229	기타 가공 공작기계 제조업
2923	금속 주조 및 기타 야금용 기계 제조업
29230	금속 주조 및 기타 야금용 기계 제조업
2924	건설 및 광업용 기계장비 제조업
29241	건설 및 채광용 기계장비 제조업
29242	광물처리 및 취급장비 제조업
2925	음·식료품 및 담배 가공기계 제조업
29250	음·식료품 및 담배 가공기계 제조업
2926	섬유, 의복 및 가죽 가공기계 제조업
29261	산업용 섬유 세척, 염색, 정리및가공 기계제조업
29269	기타 섬유, 의복 및 가죽 가공 기계 제조업
2927	반도체 및 디스플레이 제조용 기계 제조업
29271	반도체 제조용 기계 제조업
29272	디스플레이 제조용 기계 제조업
2928	산업용 로봇 제조업
29280	산업용 로봇 제조업
2929	기타 특수 목적용 기계 제조업
29291	고무, 화학섬유 및 플라스틱 성형기 제조업
29292	인쇄 및 제책용 기계 제조업
29293	주형 및 금형 제조업
29299	그 외 기타 특수목적용 기계 제조업
30	**자동차 및 트레일러 제조업**
301	자동차용 엔진 및 자동차 제조업
3011	자동차용 엔진 제조업
30110	자동차용 엔진 제조업
3012	자동차 제조업
30121	내연기관 승용차 및 기타 여객용 자동차 제조업
30122	전기 승용차 및 기타 여객용 전기자동차 제조업
30123	내연기관 화물자동차및특수목적용 자동차 제조업
30124	전기 화물자동차 및 특수목적용 전기 자동차 제조업
302	자동차 차체나 트레일러 제조업
3020	자동차 차체나 트레일러 제조업
30201	차체나 특장차 제조업
30202	자동차 구조 및 장치 변경 업
30203	트레일러 및 세미등산로로 제조업
303	자동차 신품 부품 제조업
3031	자동차 엔진용 신품 부품 제조업
30310	자동차 엔진용 신품 부품 제조업
3032	자동차 차체용 신품 부품 제조업
30320	자동차 차체용 신품 부품 제조업
3033	자동차용 신품 동력전달장치 및 전기장치 제조업
30331	자동차용 신품 동력전달장치 제조업
30332	자동차용 신품 전기장치 제조업
3039	자동차용 기타 신품 부품 제조업
30391	자동차용 신품 조향장치 및 현가장치 제조업
30392	자동차용 신품 제동장치 제조업
30393	자동차용 신품 의자 제조업
30399	그 외 자동차용 신품 부품 제조업
304	자동차 재제조 부품 제조업
3040	자동차 재제조 부품 제조업
30400	자동차 재제조 부품 제조업

부 록

코드	업종명
31	**기타 운송장비 제조업**
311	선박 및 보트 건조업
3111	선박 및 수상 부유 구조물 건조업
31111	강선 건조업
31112	합성수지선 건조업
31113	기타 선박 건조업
31114	선박 구성 부분품 제조업
3112	오락 및 스포츠용 보트 건조업
31120	오락 및 스포츠용 보트 건조업
312	철도장비 제조업
3120	철도장비 제조업
31201	기관차 및 기타 철도차량 제조업
31202	철도차량 부품 및 관련 장치물 제조업
313	항공기, 우주선 및 부품 제조업
3131	항공기, 우주선 및 보조장치 제조업
31311	유인 항공기, 항공우주선 및 보조장치 제조업
31312	무인 항공기 및 무인 비행장치 제조업
3132	항공기용 엔진 및 부품 제조업
31321	항공기용 엔진 제조업
31322	항공기용 부품 제조업
319	그 외 기타 운송장비 제조업
3191	전투용 차량 제조업
31910	전투용 차량 제조업
3192	모터사이클 및 개인용 전기식 이동수단 제조업
31921	모터사이클 제조업
31922	개인용 전기식 이동수단 제조업
3199	그 외 기타 분류 안된 운송장비 제조업
31991	자전거 및 환자용 차량 제조업
31999	그 외 기타 달리 분류되지 않은 운송장비 제조업
32	**가구 제조업**
320	가구 제조업
3201	침대 및 내장가구 제조업
32011	매트리스 및 침대 제조업
32019	소파 및 기타 내장가구 제조업
3202	목재가구 제조업
32021	주방용 및 음식점용 목재가구 제조업
32029	기타 목재가구 제조업
3209	기타 가구 제조업
32091	금속 가구 제조업
32099	그 외 기타 가구 제조업
33	**기타 제품 제조업**
331	귀금속 및 장신용품 제조업
3311	귀금속 및 관련제품 제조업
33110	귀금속 및 관련제품 제조업
3312	모조 귀금속 및 모조 장신용품 제조업
33120	모조 귀금속 및 모조 장신용품 제조업
332	악기 제조업
3320	악기 제조업
33201	건반 악기 제조업
33209	기타 악기 및 전자 악기 제조업
333	운동 및 경기용구 제조업
3330	운동 및 경기용구 제조업
33301	체조, 육상 및 체력단련용 장비 제조업
33302	놀이터용 장비 제조업
33303	낚시 및 수렵용구 제조업
33309	기타 운동 및 경기용구 제조업
334	인형, 장난감 및 오락용품 제조업
3340	인형, 장난감 및 오락용품 제조업
33401	인형 및 장난감 제조업
33402	영상게임기 제조업
33409	기타 오락용품 제조업
339	그 외 기타 제품 제조업
3391	간판 및 광고물 제조업
33910	간판 및 광고물 제조업
3392	사무 및 회화용품 제조업
33920	사무 및 회화용품 제조업
3393	가발, 장식용품 및 전시용 모형 제조업
33931	가발 및 유사 제품 제조업
33932	전시용 모형 제조업
33933	표구처리업
3399	그 외 기타 분류 안된 제품 제조업
33991	단추 및 유사 파스너 제조업
33992	라이터, 연소물 및 흡연용품 제조업
33993	비 및 솔 제조업
33999	그 외 기타 달리 분류되지 않은 제품 제조업
34	**산업용 기계 및 장비 수리업**
340	산업용 기계 및 장비 수리업
3401	일반 기계류 수리업
34011	건설·광업용 기계 및 장비 수리업
34019	기타 일반 기계 및 장비 수리업
3402	전기·전자 및 정밀기기 수리업
34020	전기·전자 및 정밀기기 수리업

찾아보기

ㄱ

1인회사 64
S·W·O·T 분석 마케팅 204
SNS 문자계약 효력 234
각자 대표이사 78
개별입지 134
개별입지 공장 41
개별입지 공장설립 방법 137
개별입지 유형 115
개인기업 당사자 특정 247
개인정보이용동의 237
개인정보수집 237
갠트리 크레인 111
건물기준시가 계산 216
계약당사자 특정 247
계약체결 전 확인사항 212
계약체결 후 절차 213
계획입지 135
계획입지 공장설립 방법 136
계획입지 유형 117
계획입지 공장 41
골리앗 크레인 111
공동 공장 44
공동 대표이사 78
공장 거래계약 개념 210
공장 기계기구 평가 103
공장 기계기구 표시 246
공장 매매계약서 253
공장 물건 확보 192
공장 물건관리 203
공장 소음·진동 방지시설 187

공장 임대신고 221
공장 임대차계약서 267
공장 전기시설 108
공장 전대차계약서 273
공장 전자계약시스템 계약 232
공장 종류별 구분계약서 266
공장 처분신고 221
공장거래 주체 89
공장거래 특성 88
공장건물시가 표준액 218
공장계약서 구성 243
공장계약서 작성 공통사항 242
공장기업 관리 법령 55
공장등록 신청 155
공장등록 절차 157
공장등록 필요성 155
공장부동산 표시 245
공장설립 개념 133
공장설립 승인 53, 148
공장설립 승인 절차 140
공장설립 승인 의제 148
공장설립 승인 지역 125
공장설립 유형 134
공장설립 의제 법령 53
공장설립 절차 139
공장설립 제한지역 124
공장설립 지원기관 146
공장설립 지원제도 143
공장설립등의 승인신청 149
공장설립등의 승인절차 151
공장설립등의 승인취소 152

찾아보기

공장설립승인 입지　115
공장설립승인사항 변경신고　152
공장설립절차 간소화제도　141
공장소음배출 허용기준　183
공장의 개념　35
공장의 등록　154
공장의 범위　38
공장의 분류　41
공장입지 유형　115
공장입지유도지구　123
공장입지유도지구 특례　124
공장재단 등기기록　101
공장재단 시설 종류　108
공장재단 평가　102
공장재단의 개념　100
공장재단저당　105
공장저당　105
공장중개　26
공장중개 물건 조사목적　194
공장중개 분류　30
공장중개 특성　26
공장중개대상물확인설명서　278
공장중개사고 예방　287
공장중개사고 유형　282
공장진동배출 허용기준　186
공장포괄 매매계약서　257
공적장부 조사확인　195
국가산업단지　117
기계기구 안분 계산　218
기업의 개념　93
기업의 구분　93
기존기업 자금조달　58
기준시가 비례안분 계산　216
기타 수질오염원　164

기후생태계변화유발물질　176
녹음에 의한 계약　239
ⓝ
농공단지　120
ⓓ
대기업　98
대기오염 총량규제　177
대기오염물질　175
대기오염물질발생사업장분류　178
대기오염사업장권리의무승계　179
도시첨단산업단지　118
도시형 공장　42
동산(기계기구)매매계약서　264
ⓡ
리프트　112
ⓜ
매매대금 종류별 비례안분　214
매연　177
먼지　177
모노레일 크레인　110
문서 공증력 인정　236
문서 확정일자인　236
물환경　163
ⓑ
방음시설　181
방진시설　181
법인기업 당사자 특정　247
법인세　63
법인의 종류　61
법인인감계　249
본점과 지점 등기　83
부동산 거래신고　220
부동산·기계기구 매매계약서　257

찾아보기

부동산등 변경계약서　262
비점오염 저감시설　166
비점오염원　164

ㅅ

상법상 회사　66
상업등기 개념　82
상업등기 기재사항　84
상업등기 효력　82, 84
상업등기부 등기　83
상업등기부 종류　83
새미 캔트리 크레인　111
서스펜션 크레인　111
성장관리계획구역　127
소기업　94
소기업공장등록 특례　155
소상공인　93
소음　180
소음·진동방지시설　180
소음·진동배출 허용기준　188
소음·진동배출시설　180
소음방지시설 설치면제　188
소음배출시설　181
수변전설비 시설　108
수용성절삭유 사용설치제한　172
수용성절삭유 시설 준수사항　173
수질오염물질　164
수질오염물질 총량관리　166
수질오염방지시설　165
스마트그린산업단지　121
신탁공장 매매·임대 계약　278

ㅇ

오버헤드크레인　110
오프라인 마케팅　208

오프라인 물건 확보　192
온라인 마케팅　209
온라인 물건 확보　193
온실가스　176
유치지역　123
유한책임회사　68
유한회사　68
유해성 대기감시물질　176
이동·운반용기계기구　110
이사회와 이사　76
인감증명　83
일반산업단지　118
임가공시설 설치 제한　172
임장활동 조사확인　200

ㅈ

자본금　70
자유무역지역　121
재생사업지구　126
전기배분전반 시설　109
전대차계약 동의서　277
전용 공장　44
점오염원　163
제조시설 정의　159
제조시설설치 승인　159
제조시설설치 승인절차　161
제조시설설치 승인취소　161
제조시설설치 완료신고　161
제조시설설치사항 변경신고　160
제조시설설치승인 의제　160
제조업 분류 목적　45
제조업산업분류 번호　47
제조업의 분류　45
제조업의 의의　45

찾아보기

주식 71
주식회사 67
주식회사 감사 79
주식회사 강행법규성 73
주식회사 경영권 73
주식회사 경제적 기능 72
주식회사 공시주의 73
주식회사 모집설립 76
주식회사 발기설립 75
주식회사 법원의 관여 74
주식회사 법적규제 73
주식회사 운영조직 72
주식회사 최고 결정기관 73
주주권 71
주주의 유한책임 71
주주총회 76
준산업단지 116
중견기업 98
중기업 96
중소기업의 범위 96
지브 크레인 110
진동 180
진동배출시설 182

ㅊ
창업기업 자금조달 57
창업사업계획승인 입지 116
취득세과세 대상 기계기구 103

ㅋ
컨베이어 시설 112
크레인 110

ㅌ
통신비밀보호 239
통신의 정의 239

특정대기유해물질 177

ㅍ
폐수 164
폐수배출 사업장 구분 168
폐수배출시설 제한 대상지역 170
표준산업분류번호 검색 48
표현 대표이사 79

ㅎ
한국표준산업 대분류 47
한국표준산업 중분류 48
한방프로그램 계약서 작성 227
한방프로그램계약 특약사례 229
합명회사 67
합자회사 67
협의의 공장저당 106
호소 166
화물용 엘레베이트 112
확정배출량 산정 167
환경시설 113
회사기업 설립 법령 55
회사의 설립 60

참 고 문 헌

Ⅰ. 단행본

구본푼, 외2인, 지방세특례제한법 이론과 실무, 삼일인포마인, 2022

김재희, 외1인, 부동산신탁의 이해, 리북스, 2014

민규식, 외3인, 부동산입지론, 부연사, 2015

민태욱, 부동산회계(제2판), 부연사, 2010

박승룡, 외1인, 주식회사법, 한국방송통신대학교출판문화원, 2021

박천수, 외2인, 지방세 쟁점별 실무해설, 삼일인포마인, 2022

박철웅, 알기쉬운재무관리(제3편), 학현사, 2012

신방수, 부동산세무 가이드북, 매일경제신문사, 2017

이인수, 창고 공장부지 투자 전략과 기술, 청년정신, 2019

이창석, 부동산 컨설팅 이론과 실체, 형설출판사, 2012

전동흔, 2014지방세 실무해설, ㈜영화조세통람, 2014

천준혁, 공장입지 및 설립안내서, 노드미디어, 2011

최준선, 상법총칙·상해위법, 삼영사, 2011

신천수, 상업등기신청 실무, 중앙법률사무교육원, 2019

Ⅱ. 정기간행물

경상남도·한국공인중개사협회, 부동산거래사고 예방, 2022

한국공인중개사협회, 부동산 경영이론과 실무, 2011

중소벤처기업부, 2023년도 중소벤처기업 지원사업, 2023. 1.

Ⅲ. 인터넷 웹사이트

국토교통부 http://www.molit.go.kr

대한무역투자진흥공사 (kotra무역투자24) https://www.kotra.or.kr

법원 인터넷등기소 http://www.iros.go.kr

법원 종합법률정보 https://glaw.scourt.go.kr

법제처 https://www.law.go.kr

산업통상자원부 http://www.motie.go.kr

식품안전관리인증원 https://www.haccp.or.kr

위텍스(wetax) https://www.wetax.go.kr

중소기업 기업마당 https://www.bizinfo.go.kr

중소기업중앙회 https://www.kbiz.or.kr

중소벤처기업부 https://www.mss.go.kr

중소벤처기업부(K-startup) https://www.k-startup.go.kr

창업진흥원 https://www.kised.or.kr

통계청 https://kostat.go.kr

통계청 통계분류포털 https://kssc.kostat.go.kr:8443

한국무역협회 https://www.kita.net

한국보건산업진흥원 https://www.khidi.or.kr/kps

한국산업단지공단 Factory on https://www.factoryon.go.kr

한국산업단지공단 K-factory https://www.kicox.or.kr

환경부 https://www.me.go.kr

박 수 환

행정사
공인중개사
경남대학교 대학원 법학과 법학박사 수료
경남대학교 행정대학원 부동산법무학과 법학석사
㈜늘푸른부동산중개법인 대표이사
HSG행정사사무소 대표
대한행정사회 정회원
대한행정사회 국가보조금 및 정책자금 실무 전문가 인증
대한행정사회 인증제도와 기업경영컨설팅 실무 인증
사)한국부동산서비스산업협회 이사
창원시소상공인연합회 전문상담위원
11대 한국공인중개사협회 마산회원구지회장
한국부동산법무학회 학회장
경남대학교 총동창회 상임부회장
경남대학교 행정대학원 49대 총학생회장
경남대학교 행정대학원 25·26대 총동창회장

공장중개 입문을 위한
기본이론과 실전

1쇄 펴낸날	2024년 6월
지은이	박 수 환
펴낸이	강 민 채
펴낸곳	도서출판 창의공장
주 소	✉ 51345 경상남도 창원시 마산회원구 양덕로 13, 205호
연락처	☎ 055)256-8830 FAX 055)293-9005
E_mail	meen108@naver.com
Home_page	[검색키워드] 도서출판 창의공장
출판등록	제 2023-000010 호
ISBN	979-11-983095-2-5

ⓒ2024

※ 저자와 협의로 인지를 생략 함.

[값 32,000원]

도서출판 창의공장